普通高等教育国际经济与贸易专业系列教材

国际贸易

第 3 版

崔日明　张桂梅　张志明　等编

机械工业出版社

国际贸易是研究国与国之间各种商品交换活动规律的一门学科，研究的主要对象是国际贸易产生的基础、国际贸易利益的来源和贸易利益的分配等。本书的主要内容包括国际贸易产生与发展的理论体系、国际贸易政策措施与影响、区域经济一体化与多边贸易体制、国际服务贸易、国际投资与国际贸易的融合、世界贸易组织与中国等。全书共15章，分为三大篇内容：第一篇是国际贸易理论；第二篇是国际贸易政策；第三篇是经济全球化与世界贸易组织。

　　本书的知识体系基本涵盖经济与贸易类、管理类专业学生系统学习国际贸易理论的内容，满足非经济与贸易类、管理类学生学习国际贸易通识知识之用。本书可作为高等院校国际经济与贸易、贸易经济、国际金融、工商管理等本科专业的基础课教材，也可作为财政学、国民经济学、会计学等专业的选修课教材，还可作为从事国际贸易理论研究和实际工作人员的参考书。

图书在版编目（CIP）数据

国际贸易 / 崔日明等编. -- 3版. -- 北京：机械
工业出版社，2024.10. -- (普通高等教育国际经济与贸
易专业系列教材). -- ISBN 978-7-111-76906-4

Ⅰ. F74
中国国家版本馆CIP数据核字第2024DC1040号

机械工业出版社（北京市百万庄大街22号　邮政编码100037）
策划编辑：常爱艳　　　　　责任编辑：常爱艳　何　洋
责任校对：贾海霞　张昕妍　　封面设计：鞠　杨
责任印制：张　博
北京建宏印刷有限公司印刷
2024年12月第3版第1次印刷
184mm×260mm·15.25印张·374千字
标准书号：ISBN 978-7-111-76906-4
定价：49.80元

电话服务　　　　　　　　　网络服务
客服电话：010-88361066　　机　工　官　网：www.cmpbook.com
　　　　　010-88379833　　机　工　官　博：weibo.com/cmp1952
　　　　　010-68326294　　金　书　网：www.golden-book.com
封底无防伪标均为盗版　　　机工教育服务网：www.cmpedu.com

　　我国实行改革开放国策拉开了对内改革、对外开放的序幕；我国加入世界贸易组织巩固了在国际舞台上的主要地位；逐步深化的全球化进程加强了我国与世界的经济联系。2009 年我国超过德国成为全球第一大贸易出口国，随后又在 2013 年超越美国，跃居世界第一大货物贸易国。但自 2008 年金融危机爆发后，世界经济复苏缓慢，全球经贸格局发生了深刻复杂变化，世界各国对外经济合作更趋于保守，全球化发展进入深度调整阶段。一方面，经济全球化趋势增强、全球价值链分工深度发展、国际贸易新业态不断涌现；另一方面，贸易保护主义大行其道、逆全球化思潮盛行、多边贸易体制受挫。扩大开放和推进合作是我国始终如一的战略导向，也是我国经济稳定和民生稳定的关键。因而，从国家经济发展的角度，积极应对当前的国际贸易摩擦以及持续推进国际贸易的发展是我国展现大国实力的利器；从学科发展的角度，"国际贸易"既是高等学校国际经济与贸易学科的专业核心课程，也是高校推进通识教育的核心课程，从人才培养的角度，国际贸易使每个人在工作和生活中享受一体化所带来的无限机会和各种便利。因此，掌握基本的国际贸易知识是通识型人才应具备的基本能力。为了响应国家经济发展战略诉求、顺应学科发展要求以及满足人才培养需求，本书在编写过程中特别注重结合我国对外开放事业的实践和成果，深入细致地阐释基础理论，科学合理地剖析内在效应，客观全面地分析国际贸易政策体系，合理全面地展现国际贸易实践与规则演变。本书对上一版的内容、观点和数据等进行了细致和全面的修订，以更加适应当前经济全球化、人才培养和学科发展的需求。

　　全书共 15 章，分为三大篇内容：第一篇是国际贸易理论；第二篇是国际贸易政策；第三篇是经济全球化与世界贸易组织。主要内容包括国际贸易基础理论及理论前沿、贸易政策和措施以及主要区域和国家国际贸易的实践等，更加注重对理论的深入阐释和实际应用。本书在修订过程中，参考并借鉴了国内外主要国际贸易学教程的相关学术文献，以及大量的报刊文章和网络资料，在此向所有为国际贸易学科发展做出贡献的同行深表谢意。崔日明、张桂梅、张志明三位教授担任本书主编并统稿。本书具体编写分工如下：第一章由大连民族大学张欣教授编写；第二章和第三章由辽宁大学陈本昌教授编写；第四章和第五章由辽宁大学李丹教授编写；第六章由广东外语外贸大学张志明教授编写；第七章由山东财经大学李兵教授编写；第八章由沈阳工业大学姚娜副教授编写；第九章由三明学院张桂梅教授编写；第十章由郑州大学张婷玉副教授编写；第十一章由辽宁大学战岐林副教授编写；第十二章由山东工商学院姜爱英教授编写；第十三章由山东财经大学王磊教授编写；第十四章由辽宁大学包艳副教授编写；第十五章由辽宁大学刘志中教授编写。

　　本书的知识体系基本涵盖经济与贸易类、管理类专业学生系统学习国际贸易理论的内容，满足非经济与贸易类、管理类学生学习国际贸易通识知识之用。本书可作为高等院校国际经济与贸易、贸易经济、国际金融、工商管理等本科专业的基础课教材，也可作为财政学、国民经济学、会计学等专业的选修课教材，还可作为从事国际贸易理论研究和实际工作人员的参考书。

崔日明

2024 年 9 月

目 录
CONTENTS

第一章

导　论

国际贸易的形成和发展经历了漫长的历史过程，其在一定的历史条件下产生，是社会生产力发展到一定阶段的产物。

本章主要介绍国际贸易形成的基础，国际贸易在各个不同历史时期的演化发展，以及国际贸易的一些基本概念。

第一节　国际贸易的产生和发展

一、国际贸易的产生

（一）原始社会的贸易雏形

国际贸易的产生必须具备两个基本条件：一是社会生产力的发展，出现可供交换的剩余产品；二是存在各自为政的社会经济实体，特别是国家的形成。

在原始社会，人类的生产活动处于极其原始的萌芽阶段，通过使用木棒、石块等简单的工具，在大自然中采摘果实、狩猎动物或捕捞鱼蚌以获取食物。采集与狩猎、穴居或巢居是当时人类的典型生活特点，而"食不果腹、衣不蔽体"则是一种生活常态。对于他们而言，如何存活下去是最大的问题，不存在物物交换的基础。进入母系氏族公社阶段，人类在磨制的石器上钻孔，装上木柄，制成石斧、石锄和带尖石的枪矛，还发明了鱼钩、渔网，人工取火和制造陶器。生产工具的进步使人类对抗自然的能力大为提升，生活条件也大为改善；但生产力水平依然很低，生产资料也都是公有制的。到了父系氏族公社时期，手工业发展起来，纺织、陶器制造、榨油、酿酒已成为专门的行业，甚至一些地区的居民开始掌握金属冶炼技术。人类的社会组织形式也由几个氏族公社组成一个部落，形成了专门从事农业生产、手工生产和畜牧业生产的部落，以后又发展成部落联盟。原始人类的产品除了满足自身需求之外开始有了部分剩余，为了获取自身没有的物品，在部落之间的边界上开始了经常性、习惯性的物物交换。比如，农业与畜牧业生产部落之间的交换，用蔬果换兽皮，出现了人类社会的第一次社会大分工。后来，随着生产力继续发展，手工业从农业中分离出来，出现了人类社会第二次大分工。手工业的出现产生了直接以交换为目的的商品生产。商品生产和商品交换不断扩大，产生了货币，商品交换逐渐变成了以货币为媒介的商品流通。随着商品货币关系发展，产生了专门从事贸易的商人，于是出现了第三次社会大分工[⊖]。

原始社会没有剩余产品，没有私有制，没有阶级和国家，也就没有国际贸易。但生产力的发展、交换关系的扩大，加速了私有制的产生，从而使原始社会日趋瓦解，为过渡到奴隶

⊖　毛军民，黄静波. 应用国际贸易学. 机械工业出版社，2011.

社会打下了基础。

（二）奴隶社会的国际贸易

奴隶社会最早出现在古代东方各国，如埃及、巴比伦、中国，但以欧洲的希腊、罗马的奴隶制最为典型。在奴隶社会，生产力水平进一步发展，商品交换也有所扩大。早在公元前2000多年，由于水上交通便利，地中海沿岸的各奴隶社会国家之间就已开展了对外商品交换，出现了腓尼基、希腊、罗马等贸易中心。在奴隶社会，欧洲商业中心地区的手工业已有了相当的发展，分工也日益精细，其手工业品如玻璃器皿、染色纺织品和金属用品等，销往北非、西欧和中欧以及遥远的东方各国。

但是，由于奴隶社会中自然经济占统治地位，商品经济不发达，生产的目的主要是直接消费，进入外贸流通领域的商品数量很少，对外贸易在各国经济中的地位微不足道。从贸易的商品结构来看，主要是奴隶主阶级需要的奢侈消费品，如宝石、香料、各种织物和装饰品等。当时，奴隶也成为对外交换的商品。希腊的雅典就是当时贩卖奴隶的中心之一。可见，当时的对外贸易是奴隶主阶级谋取利益的工具。从贸易的地区范围来看，由于生产技术落后，交通工具简陋，各国对外贸易的范围受到很大限制，只是集中在极少数商业较为发达的民族或国家[⊖]。

奴隶社会的对外贸易虽然有限，但对手工业的发展促进较大，在一定程度上推动了社会生产的进步。

（三）封建社会的国际贸易

封建社会取代奴隶社会之后，国与国之间的贸易有了很大的发展。促进封建社会各国对外贸易发展的主要因素是商品经济的发展、城市的兴起、手工业的进一步发展和资本主义因素的生长，以及分工的发展和区域性市场的形成。

从封建社会中期开始，实物地租转变为货币地租，商品经济的范围逐步扩大，国家之间的贸易有了进一步增长。公元11世纪之后，由于意大利北部和波罗的海沿海城市的兴起，贸易范围扩大到地中海、北海和黑海沿岸。此后城市手工业发展起来，如意大利北部城市佛罗伦萨成为当时毛纺织业的中心，它从英国和西班牙进口羊毛，从荷兰进口粗制呢绒，进行纺织与加工后输往东方。到14世纪—15世纪，在地中海沿岸的某些城市已出现了资本主义生产的最初萌芽。从分工来看，已形成了欧洲与亚洲、欧洲与非洲以及欧洲各个地区之间的地域分工。与此相适应，形成了以地中海区域性市场和波罗的海区域性市场为中心，连接欧洲、亚洲、非洲各个区域性市场的网络。

封建社会国际贸易的特点主要包括：①贸易范围不断扩大。在西方，贸易中心由地中海东部扩大到地中海、北海、波罗的海、黑海沿岸。在东方，中国、印度、伊朗等亚洲国家的对外贸易也从近海逐渐扩展到远海。公元前2世纪的西汉时期，中国就开辟了从长安（今西安）通往西域的"丝绸之路"。明朝时，郑和前后七次率领船队下西洋，足迹遍及东南亚各沿海国家，最远到达非洲东海岸。②贸易商品种类中增加了许多手工业品，但奢侈品仍然是贸易中的主要商品，西方国家以呢绒、酒、装饰品等来换取东方国家的丝绸、香料、珠宝等。③出现了固定的交易场所和有组织的贸易行为。12世纪—13世纪，香槟集市成为当时最大的国际集市，东方的香料和奢侈品、法国的葡萄酒和家畜、德国的金属制品、英国的羊毛、北欧的皮毛等都在集市上出售。到14世纪中叶，以德国北部各城市为主，联合近百个

⊖ 崔日明，王厚双，徐春祥. 国际贸易. 机械工业出版社，2008.

北欧城市形成了一个庞大的带有政治性的贸易联盟——"汉萨同盟"，该同盟在各国设有商馆。

到封建社会晚期，商品经济和对外贸易都比奴隶社会有了明显发展，国际贸易对经济的发展和人类社会的进步产生了革命性的影响，加速了封建社会的解体，孕育了资本主义因素，促进了资本主义生产方式的产生。

二、国际贸易的发展

真正具有世界性质的国际贸易是在资本主义生产方式确立之后发展起来的。资本主义生产方式下，国际贸易量急剧扩大，国际贸易活动遍及全球，贸易商品种类日渐增多，国际贸易逐渐成为世界经济发展的一个重要因素。

在资本主义发展的不同阶段，国际贸易的发展呈现出不同的特征。

（一）资本主义生产方式准备时期（16 世纪—18 世纪中叶）的国际贸易

16 世纪—18 世纪中叶是资本原始积累时期，也是西欧各国资本主义生产方式的准备时期。这一时期工场手工业的发展使劳动生产率得以提高，商品生产和商品交换进一步发展，为国际贸易的扩大提供了物质基础。"地理大发现"更是加速了资本的原始积累，促进了世界市场的初步形成，扩大了世界贸易的规模。

"地理大发现"又名探索时代或发现时代、新航路的开辟，是指 15 世纪—17 世纪欧洲的船队出现在世界各处的海洋上，寻找着新的贸易路线和贸易伙伴，以发展欧洲新生的资本主义。"地理大发现"引发了大规模的殖民扩张和掠夺。最初是葡萄牙殖民者在 15 世纪末占领了西非的大片土地，大肆掠夺黄金和象牙，并进行了残酷的奴隶贸易。"发现"新大陆后，葡萄牙人占领了巴西，随后达·伽马占领了非洲南端和整个东海岸，此后又进入印度、锡兰（今斯里兰卡）和马六甲海峡，并占领了中国澳门。西班牙继葡萄牙之后成为又一个殖民大国，西班牙人先后占领了中南美洲，大肆杀戮美洲土著居民，从事奴隶贸易，将非洲黑人贩运到美洲从事劳动。荷兰于 15 世纪末加入了殖民扩张的行列，并取代了葡萄牙和西班牙，成为最大的殖民国家。此后，英国和法国成为殖民大国。残酷的殖民掠夺是人类历史上的耻辱，但在客观上也极大地推动了各大洲之间的贸易，尽管这种贸易并不公平[⊖]。

"地理大发现"对世界贸易产生了巨大影响。世界市场的扩大使欧洲经济发生了巨大的变化，出现了所谓"商业革命"。各国地理和资源上的巨大差异使国际流通中的商品种类和数量大大增加，同时欧洲的产品也找到了更大的市场。贸易的扩大推动了专业化分工的深化，而各国产品在价格上的差异又进一步推动了国际贸易的发展。伴随着大规模贸易，出现了专门从事海外贸易活动的新型公司，如荷兰、英国的东印度公司、法国的西印度公司等。这些公司的出现使国际贸易发展成为一个巨大的产业。此外，这一时期的贸易流向特征主要是：欧洲向美洲出口纺织品、金属制品、家具、家庭用品、酒和其他消费品等，向亚洲和非洲出口制成品；非洲向美洲输出奴隶，非洲奴隶在美洲种植烟草、棉花等农产品，然后输往欧洲作为工业原料；从美洲流向欧洲的商品主要是在殖民地开采的黄金和白银以及烟草、棉花、粮食、海洋产品和糖等；欧洲从亚洲和东方各国进口香料、纺织品、茶叶等产品。

可以说，新航路的开辟使人类第一次建立起跨越大陆和海洋的全球性联系。各大洲之间

⊖ 张林，张荐华. 国际贸易理论与政策. 科学出版社，2008.

相对孤立的状态被打破，世界开始连接成为一个整体。伴随着新航路的开辟，东西方之间的文化、贸易交流开始大量增加。但这一时期的国际贸易主要是由各国的自然资源和生产技能差异决定的，而贸易方式则是暴力控制下的殖民贸易。

（二）自由竞争资本主义时期（18世纪后期—19世纪中叶）**的国际贸易**

18世纪后期—19世纪中叶是资本主义工业革命和资本主义制度建立时期，也称自由竞争资本主义时期。这一时期主要资本主义国家先后完成工业革命，资本主义机器大工业得以建立并广泛发展，社会生产力水平大大提高，为国际贸易大发展提供了强大的物质基础。

正如马克思所言："由于机器和蒸汽的应用，分工的规模已使脱离了本国基地的大工业完全依赖于世界市场、国际交换和国际分工。"一方面，大机器工业极大地提高了劳动生产率，其生产规模远远超过原来的工场手工业，从而大大增加了对原料的需求；另一方面，大机器工业生产的物美价廉的商品成为夺取国外市场的有力武器。第一次工业革命主要发生在英国。1770年—1870年，英国是世界上最大的殖民帝国，在炼铁、煤炭、纺织品等方面都取得了巨大的技术进步。1769年，阿克莱特发明了水力纺纱机；1765年，哈格里夫斯发明了多轴纺纱机（即珍妮机），首先在棉纺织业引发了发明机器、进行技术革新的连锁反应，揭开了工业革命的序幕；1779年，克朗普顿发明了走锭精纺机；科特于1784年发明了搅炼法，可将生铁炼成熟铁；1785年，瓦特改进的蒸汽机投入使用，提供了更加便利的动力，得到迅速推广，大大推动了机器的普及和发展，人类社会由此进入了"蒸汽时代"。在这些技术的推动下，纺织、冶金和煤炭成为英国工业革命中建立的三大支柱产业。由于生产力积极迅速发展、竞争力大大加强，而且较早地实行自由贸易政策，英国对农产品、矿产品，尤其是对进口的谷物和棉花的依赖性很强。因此，这一时期的国际分工基本上是以英国为中心形成的，这一分工格局决定了当时英国在世界贸易中的垄断地位。

大工业也使交通和通信方式发生了变革，大大缩短了世界各国之间的距离，而电报等现代化通信工具的产生则解决了远距离通信的困难，极大地方便和推动了国际贸易的发展。这一时期国际贸易的特征主要有以下几个方面：

（1）国际贸易量迅速增加。在1720年—1800年的80年间，国际贸易总额只增加了1倍；而在1800年—1870年间，国际贸易总额增长了6.7倍[⊖]。

（2）国际贸易的范围迅速扩展。几乎世界各个国家和地区都被卷入国际贸易中，形成了真正意义上的国际贸易。

（3）国际贸易的商品结构发生了明显的变化。工业革命前，大宗商品如香料、茶叶、装饰品等占世界贸易的比重较大，工业原料和制成品并不是国际贸易的主要商品；工业革命后，机器纺织品成为欧洲最重要的大宗出口商品，取代了印度、中国等国的手工纺织品，大量的工业原料则成为殖民地的主要出口产品，棉花、生丝、烟草和矿产品取代了茶叶、香料，成为国际贸易中主要的初级产品。

（4）贸易方式有了很大的进步。国际定期集市的作用下降，现场看货交易（现货贸易）逐渐转变为样品展览会和商品交易所，根据样品来签订合同。期货交易也已经出现，小麦、棉花等常常在收获之前就已经售出，交易所里的投机交易应运而生。另外，国际信贷关系也逐渐发展起来，各种票据及汇票等交易工具开始广泛流行。这一时期还出现了很多为国际贸

⊖　张林，张荐华. 国际贸易理论与政策. 科学出版社，2008.

易服务的专业组织，如轮船公司、保险公司等。

（5）政府在对外贸易中的作用发生了变化。以英国为首的资本主义国家先后放弃了长期以来的重商主义政策，开始转向自由贸易政策。而其他一些国家则采取贸易保护政策，以抵制来自英国等强国的经济入侵，保护本国幼稚的民族产业。这一时期，为了调整各国彼此间的贸易关系，国家之间开始普遍签订贸易条约。这些条约最初是为了资本主义国家间的公平竞争、发展相互间的贸易往来而签订的。

（三）垄断资本主义时期（19 世纪中叶—第二次世界大战期间）的国际贸易

19 世纪最后 30 年间，资本主义世界爆发了第二次工业革命。以电能的突破、应用以及内燃机的出现为标志，第二次工业革命主要发生在机器工业内部，以渐进的方式进行。而这样渐进式的冲击也最终使资本主义从自由竞争阶段过渡到垄断阶段。这次革命主要发生在德国、美国，以及其他一些欧洲国家。经过第二次工业革命，技术在工业中发挥的作用越发重要，大批量生产的技术也得到了改善和运用。在炼钢技术、石油勘探和开采技术、发电技术、照明技术、电信技术、化工技术的推动下，大量的新发明造就了大批新工业的产生，出现了生产标准化零部件的模具和装配线。到第一次世界大战爆发前，欧洲、北美、日本和澳大利亚等先后完成了工业化过程，过渡到资本主义工业国家。整个世界形成了以欧美为代表的现代工业经济和由其他国家组成的传统经济的格局。

在第二次工业革命的推动下，一系列新兴的工业开始出现，在原来的工业部门里，重工业的比重逐渐增加，取代了轻工业而占据了主导地位。各国开始有所侧重地发展自己的工业，如冶金、化工、能源、机器制造和交通运输等。一些原来的农业国开始发展燃料和其他矿产品的采掘工业，以满足这次工业革命对农矿原料的巨大需求，从而形成了与工业国各工业部门相互补充的产业结构。

交通运输工具的革新、国际运费的下降以及国际通信手段的发展，极大地推动了国际贸易和国际分工格局的形成。铁路成为许多国家港口和内陆联系的主要交通工具。1869 年，苏伊士运河通航，亚欧之间的航运距离缩短了 7000 公里。蒸汽船的使用进一步减少了国际货运的时间和运输成本。1870 年—1913 年，海洋运输费用减少了一半以上。海底电缆在各国之间铺设，国际邮政业务也取得了很大的发展。所有这一切都大大促进了世界经济的发展，为国际贸易的进一步发展奠定了物质基础。

这一时期国际贸易的主要特征包括以下几个方面：

（1）从贸易量上来看，第二次工业革命、国际分工体系的形成和世界市场的发展，促进了国际贸易总额增长了 3 倍以上[⊖]。但由于两次世界大战及其间经济危机的频繁爆发，加之贸易保护主义盛行等多方面因素影响，国际贸易量的增长速度下降，同时呈现出不稳定发展的状态。

（2）19 世纪末到 20 世纪初，各主要资本主义国家从自由竞争阶段过渡到垄断资本主义阶段，国际贸易中明显形成了国际垄断组织瓜分世界市场的局面，国际贸易成为垄断组织追求最大利润的一种重要手段。在第一次世界大战之前，资本主义国家就建立了 100 多个国际卡特尔组织。垄断并不排除竞争，而是使世界市场上的竞争更加激烈。

（3）从贸易方式来看，以资本对外投资带动出口成为资本主义国家的重要贸易方式。

⊖ 崔日明，王厚双，徐春祥. 国际贸易. 机械工业出版社，2008.

通过资本输出，不仅可以带动本国商品的出口，还能以低廉的价格获得原料，同时资本输出也是在国外市场上排挤其他竞争者的一个有力手段。

（4）从贸易政策来看，这一时期发达国家竞相采取贸易保护政策，严重阻碍了国际贸易的发展。

（四）当代国际贸易（第二次世界大战之后至20世纪末）的发展

第二次世界大战之后发生了第三次工业革命，这是人类文明史上科技领域的又一次重大飞跃。它加剧了资本主义各国发展的不平衡，使资本主义各国的国际地位发生了新变化；使社会主义国家在与资本主义国家抗衡的斗争中，贫富差距逐渐拉大，因而国际分工、世界市场和国际贸易都发生了巨大的变化。

以美国为先导，出现了以原子能、电子、合成材料、航天技术和生物技术为代表的新工业革命。这场革命产生了一系列新产业，包括原子能产业、半导体产业、石油化学工业、电子工业、宇航工业、生物工业等。在这种情况下，大量新工业品的出现使国际贸易的商品变得更加丰富，工业制成品成为世界贸易中的主要产品。与工业发展相适应的是世界各国国民收入的增加，从而产生了更大的消费需求，同时消费结构也发生了变化，对耐用消费品的需求增长尤为迅猛，刺激了工业制成品的贸易。

在科学技术取得长足进展的同时，战后的国际经济秩序也得到了一定程度的改善。以布雷顿森林体系为基础的国际货币体系相对稳定下来，在《关税与贸易总协定》框架下开展的降低关税的谈判，尽管异常艰辛，但也取得了一些成果。1995年成立的世界贸易组织（WTO）建立了一个解决贸易争端的多边机制。这些都为国际贸易提供了一个相对稳定和公平的环境。这一时期，国际贸易发展的速度和规模都远远超过了以往任何一个阶段。1950年—2000年，全世界商品出口总值从610亿美元增加到61328亿美元，增长了100多倍。国际贸易实际价值的平均增长速度为6%，超过了同期世界实际GDP平均3.8%的增长速度，国际贸易在GDP中所占的比重不断增加。

当代国际贸易发展的主要特征包括以下几个方面：

（1）国际贸易步入新一轮高速增长期，贸易对经济增长的拉动作用越发明显。伴随着世界经济的较快增长和经济全球化不断向纵深发展，国际贸易增长明显加速。在世界经济强劲增长、国际市场对能源原材料等需求旺盛以及美元贬值的影响下，国际贸易呈现出高速增长态势。国际贸易的高速增长既是科技进步、生产力提高、国际分工深化的共同结果，同时又促进了世界生产。20世纪90年代以来，国际贸易的增长率连续超过世界生产的增长率，促使世界各国外贸依存度均有不同程度的提升。

（2）贸易结构走向高级化。①全球服务贸易发展迅猛，并且日益向金融、保险、电信、信息、咨询等新兴服务业倾斜，传统的运输业、旅游业所占份额持续下降；在地区分布上，发展中国家服务贸易所占份额继续扩大，东亚地区增长尤其显著。②制成品、半制成品，特别是机器和运输设备及其零部件的贸易增长迅速，石油贸易增长迅猛，石油以外的初级产品在国际贸易中所占的比重下降。在制成品贸易中，各种制成品的相对重要性有了变化，非耐用品比重下降，资本货物、高科技办公用品比重上升。信息通信技术产品等服务贸易及军火贸易迅速增长。

（3）贸易自由化和保护主义的斗争愈演愈烈，各种贸易壁垒花样迭出。在经济全球化的推动下，世界各国的经济交往越发频繁，贸易自由化已是不可逆转的潮流。但随着国际贸易规模不断扩大，各国经济景气的非均衡性、区域贸易集团的排他性、贸易利益分配的两极化等都会导致贸易保护措施层出不穷，世界进入贸易争端和贸易摩擦的高发期。①基于战略利益考虑而引发的贸易摩擦增多。②各种技术壁垒成为贸易保护的新式武器，知识产权纠纷成为国际贸易争端的重要方面。③社会劳工及保障问题、汇率制度问题等已成为贸易摩擦的新领域。

（4）国际贸易交易方式网络化。知识经济时代，国际贸易交易日益需要借助互联网、多媒体技术和网络技术来完成。交易磋商、签约、货物交付、货款收付等所有交易过程都在网络上进行。交易产品主要是数字化产品，如金融服务、网上娱乐、售票服务、音像书刊、软件设计、咨询服务、信息传递等；也有实物产品交易，即交易磋商、签约、货款支付在网上进行，实物交付在具体地点进行。网络贸易具有强大的生命力，引起世界各国和国际经济组织的关注，纷纷制定各种政策和采取各种措施来维护和促进网络贸易的发展。

（5）国际直接投资成为国际贸易发展的"加速器"。跨国公司的投资活动对世界经济贸易的发展发挥了举足轻重的作用。经济全球化时代，各国政府竞相采取优惠政策吸引外资，大幅削减贸易和投资壁垒，使跨国公司在全球范围内配置资源、扩张经营获得了有利的环境空间。跨国公司大规模向各地区渗透，进行跨国生产、经营和销售，不仅增加了东道国的对外贸易量，而且其开创的以公司内部分工为特征的国际生产一体化体系使母公司与分支机构间的内部贸易量急剧增长，成为当代国际贸易增长中的重要构成部分。由于公司内部贸易可以大大减少"交易成本"，所以，跨国公司的生产、销售越来越多地在其内部进行。国际贸易的发展使跨国公司在世界市场上的竞争地位不断强化，同时也为跨国公司的发展提供了更多的机会和制度保证。

（五）21 世纪国际贸易的新发展

进入 21 世纪以来，全球经济一体化进程加快，科技创新发展加速，发达经济体经济增长速度放缓，后起的发展中国家释放出巨大经济活力，国际贸易格局发生了重大变化。

爆发于 2008 年的美国次贷危机和 2011 年的欧债危机使世界经济陷入泥潭，一些发达国家出现了严重的经济衰退，发达国家之间的贸易比重有所下降，中国、印度等新兴经济体逐步在国际贸易中拥有了更大话语权，国际贸易商品结构和地区结构不断调整。此外，双边或多边经济磋商的常态化和跨境电子商务的兴起刺激了国际贸易方式的不断革新。美国退出TPP 谈判和英国"脱欧"事件带来的贸易逆全球化与单边主义效应不断发酵，导致全球范围内贸易摩擦不断升级，中美、欧美之间贸易冲突时有发生[一]。21 世纪国际贸易发展出现一些新特征：

（1）贸易商品结构发生新变化。服务贸易快速增长，成为新的经济增长点。有研究调查结果显示，世界服务贸易增长速度十分迅猛，每年平均能够达到增长 9%，明显高于货物贸易增长速度[二]。从服务贸易增长区域来看，银行、通信、电信等服务贸易中附加值较高的行业依然以发达国家与地区为主。农产品、矿产品等初级产品贸易占比持续下降，工业制成品贸易占比稳定在 70% 左右，其中药品化妆品等化工产品、纸张打印机等办公用品、电脑

⊖ 姚涛，王慧茵. 略论当代国际贸易新发展与中国外贸新变化. 陕西广播电视大学学报，2019（4）：67-71.

⊜ 赵鹤阳. 试析新形势下国际经济贸易发展的趋势与对策. 中国市场，2020（22）：10-12.

手机等通信产品和汽车整车及零部件占制成品出口的 44%[⊖]。

（2）贸易地区结构呈现多元化格局。第二次世界大战结束后的 50 多年间，发达国家之间的贸易一直是国际贸易的主要流向。2000 年，在世界货物贸易和服务贸易中，发达国家所占比重分别为 65% 左右和 70% 左右，其中美国始终处于全球最大贸易国的位置，德国、日本紧随其后。自 2009 年起，中国超过德国，成为世界第一大出口国。1978 年—2017 年，中国进出口总额从 206.4 亿美元提高到 4.1 万亿美元，年均增长 14.5%，占全球进出口比重从 0.77% 提升到 10% 左右，在全球货物贸易中的排名由第 30 位跃升至第 1 位[⊜]。国际贸易的地区结构也发生了重大变化。以出口为例，2004 年世界排名前十的国家依次为德国、美国、中国、日本、法国、荷兰、意大利、英国、加拿大、比利时，2022 年变化为中国、美国、德国、荷兰、日本、韩国、意大利、比利时、法国、加拿大[⊜]。中国、韩国等新兴经济体货物贸易崛起，打破了欧、美、日等发达经济体昔日对国际市场的垄断。此外，俄罗斯的能源和巴西等南美国家的铁矿石、大豆等工农业原材料的出口也增长迅速。整体上看，发达国家虽仍然占据国际贸易主体地位，但新兴国家的贸易比重也不断增长，贸易多元化格局日益明显。

（3）贸易方式多样化。随着信息技术的高速发展，传统的国际贸易方式已不能满足人们对物质生活快速多样的需求。多变的国际贸易政策和复杂的国际贸易措施对资源在全球范围内的优化配置有着比较强的阻碍作用，一些适应经济发展新常态的国际贸易方式应运而生：①跨境电商业务快速发展。世界各地机场、铁路等基础设施建设不断进步，航空运输和铁路运输能力持续加强，运输速度较慢的海洋运输优势不再明显，这刺激了以小件商品交易为主的跨境电商贸易的快速稳定发展。据一些非官方组织的分析数据显示，近年来，以 B2C 为主要表现形式的跨境电商贸易额增长速度基本在 20%～30%，远高于 WTO 公布的 2018 年全球贸易 3% 的增长率。可以预见，世界各国基于跨境电商的进出口贸易管理体系改革势在必行，货代、通关、运输等外贸业务链条上的各个环节都需要不断升级。②由于科技进步、网络普及和信息发展提供了良好平台，基于新兴的双边或多边自由贸易区以及其他的海关特殊监管区域内的保税货物交易繁荣起来。

（4）贸易摩擦愈演愈烈。贸易摩擦程度与世界经济发展形势息息相关。世界经济稳定增长、形势较好的时期，各国普遍采取自由贸易政策，鼓励和支持对外贸易的发展，贸易摩擦相对较少，即使有一些常规性的摩擦，也能通过贸易谈判等方式积极地进行沟通解决；相反，在世界经济衰退甚至停滞的时期，各国为了保护本国经济尽量少遭受外来因素的冲击，纷纷采取贸易保护政策，对外贸发展持谨慎态度，贸易摩擦就会相对频繁，甚至会爆发长时间、大规模的贸易冲突，参与各方在处理贸易争端和矛盾时往往不会轻易妥协让步，导致国际贸易环境恶化、经济复苏步伐放缓。

2008 年美国次贷危机和 2011 年欧洲债务危机的爆发将世界经济拖入近百年最严重的一次衰退之中，世界主要发达国家纷纷陷入程度不同的经济危机。德国、英国、法国等国情况比美国、意大利、西班牙、俄罗斯等国稍好，而中国由于国内需求较为旺

⊖ 《2018 世界贸易统计报告》。

⊜ 李婕. 一季度中国进出口平衡向好. 人民日报海外版，2018-04-16.

⊜ 数据来源于 WTO。

盛，逐步成长为世界第二大经济体和全球最大的货物贸易国。这一时期的贸易摩擦愈演愈烈，美国自2007年逼迫人民币升值，却仍然无法摆脱对华贸易逆差格局。2017年对华贸易逆差达到历史最高的2759亿美元。于是，特朗普上任美国总统后，直接采用加征关税和制裁中国企业的方法，将世界前两大经济体的贸易冲突推到了更加危险的境地。与此同时，美国对原产自加拿大、墨西哥、欧盟等地的不少商品也直接加征关税，引起了世界范围内对贸易保护主义的强烈反对。如今，贸易摩擦的主导国美国已经撕下温情脉脉的面纱，表现为更赤裸裸、更原始的加征关税，其他各国也被迫防御，通过对来自美国的部分商品加征关税予以还击。

从国际贸易的历史演化和发展历程中可以看到，尽管世界政治与经济的发展道路并不平坦，但总的趋势仍是不断前进的。在科学技术革命的推动下，国际分工不断深化，生产国际化程度日益提高，这是国际贸易不断发展的强大动力。各个国家都有必要也有可能更多地参与国际分工、国际贸易、国际竞争和合作，以促进本国经济的发展。

（六）新冠疫情对全球贸易的影响○

2019年与2020年之交爆发了一场全球性的公共卫生危机——新冠疫情，对人类的生命健康安全、经济社会发展造成了巨大威胁与严峻挑战。2020年1月30日，世界卫生组织将此次疫情列为"国际公共卫生紧急事件"（PHEIC），并在2月28日将其全球风险等级由"高"进一步上调至"非常高"，随后于3月11日宣布新冠疫情已演变成为"全球性大流行"（pandemic）。这场规模空前的公共卫生危机对世界贸易造成了巨大的负面冲击。世界贸易组织于2020年4月发布的预测报告指出，疫情导致2020年全球贸易规模大幅萎缩，全年贸易跌幅达13%~32%，较之2008年—2009年"贸易大崩溃"期间全球贸易的衰退程度有过之而无不及。

新冠疫情对国际贸易的主要影响机制有三个：①供需端冲击效应。对出口方而言，一方面，新冠疫情所造成的健康冲击会直接导致其民众身体健康状况下降，进而降低社会劳动生产率；另一方面，在疫情防控期间实施诸如关闭工作场所、居家隔离等措施，会对出口方经济活动的正常开展产生不利影响，进而导致社会生产活动陷入停顿状态。在上述因素的共同作用下，新冠疫情导致出口方产出下降，进而制约其出口供给水平。对于进口方而言，新冠疫情则可能降低其民众消费水平，甚至改变消费者的行为预期，从而导致市场需求萎靡不振。②贸易壁垒效应。新冠疫情发生后，出于疫情防控的需要，进、出口方当局普遍实施了更加严格的检验检疫程序，甚至在疫情恶化时采取禁航禁运、封锁边境等措施。上述限制措施会引发明显的贸易抑制效应，由此造成的直接后果是削弱跨国间的贸易自由化程度，导致市场准入壁垒高企、贸易成本大幅上涨，甚至诱发贸易保护主义。③不确定性风险效应。新冠疫情对国际贸易的另一个作用渠道可能隐含于其对经济参与主体心理预期的冲击所引发的不确定性风险。社会公众恐慌情绪往往与公共卫生危机相伴而生，其发酵除了会扰乱正常的经济社会秩序外，还会加剧不确定性风险，挫伤贸易活动参与主体的预期与信心，从而使跨国贸易联系变得更加脆弱。

○ 刘洪铎，张铌，卢阳，等. 新冠肺炎疫情对全球贸易的影响研究. 统计研究，2021（12）：61-76.

第二节 国际贸易的基本概念

一、国际贸易与对外贸易

国际贸易是指世界各个国家（或地区）⊖之间所进行的以货币为媒介的商品交换活动。它既包含有形产品（实物产品）的交换，也包含无形产品（劳务、技术、咨询等）的交换。国际贸易着眼于国际范围，即世界上所有的国家（或地区）之间的商品和劳务交换。

对外贸易又称进出口贸易，是指国际贸易活动中的一国（或地区）同其他国家（或地区）所进行的产品、劳务、技术等的交换活动。这是立足于一个国家（或地区）去看待它与其他国家（或地区）的产品与劳务的贸易活动。

二、国际贸易的相关重要概念

（一）国际贸易额与对外贸易额

国际贸易额是指以货币表示的世界各国的对外贸易总额。它是计算和统计世界各国对外贸易总额的指标，是把世界上所有国家和地区的出口额相加得出的数额。但是，在计算国际贸易额时，不能简单地把世界各国（或地区）的出口额与进口额加在一起。因为一国（或地区）的出口就是另一国（或地区）的进口，若两者相加等于重复计算。联合国统计中，通常采用各国出口额相加作为国际贸易额。世界上绝大多数国家（或地区）都是用 CIF 价格计算进口额的，即成本加运费、保险费，所以，把进口值加起来作为国际贸易额是不准确的。而出口额一般采用 FOB 价格，即装运港船上交货，相对于 CIF 而言是比较准确的。CIF 价格比 FOB 价格多了运费和保险费，所以，世界进口额会大于世界出口额。

对外贸易额是用货币金额表示的一国（或地区）一定时期内的进出口规模。它是衡量一国（或地区）对外贸易状况的重要指标，由一国（或地区）一定时期内从国外进口的商品总额加上该国（或地区）同一时期内向国外出口的商品总额构成。在计算时，出口额要以 FOB 价格计算，进口额则以 CIF 价格计算。一国（或地区）在一定时期内商品出口总额与进口总额相比而形成的差额，则称为对外贸易差额。当出口商品总额超过进口商品总额时，差额部分称为贸易顺差；反之，当进口商品总额超过出口商品总额时，差额部分称为贸易逆差；如果进出口商品总额相等，则称为贸易平衡。

（二）进口与出口

进口是指本国从其他国家购入商品和服务，即从外国输入商品或劳务的行为。出口是指将本国生产的商品或服务卖给其他国家，即将本国生产的商品或劳务输往其他国家的行为。一国往往在同一种商品上既有出口又有进口，在一定时期（如半年或一年）内，若该商品出口数量（或金额）大于进口数量（或金额），其差额则称为净出口；反之，若该商品进口数量（或金额）大于出口数量（或金额），其差额则称为净进口。净出口反映某国在该商品交换中实际处于出口国地位；而净进口则反映某国在该商品交换中实际处于进口国地位。净

⊖ 本书中使用"国家（或地区）"一词统一表示各个国家和地区。在后续内容中有的地方可能省略标注，但均表示相同含义。

出口国或净进口国地位的变动也反映了某国对该商品的生产与消费状况的变化[○]。

（三）国际贸易与对外贸易的商品结构

在国际贸易中，通常把进出口商品分为两大类：一类为初级产品，即没有加工或很少加工的农、林、牧、渔、矿产品；另一类为工业制成品，即经过充分加工的工业品。初级产品与工业制成品的比例关系就称为商品结构。

《国际贸易标准分类》将商品分为 10 大类：食品及主要供食用的活动物（0）；饮料及烟类（1）；燃料以外的非食用原料（2）；矿物燃料、润滑油及有关原料（3）；动、植物油脂及蜡（4）；化学品及有关产品（5）；主要按原料分类的制成品（6）；机械及运输设备（7）；杂项制品（8）；未分类的其他商品（9）。在国际贸易统计中，一般把（0）~（4）类商品称为初级产品，把（5）~（8）类商品称为制成品。国际贸易的商品结构是指一定时期内各大类商品或某种商品在整个国际贸易中的构成，即各大类商品或某种商品贸易额与整个世界出口贸易额的比值。国际贸易结构反映的是整个世界的经济发展水平、产业结构状况等。

对外贸易的商品结构是指一定时期内各大类商品或某种商品在一国的对外贸易中的构成，即各大类商品或某种商品贸易额与该国的进出口贸易额相比，以比重表示。对外贸易的商品结构体现的是一国进出口商品的构成。发展中国家的对外贸易商品结构以进口高附加值的制成品为主、出口低附加值的初级产品为主；而发达国家则主要进口低附加值的初级产品，出口高附加值的制成品。

（四）国际贸易与对外贸易的地理方向

国际贸易的地理方向也称国际贸易地理分布，是指一定时期内世界各洲、各国或各个国家经济集团的对外商品贸易在整个国际贸易中所占的比重。观察和研究不同时期的国际贸易地理方向，对掌握市场行情的发展变化、认识世界各国间的经济交换及密切程度、开拓新的国外市场，均有重要的意义。

对外贸易的地理方向是指一定时期内世界上一些国家（或地区）的商品在某一个国家对外贸易中所占有的地位，一般以这些国家（或地区）的商品在该国进出口贸易总额的比重来表示。对外贸易的地理方向既表明了一国出口商品的方向，也表明了该国进出口商品的来源，从而反映该国进出口贸易的国别分布与地区分布，表明了它同世界各国（或地区）经济贸易联系的程度。

（五）国际贸易（对外贸易）依存度

国际贸易（对外贸易）依存度是指一国对外贸易总额与其 GDP 或 GNP 之比。它表明了一个国家的对外贸易在国民经济中的地位或国民经济对对外贸易的依赖程度，同时也反映出一国经济与其他经济体联系的密切程度和该国参与国际分工的深度。一般来说，对外贸易依存度越高，对世界经济的依赖性也越大，贸易一体化的程度也越高。对外贸易依存度的变化意味着对外贸易在国民经济中所处地位的变化。

$$对外贸易依存度 = \frac{M+X}{Y} \times 100\% \tag{1-1}$$

式中，M 为进口额；X 为出口额；Y 为 GDP。

○　毛军民，黄静波. 应用国际贸易学. 机械工业出版社，2011.

类似地，也可以考察进口依存度和出口依存度：进口依存度 $= M/Y \times 100\%$；出口依存度 $= X/Y \times 100\%$。由于进口额不是该国在一定时期内新创造的商品和劳务的价值，所以一般用出口依存度来表示。出口依存度是指一国在一定时期内出口额与 GDP 之比，反映了该国新创造的商品和劳务总值中有多大比重是输出到国外的，出口反映了该国经济活动与世界经济活动的联系程度。而进口依存度是指进口额与 GDP 之比，同时又称为市场开放度。随着国际分工的扩大与深化，世界各国的对外贸易依存度均有不同程度的提高。

（六）国际贸易条件

国际贸易条件又称进出口交换比价。一国宏观上对外贸易的经济效益如何，可以通过该国的贸易条件来考察。国际贸易条件是指一定时期内一国出口一单位商品可以交换多少单位外国进口商品的比例，或交换比价，通常用该时期内出口价格指数与进口价格指数之比来表示。其公式为

$$\text{TOT} = (\text{出口价格指数}/\text{进口价格指数}) \times 100 = \frac{\text{PX}}{\text{PM}} \times 100 \tag{1-2}$$

式中，PX 为出口价格指数；PM 为进口价格指数。

如果 TOT>100，则该国贸易条件好转，出口越多，交换越有利；如果 TOT = 100，则贸易条件不变；如果 TOT<100，则该国的贸易条件恶化，出口越多，反而可能使该国的社会福利水平下降。针对这种现象，政府应积极采取措施，调整进出口商品结构，以改变对外贸易的不利状况[⊖]。

本章思考题

1. 试述国际贸易的重要作用。
2. 简述 21 世纪国际贸易的发展现状。
3. 从一国的国际贸易（对外贸易）商品结构中能够了解到什么？
4. 如何计算国际贸易（对外贸易）依存度？
5. 国际贸易条件如何判断？

⊖ 逮宇铎，张建东，周会斌，孙开功. 国际贸易. 清华大学出版社，2006.

第一篇
国际贸易理论

第二章

古典国际贸易理论

国际贸易理论的起源可追溯到 15 世纪末 16 世纪初的重商主义学说。古典国际贸易理论产生于 18 世纪中叶，完成于 20 世纪 30 年代。亚当·斯密（Adam Smith）是英国古典政治经济学的杰出代表，他总结了始于 17 世纪中叶的由威廉·配第（William Petty）开创的古典政治经济学思想，以代表作《国民财富的性质和原因的研究》（*An Inquiry into the Nature and Causes of the Wealth of Nations*，简称《国富论》）构建了古典政治经济学的理论体系。他的地域分工原理和以此为基础的国际贸易理论是古典政治经济学理论的重要组成部分。亚当·斯密把国家间劳动生产率的差异作为绝对成本和比较成本差异产生的基础，认为正是这种成本差异导致了价格差异和国际贸易的发生。

本章第一节介绍亚当·斯密之前的重商主义理论；第二节介绍亚当·斯密的绝对优势理论；第三节介绍大卫·李嘉图（David Ricardo）的比较优势理论。

第一节 国际贸易理论的起源

在《国富论》出版之前的 17 世纪—18 世纪，欧洲国家就有一些关于国际贸易方面的小册子在商人、银行家、政府官员和哲学家之间广泛流传。这些小册子的主要观点是主张通过扩大出口、减少进口这一扩大贸易顺差的方法实现国家的富强。他们认为贸易顺差可以使国外的黄金白银等贵重金属流入国内。而一个国家拥有的金银越多，就会越富有和强大。为达到这一目的，政府应竭尽所能地扩大出口，减少甚至限制进口。这种观点被称为重商主义（mercantilism）。

重商主义的发展分为两个阶段：15 世纪—16 世纪中叶为早期重商主义时期；16 世纪下半叶—18 世纪为晚期重商主义时期。早期的重商主义者强调绝对的贸易顺差，主张多卖少买，甚至通过行政手段来控制商品进口，禁止货币输出以积累货币财富。这种思想被称为货币平衡论。晚期的重商主义者重视长期和总体上的贸易顺差，即一定时期的贸易逆差可以被允许，只要最终的贸易结果是顺差即可。这种思想被称为贸易平衡论。

重商主义的局限性在于将国际贸易看作一种零和游戏，即国际贸易是一种赢输分明的游戏，有赢必然有输。因此，重商主义的必然结果是奖出限入，而各国运用重商主义理论管理国际贸易将导致国际贸易的萎缩。

值得注意的是，重商主义者用国家所拥有的稀有金属来衡量国家的财富。相对而言，如今是以可用在生产产品与提供服务的人力、人造与自然资源的多少来衡量国家财富的。这些有用资源越多，生产与提供能满足人们需要的产品与服务就越多，一国的生活水平也就越高。

如果进行更复杂的分析，我们将看到重商主义者渴望积累稀有金属有更合理的理由。如果我们注意到，重商主义者的观点和政策是在为统治者服务，是为了加强国力，这一点就可以理解了：拥有更多的黄金，统治者可以有更大、更强的军队以加强其在国内的统治；更强的军队还可以使其有可能占据更多的殖民地。除此之外，更多的黄金意味着更多的货币（例如金币）存在于流通领域，这可以使商业活动更活跃，通过鼓励出口、限制进口，政府可以刺激国民产出，并增加就业。

无论如何，重商主义者主张政府严格控制经济活动，鼓吹经济民族主义，因为他们认为一国只有在他国损失的前提下才能获利，也就是说，贸易是一种零和游戏。这个观点在以下两种意义上是重要的：第一，更好地理解亚当·斯密、大卫·李嘉图及其他古典经济学家反对重商主义者的贸易观，反对政府干预经济的观点；第二，随着被高失业率控制的国家试图通过限制进口来刺激国内生产和就业，现在新重商主义有卷土重来的势头。事实上，除了1815年—1914年的英国，没有一个西方国家曾彻底摆脱过重商主义者的观点。

第二节　绝对优势理论

一、绝对优势理论的产生背景

18世纪英国资本主义正处于成长时期，第一次工业革命出现，英国工场手工业开始向机器大工业过渡。当时的英国呈现出如下特点：新技术发明不断出现，国内生产规模进一步扩大；"圈地运动"使农村人口不断涌向城市，城市人口倍增，资本主义工业拥有了大量的廉价劳动力；工场手工业中的分工日益发达，家庭手工业相继沦为资本主义大工业的附庸；殖民地得以不断开拓及海外市场陆续扩张等。

重商主义对英国进行资本原始积累曾起过重要作用，但到了18世纪的最后30年，英国在第一次产业革命进程后已成为世界第一的商业和殖民地强国，它不再需要贸易保护政策，此时，曾经流行一时的重商主义的限制政策已成为英国大工业生产、海外扩张的束缚。处在青年时期的英国资产阶级为了清除前进道路上的障碍，迫切要求从理论上和政策上废除重商主义，建立一个自由的经济学说体系，为它鸣锣开道。亚当·斯密的《国民财富的性质和原因的研究》就是在这个历史时期、负有这样的阶级历史任务而问世的。它代表了走上政治舞台的工商业资产阶级的利益和要求。

二、绝对优势理论的主要内容

亚当·斯密花了将近10年的时间，于1776年出版了一部奠定古典政治经济学理论体系的著作——《国民财富的性质和原因的研究》（简称《国富论》）。在这部著作中，亚当·斯密一方面对重商主义理论做出了系统的批判；另一方面提出了自由贸易的思想，也就是人们熟知的绝对优势理论。《国富论》在令当世震惊的同时也为后世所推崇，成为打击英国封建主义残余的一枚重磅炸弹。

（一）对重商主义的批判

亚当·斯密认为，衡量一国财富和强盛与否的不是它所拥有的贵重金属的多少，而是可供人们消费的物品，以及可以用来生产这些物品的各种生产要素，包括劳动。贵重金属只是一种为了有效率地交换物品从而增加人们消费的媒介。亚当·斯密指出，重商主义强调出口、限制进口是主次颠倒。出口的重要性是间接的，出口是不得已而为之的事，因为只有通过出口才能换取用于进口的外汇；而进口才是最重要的，因为进口的物品直接为本国人民所消费，从而提高人民的福利。

亚当·斯密认为，贸易不是零和游戏，而是正和游戏。在《国富论》中，斯密比较了国家之间的贸易与一国内家庭之间的贸易，认为两者之间没有什么差别。一个家庭的生产是为了其成员的消费，它向其他家庭销售产品是因为需要获得其他物品以满足自己家庭成员的消费。这样的生产和交易行为对每个家庭来说都是有好处的。国家之间的贸易其实也一样，通过自由贸易，世界上的资源可以得到有效分配，为每个国家带来贸易收益。政府对贸易的任何阻碍都会导致资源分配的低效，进而减少贸易收益。

（二）绝对优势理论的构建

在对重商主义批判的基础上，亚当·斯密提出了自由贸易的思想，也就是绝对优势理论。该理论的建立是基于一系列假设之上的。

假设1：世界上仅有两个国家——英国和法国。

假设2：两个国家都只生产两种产品——布和小麦。

这两个假设实际上就是希望通过简化成两个国家、两种产品使国际贸易更容易被理解。

假设3：在生产过程中只使用一种生产要素——劳动。这一假设认为，劳动在一个国家内是同质的，没有熟练劳动力和非熟练劳动力的区别。生产单位产品所消耗的生产要素量表现为劳动的消耗量，也就是单位产品的生产成本。生产成本的高低标志着生产该产品的特定国家的技术水平。

假设4：生产要素可以在一国范围内的各部门间自由流动，但不可在国家之间流动。这意味着在一国市场范围内，生产要素的流动不受任何限制，表明在一国内各部门之间的工资水平都是相同的；但国与国之间没有生产要素的流动。

假设5：两个国家的生产要素都被充分利用。这意味着一个部门产品产量的增加需要另一个部门生产要素的释放，即需要生产要素在各部门之间转移。

假设6：当生产要素从一个部门转移到另一个部门时，多生产的产品的机会成本保持不变。这也就是说，每增加一单位某一部门产品的产量，所放弃的另外一个部门产品的产量保持不变。

假设7：两国之间均不存在技术进步和经济发展。这一假设表明两国生产产品的劳动生产率和生产成本保持不变，两国的劳动力数量保持不变。

假设8：两国之间没有贸易壁垒，处于完全竞争状态。

假设9：国际贸易中没有运输成本。

假设8和假设9都表明在两国之间开展贸易后，两国的相同产品可以在同一国际价格下进行交易。

亚当·斯密认为，各国进行国际贸易的基础是各国之间生产技术的差别，而生产技术的差别主要通过各国间存在的劳动生产率和生产成本的绝对差别来衡量。如果一国在某种产品上具有比别国高的劳动生产率，那么该国在这一产品上就具有绝对优势（absolute advantage）；相反，劳动生产率低的产品就不具有绝对优势，即具有绝对劣势（absolute disadvantage）。绝对优势也可间接地由生产成本来衡量：如果一国生产某种产品所需的单位劳动比别国生产同样产品所需的单位劳动要少，那么该国就具有生产这种产品的绝对优势；反之，则具有劣势。因此，绝对优势理论（Theory of Absolute Advantage）可表述为：各国应该集中生产并出口其具有劳动生产率和生产成本绝对优势的产品，进口其不具有绝对优势的产品，其结果比自己什么都生产更有利。绝对优势理论又称为绝对成本理论（Theory of Absolute Cost）。

假定英国和法国都生产布和葡萄酒两种产品。两国的生产率不同，劳动是唯一生产要素，两国有相同的劳动力资源，都是 100 人。两国生产两种不同产品的生产率如表 2-1 所示。

表 2-1　分工前两国的生产率

国家	布（匹/人·天）	葡萄酒（桶/人·天）
英国	1	1.5
法国	0.5	2

由表 2-1 可见，英国生产布的劳动生产率绝对高于法国，即具有绝对优势；但在生产葡萄酒方面，法国具有绝对优势。分工前假设每个国家都用 50 个劳动力生产布，50 个劳动力生产葡萄酒，则两国两种产品的产量如表 2-2 所示。

表 2-2　分工前两国两种产品的产量

国家	布（匹）	葡萄酒（桶）
英国	50	75
法国	25	100

如果两国的劳动都转移到本国优势部门，生产自己的优势产品，即英国集中生产布而法国集中生产葡萄酒，英国向法国出口布换取法国的葡萄酒，这样英国原来生产葡萄酒的工人生产布后，共可生产 100 匹布，而法国原来生产布的工人生产葡萄酒后，共可生产 200 桶葡萄酒，如表 2-3 所示。

表 2-3　分工后两国两种产品的产量

国家	布（匹）	葡萄酒（桶）
英国	100	0
法国	0	200

英国用 50 匹布去换法国的 100 桶葡萄酒，交换后英国比分工以前多了 25 桶葡萄酒，而法国则多了 25 匹布，如表 2-4 所示。两个国家都从贸易中获得了好处，整个世界的福利都增加了。这就是分工和绝对优势所带来的好处。

表 2-4　分工并交换后两国的消费情况

国家	布（匹）	葡萄酒（桶）
英国	50	100−75＝25
法国	50−25＝25	100

三、绝对优势理论的局限性

绝对优势理论解释了国际贸易产生的部分原因，也首次论证了贸易双方都可以从国际分工与交换中获得利益的思想：国际贸易可以是一个"双赢"的局面，而不是一个零和游戏。可以说，亚当·斯密把国际贸易理论纳入了市场经济的理论体系，创新了对国际贸易的经济分析。亚当·斯密的绝对优势理论的确描绘了一幅自由贸易的动人画卷，但同时也存在着严重的理论缺陷和局限。

绝对优势理论要求一国出口商品的生产具有绝对优势，而如果某个国家连一个具有绝对优势的产品都没有，处于全面的绝对劣势，那么这个国家是否会在外界有力的竞争压力下被迫与世隔绝？在这种情况下是否还应该进行贸易？如果还进行贸易，是否还存在普遍的贸易利益？各国是否还应该坚持自由贸易政策呢？这样一系列尖锐的理论问题和实践问题都不能从亚当·斯密的绝对优势理论中求得答案。

由此可见，亚当·斯密的绝对优势理论还只是停留在或者说还只是局限于对国际贸易实践中的某些特例（发达国家之间的一些贸易）展开的研究，对大多数世界贸易，尤其是发达国家与发展中国家的贸易，是无法用绝对优势理论解释的。绝对优势理论带有很大的局限性，还不是一种具有普遍指导意义的贸易理论。这一问题留给了大卫·李嘉图。大卫·李嘉图应用比较优势理论，很好地解释了贸易基础和贸易所得。事实上，绝对优势理论可以被看作一般化的比较优势理论的特殊情况。

第三节　比较优势理论

1817年，大卫·李嘉图出版了《政治经济学及赋税原理》一书，提出了比较优势理论。这是一项十分重要的经济学原理，具有很强的实用价值。

一、比较优势理论的产生背景

从1789年法国大革命初期到1815年拿破仑滑铁卢战败的这一段时期，英国和法国几乎一直处于战争状态，战争影响了英国的贸易。由于英国是制造品出口国和农产品进口国，法国的封锁行动使英国粮食的相对价格提高，工业品厂商的利益受损。然而，英国的土地所有者却在多年的战争中获取了大量利润。战后英国的粮食价格下跌。1815年—1846年，英国政府为维护地主贵族阶级利益而实行了《谷物法》。该法颁布后，英国粮价上涨、地租猛增，对地主贵族有利，却严重损害了工业资产阶级的利益。昂贵的谷物使工人的货币工资被迫提高，工业成本增加，利润减少，削弱了工业品的竞争能力；同时，也扩大了英国各阶层的用粮开支，减少了对工业品的消费。《谷物法》还招致外国以高关税阻止英国工业品对它们的出口。为了废除《谷物法》，工业资产阶级采取了多种手段，宣传谷物自由贸易的好处。而地主贵族阶级则千方百计维护《谷物法》，他们认为，既然英国能够自己生产粮食，那么根本不需要从国外进口，进而反对谷物自由贸易。

这时，工业资产阶级迫切需要找到谷物自由贸易的理论依据。李嘉图适时而出，在1817年出版的《政治经济学及赋税原理》中提出了著名的比较优势理论（Law of Comparative Advantage）。李嘉图认为，英国不仅要从外国进口粮食，而且要大量进口，因为英国在纺织品生产上所占的优势比在粮食生产上的优势还大。所以，英国应专门发展纺织品生产，以纺织品出口换取粮食，取得比较利益，提高商品生产数量。

二、比较优势理论的主要内容

作为古典政治经济学的重要人物，大卫·李嘉图与亚当·斯密一样，主张自由贸易，认为国际贸易对所有的参与国都是有利的。因此，政府应该采取支持自由贸易政策或不干预的对外贸易政策。不过，大卫·李嘉图并非只是重复亚当·斯密关于自由贸易的好处，而是提出了更加系统的自由贸易理论。在其代表性著作《政治经济学及赋税原理》中，大卫·李嘉图阐明并论证了国际贸易的基础是比较优势，而非绝对优势。

如表2-5所示，假定英国和法国同时生产布和葡萄酒，但此时两国的劳动生产率发生了变化：英国每人每天能生产1匹布或者2桶葡萄酒；而法国每人每天能生产0.5匹布或者1.5桶葡萄酒。现在英国在每种产品上的生产率都高于法国。按照亚当·斯密的绝对优势理论，在上述情况下，英、法两国之间不会发生贸易。这是因为法国两种产品的生产效率都比英国低，即英国在这两种商品的生产方面都具有绝对优势；法国则相反，它不能提供任何一种比英国更便宜的产品。

表2-5　英国和法国的劳动生产率没有绝对差异的情况

国家	布（匹/人·天）	葡萄酒（桶/人·天）
英国	1	2
法国	0.5	1.5

大卫·李嘉图通过相对劳动生产率的方法解释了两国也存在贸易互惠的可能：英国的布对葡萄酒的相对生产率是0.5（1/2），葡萄酒对布的相对生产率是2（2/1）；法国的布对葡萄酒的相对生产率是0.33（0.5/1.5），葡萄酒对布的相对生产率是3（1.5/0.5），如表2-6所示。

表2-6　英国和法国的相对劳动生产率

国家	布	葡萄酒
英国	0.5	2
法国	0.33	3

因而英国在布的生产上的相对劳动生产率高于法国，即英国在布的生产上具有比较优势；而法国在葡萄酒的生产上的相对劳动生产率高于英国，即法国在葡萄酒的生产上具有比较优势。根据"两优取其重，两劣取其轻"的分工原则，法国应分工生产葡萄酒，英国应分工生产布，然后进行交换（假设交换比率为1匹布交换2.5桶葡萄酒）。这样，两国都能从国际分工中获得好处。在这里继续沿用前文假设，每个国家拥有100个劳动力，没有分工时都各用50个劳动力生产布、50个劳动力生产葡萄酒，如表2-7和表2-8所示。

表 2-7 分工前的产量

国家	布（匹）	葡萄酒（桶）
英国	50	100
法国	25	75

表 2-8 分工并交换后的产量

国家	布（匹）	葡萄酒（桶）
英国	50	125
法国	50	25

由表 2-8 可以发现，相较分工前，英国多生产了 25 桶葡萄酒，法国多生产了 25 匹布；虽然法国生产的葡萄酒比原来少了 50 桶，但多生产的 25 匹布在法国相当于 75 桶葡萄酒，因而如果把增加的 25 匹布折合成葡萄酒，相当于法国一共能生产 100 桶葡萄酒。这样在生产布保持不变的情况下，法国也可以多生产 25 桶葡萄酒。

综上所述，大卫·李嘉图用"比较成本"的概念来分析国际贸易产生的基础，建立了比较优势理论。比较优势理论认为，即使一国在两种产品的生产上相较另一国均处于绝对劣势，但两种产品生产上优势的程度不同，则处于劣势的国家在劣势较小的产品生产方面具有比较优势，而处于优势的国家则在优势较大的产品生产方面具有比较优势。两个国家分工专业化生产和出口各自具有比较优势的产品，进口各自处于比较劣势的产品，则两国都能从贸易中得到利益。

我们可以通过日常生活中的一个例子来认识这一理论的正确性。假设一个律师的打字速度是其秘书的 2 倍，那么律师在从事法律业务和打字上，相对秘书均有绝对优势。然而，由于秘书没有法律证书而不能从事法律业务，因此律师在法律上有更大的绝对优势或有相对优势，而秘书在打字上有相对优势。根据比较优势理论，律师应将所有时间用在从事法律业务上而让秘书去打字。例如，律师每从事 1 小时法律业务可获得 100 美元，但必须付给秘书打字费用每小时 10 美元，而他若自己打字则每小时损失 80 美元。原因是他每打字 1 小时可节约 20 美元（因为他的打字速度是秘书的 2 倍），但同时损失了每从事 1 小时法律业务所得的 100 美元。

三、比较优势理论的局限性

比较优势理论尽管自大卫·李嘉图提出至今已近 200 年，但仍不失为指导一般贸易实践的基本原则，然而它也存在一定的局限性。与绝对优势理论相同，比较优势理论也建立在一系列假设的基础上。例如：①仅有两个国家和两种产品；②自由贸易；③一国之内的劳动力可以自由流动，而国家间无劳动力流动；④生产成本固定；⑤没有运输成本；⑥没有技术革新；⑦劳动价值论。尽管①~⑥可以相对容易地进行调整，但⑦与现实并不相符，解释能力有限，很难用来解释比较优势。

因此，比较优势理论把复杂多变的国际经济情况抽象成静态的、固定的状态，与现实的国际经济状况有一定的差距。尽管这些假定基本上是合理的和有意义的，但毕竟使由此得出的比较优势理论与现实的国际经济状况相去甚远。不过这并不会在一定程度上影响比较优势理论的重要意义。事实上，现代国际贸易理论都力图突破这些假定，争取最大限度地接近国际贸易现实，以增强贸易理论的适用性和可操作性。

 本章思考题

1. 本章想要回答的基本问题是什么？从哪点而言本章的模型是现实世界的抽象或简化？模型可否被一般化？

2. 重商主义者的贸易观点如何？他们的国家财富概念与现在有何不同？

3. 为何学习重商主义者的贸易观点是重要的？他们的观点与亚当·斯密的有何不同？这些观点现在有无参考价值？

4. 亚当·斯密主张的贸易基础和贸易模式分别是什么？贸易所得是如何产生的？亚当·斯密倡导什么样的国际贸易政策？他认为政府在经济生活中的适当功能是什么？

5. 大卫·李嘉图的比较优势理论在哪一点上比亚当·斯密的绝对优势理论有优势？贸易的比较优势所带来的收益是从哪里来的？一个在每种商品的生产中均处于低效率的国家如何向另一国出口商品？

6. 比较优势理论的例外是什么？普遍性如何？

7. 为什么大卫·李嘉图对比较优势理论的解释不被接受？哪种理论可被用于解释这一原理？

8. 一国的机会成本与生产可能性曲线关系如何？在固定机会成本下，生产可能性曲线有何特征？商品的机会成本与商品相对价格间的关系如何？

第三章

新古典国际贸易理论

本章从两个方面扩展我们的贸易模型。第一，解释产生比较优势的原因。在第二章中我们已经看到，一种产品在两个国家不同的相对价格体现了存在着比较优势，这也是两国互利贸易的基础。现在，我们要更深入地解释产生不同相对价格和比较优势的原因。第二，扩展我们的模型以分析国际贸易对贸易双方要素收入的影响。也就是说，我们要考察国际贸易对劳动收入和国际收入差异的影响。

这两个重要的问题是由大卫·李嘉图和穆勒提出的，但他们并没有解决这两个问题。在古典经济学家眼中，比较优势的产生是由于各国劳动生产率（他们认为这是生产的唯一要素）之间存在着差异。但是，他们并没有解释产生这种差异的原因。赫克歇尔-俄林理论在这方面进行了进一步的研究。它研究了比较优势产生的基础以及贸易对两国要素收入的影响，从而进一步扩展了我们在第二章中已经研究过的贸易模型。

第一节　要素禀赋理论

以李嘉图模型为核心的古典贸易理论围绕比较优势论证了国际贸易的基础。然而，比较优势又是如何产生的呢？古典贸易理论简单地认为比较优势源于各国劳动生产率的差异，而并没有深入说明产生这种差异的原因。20 世纪 30 年代，瑞典经济学家伊莱·赫克歇尔（Eli Heckscher）及其学生贝蒂·俄林（Bertil Ohlin）在继承古典贸易理论的基础上创立了要素禀赋理论（又称为赫克歇尔-俄林定理，简称 H-O 定理），从生产要素禀赋的角度解释了比较优势的根源。

一、要素禀赋理论的产生背景

众所周知，1929 年爆发了一场世界范围内的严重经济危机。在这场危机的打击下，欧美各主要资本主义国家经济迅速衰退，各国为使自己早日摆脱危机，都拼命采取贸易保护政策。各国都试图加强对外倾销商品，同时提高进口关税，限制商品进口，这导致了激烈的"贸易战"。与此同时，进入 20 世纪，随着英国经济的衰落，与其一同衰败的还有它曾大力倡导的自由贸易理论。此时贸易保护理论重新成为各主要国家对外贸易政策的重要理论基础。

瑞典国内市场狭小，对国外市场的依赖性很强，因而对外贸易极大地影响着瑞典的经济命运。面对这种贸易保护主义急剧抬头的趋势，瑞典经济学家赫克歇尔和俄林认为有必要从更深层次探讨国际贸易的成因。如果能找到令人信服的证据，那么各国还会向自由贸易回归，这对瑞典极为重要。在这种经济背景的促使下，俄林继承其师赫克歇尔的论点，于 1933 年出版了《区际贸易与国际贸易》一书。在书中，俄林深入探讨了国际贸易产生的深层原因，创立了要素禀赋理论。令俄林始料不及的是，要素禀赋理论受到西方学术界的特别重视，被誉为与大卫·李嘉图的比较优势理论并列的经济学中的两块重要基石，俄林也因此而获得 1977 年的诺贝尔经济学奖。

二、要素禀赋理论的主要内容

(一) 要素禀赋理论的重要概念

要正确理解和掌握要素禀赋理论的基本原理，首先要了解一些相关的重要概念。

1. 要素禀赋

要素禀赋（factor endowment）是指一国所拥有的可利用的经济资源的总量。它既包括自然存在的资源（如土地和矿产），也包括获得性资源（如技术和资本）。这是一个绝对量的概念。依据要素禀赋的多寡（如劳动与土地资源的总供给量），国家可区分为资源丰富的国家和资源贫乏的国家。

2. 要素密集度

一般来说，产品的要素密集度是由生产该产品的属性决定的，它不会随国家的不同而发生差异。值得注意的是，要素密集度是一个相对的概念，与生产要素的绝对投入量无关。要素密集度（factor intensities）是指生产一个单位某种产品所使用的生产要素的组合比例。如在资本与劳动两种生产要素的情形下，要素的密集度就是指生产一单位该产品所使用的资本-劳动比率。给定资本和劳动两种生产要素以及 X 和 Y 两种产品：

如果 X 产品在生产中投入的劳动（L）-资本（K）比率（L/K）大于 Y 产品在生产中投入的劳动-资本比率，那么相对 Y 产品，X 产品的生产更为密集地使用了劳动这一生产要素。因此，X 产品为劳动密集型产品，而 Y 产品是资本密集型产品。注意：在要素密集度定义中所使用的标准不是 X 产品和 Y 产品在生产中所使用的生产要素绝对量，而是两种产品在生产中使用不同生产要素的相对量（即资本和劳动的比率）。

3. 要素丰裕度

要素丰裕度（factor abundance）是指在一国的生产要素禀赋中，某要素供给所占比例大于别国同种要素的供给比例，而相对价格低于别国同种要素的相对价格。要素丰裕度不同不是指某种生产要素在两个国家的绝对量不同，而是指各种生产要素量的比率在两个国家不同。因此，要素丰裕是关于一个国家或地区某种要素是否丰裕的概念。

如果 A 国的全部劳动力数量与全部资本数量的比率高于 B 国，即（L_A/K_A）>（L_B/K_B），则说明 A 国相对于 B 国来说是劳动丰裕的，而 B 国是资本丰裕的。这里所说的资本与劳动的比率是一个相对量，而不是各国可获得的资本和劳动的绝对数量。因此，只要满足上述不等式，即使 A 国的劳动力总量小于 B 国，A 国相对于 B 国来说仍然是劳动丰裕的。

(二) 要素禀赋理论的假设条件

要素禀赋理论是建立在一些简单的假设之上的，当然这些假设是为了在不影响结论的前提下，使分析更加严谨。在这里列出这些假设，并逐一进行解释。

假设 1：2×2×2 模型。世界上只有两个国家（A 和 B）、两种产品（X、Y）、两种生产要素（劳动 L 和资本 K），即是一个典型的 2×2×2 模型。各国拥有的生产要素的初始水平是给定的，各不相同。

假设2：生产技术相同。两个国家在每种产品的生产上使用相同的技术，具有相同的技术水平，或者说同种产品的生产函数相同，各国的劳动生产率是一样的。这样，如果要素价格在两国是相同的，那么两国在生产同一产品时就会使用相同的劳动-资本比率。

但由于要素价格通常是不相同的，所以各国的生产者都将使用更多价格便宜的要素以降低生产成本。假设的主要目的是考察要素价格在两国产品相对价格决定中的作用。

假设3：要素禀赋的非对称性。一国为劳动相对丰裕的国家，另一国为资本相对丰裕的国家，两国的 K/L 不同，即单位劳动使用的资本不同。在 H-O 理论中，要素禀赋差异主要是指相对禀赋差异而不是绝对差异。也就是说，若 X 为劳动密集型产品，Y 为资本密集型产品，则在两个国家中，生产产品 Y 相对于生产产品 X 来说，使用的资本-劳动比率较高。但这并不意味着两国生产产品 Y 的资本-劳动比率是相同的，而是在各国生产 X 的资本-劳动比率均低于该国生产 Y 的资本-劳动比率。资源禀赋的非对称性是要素禀赋理论最基本和最主要的假设。

假设4：规模收益不变。两国在两种产品的生产上不存在规模经济或规模不经济。这意味着增加生产某种产品的资本和劳动投入将带来该产品的产量以同一比例增加。

假设5：两国消费者需求偏好相同。在给定的产品价格的前提下，消费者在各种收入水平上的消费数量是相同的。这意味着表现两国需求偏好的无差异曲线的形状和位置是完全相同的。当两国产品的相对价格相同时，两国以相同的比率消费两种产品，且不受收入水平的影响。

这一假设的目的是剔除需求变动引致的产品价格变动；同时，也将收入水平变动引致的需求变动和价格变动剔除，实际上剔除了需求差异产生贸易的可能性。这样就将产品相对价格国际差异的原因归于供给方面，尤其是要素禀赋的差异方面。

假设6：完全竞争与自由贸易。两国的产品市场和要素市场都是完全竞争市场，即两国都有许多生产者和消费者，没有任何单个生产者和消费者能够左右产品的价格，也没有任何单个厂商或要素拥有者能够决定要素市场的价格。完全竞争也意味着产品价格等于其生产成本，没有经济利润。

假设7：生产要素在一国国内可以自由流动且在生产中可以完全替代，但在国与国之间完全不流动。假设每个国家的生产要素都是给定的，各国的资源禀赋和生产可能性曲线不变，但劳动和资本在国内可以自由地从低收益地区和产业流向高收益地区和产业，直到该国所有地区和产业的劳动收益相同、资本收益相同。因此，在每一个国家内部存在一个统一的要素价格。而在国际却缺乏这种流动性，因而若没有国际贸易，两国的两种要素之间将存在收益上的差异。

假设8：交易成本为零。两个国家之间可以自由地从事贸易，无运输成本，无关税或其他阻碍国际贸易自由的障碍，交易成本为零。这意味着在贸易存在的条件下，只有两国的相对（或绝对）产品价格完全相等时，两国的生产分工才会停止。

假设9：要素密集度不会发生逆转。产品 X 在 A 国是劳动密集型产品、产品 Y 是资本密集型产品，那么产品 X 在 B 国也是劳动密集型产品、产品 Y 为资本密集型产品，并且无论劳动和资本的价格怎样变动，产品的要素投入结构怎样调整，产品 X 为劳动密集型产品、产品 Y 为资本密集型产品的性质不发生改变，即不存在"生产要素密集度逆转"（factor intensity reversal）的情况。也就是说，虽然同样的产品在不同国家的要素密集度可能不同

（假设3），但不会出现一种产品在一个国家是资本密集型产品，而在另一个国家却是劳动密集型产品的情形，即一种产品如果在一个国家是资本密集型产品，那么它在另一个国家也是资本密集型产品，虽然密集度可能不同。

假设10：两国在两种产品生产上的专业化分工都是不完全的。这说明贸易后两国仍然生产两种产品。

假设11：两国的贸易是平衡的。这意味着每一国的总进口额等于其总出口额。

由以上假设可以看出，两国除了在要素禀赋上不同以外，其他的一切条件都是完全相同的。

（三）要素禀赋理论

通过对上面几个主要概念以及假设条件的解释可知：资本丰裕的国家其资本的价格（即利率）相对较低，因而生产资本密集型产品的生产成本较低，进而使资本密集型产品的价格较低；而劳动丰裕的国家其劳动的价格（即工资）相对较低，因而生产劳动密集型产品的生产成本较低，进而使劳动密集型产品的价格较低。由于两国在劳动密集型和资本密集型产品上的价格差异，国际贸易便有了产生的基础。

要素禀赋理论的基本内容：在各国生产要素存量一定的情况下，一国应当出口该国相对丰裕和便宜的要素密集型产品，进口该国相对稀缺和昂贵的要素密集型产品。简言之，劳动相对丰裕的国家将出口劳动密集型产品，进口资本密集型产品；而资本相对丰裕的国家将出口资本密集型产品，进口劳动密集型产品。

这样一来，要素禀赋理论解释了比较优势产生的原因，而不像古典经济学家只是假设其成立。要素禀赋理论认为，相对要素丰裕度和相对要素价格之间的差异是导致两国贸易前相对产品价格不同的原因。这种相对要素价格和相对产品价格之间的差异可以转化成为两国间绝对要素价格和绝对产品价格的差异。这种绝对价格差异才是两国之间发生贸易的直接原因。

（四）要素禀赋理论的一般均衡框架

H-O理论的一般均衡特性可以用图3-1形象地概括。从该图的右下角出发，可以看到需求偏好和生产要素所有权的分配（即收入分配）共同决定了对产品的需求。对产品的需求决定了生产该产品所需要素的派生需求。生产中对要素的需求和对要素的供给共同决定了完全竞争条件下的要素价格。要素价格和技术水平共同决定了最终的产品价格。不同国家之间相对产品价格的差异决定了比较优势和贸易模式（即一国应出口何种产品）。

图3-1清晰地展示出所有经济力量是如何共同确定最终产品价格的，这也是要素禀赋模型是一般均衡模型的原因。

在所有这些共同作用的因素之外，要素禀赋理论单独把各国生产所需要素的实物可用量或供给量的差异提出来，以解释各国相对产品价格之间的差异及贸易发生的原因。特别地，俄林假设各国需求偏好（以及收入分配）是相同的。这使各国对最终产品和生产要素的需求相等。这样不同国家对各种生产要素的不同供给就成为导致各国相对要素价格不同的唯一原因。最后，相同的技术水平和不同的要素价格导致了不同的相对产品价格，从而引起了贸易。在图3-1中，要素相对供给量的差异导致要素价格差异和产品价格差异的过程用双线表示。

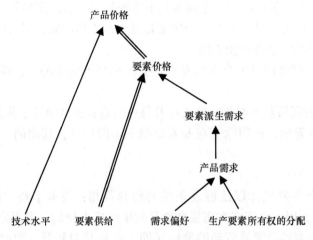

图 3-1 H-O 理论一般均衡框架

第二节 要素禀赋理论的检验——"里昂惕夫之谜"

在本节中，我们提出并评价要素禀赋理论的经验检验情况。一个模型必须通过经验检验才能被认定是一个理论。如果一个模型与经验检验的结论相矛盾，这一模型就会被推翻，而另一个新模型会被建立。

一、经验检验的结果——"里昂惕夫之谜"

H-O 定理问世以后，逐渐为大多数人所接受，成为国际贸易的主流理论。第二次世界大战后初期，贸易理论的主要方向是运用经验资料对模型进行检验。其中，最引人注目的实证工作由美籍学者瓦西里·里昂惕夫（Wassily Leontief）完成，他所发表的检验结果在国际经济学界引起了强烈反响。里昂惕夫运用其发明的投入-产出分析方法对美国 1947 年的数据进行了计算，以验证美国的贸易结构同 H-O 定理的结论是否一致。结果显示，美国出口的是劳动密集型产品，进口的是资本密集型产品；但根据常识判断，美国资本相对丰裕而劳动相对稀缺。于是，验证结果与 H-O 定理发生矛盾，从而出现了所谓的"里昂惕夫之谜"。其后，一些学者利用其他年份或其他国家的数据进行检验，都得出了类似的验证结果。

二、"里昂惕夫之谜"的解释

里昂惕夫之谜提出后，经济学家纷纷从不同角度对里昂惕夫的验证结果进行探讨，试图解释"里昂惕夫之谜"产生的原因。其中，较为典型的观点主要有以下五种。

（一）自然资源稀缺说

在要素禀赋理论中，只考虑了劳动和资本两种生产要素，而忽略了诸如土地、森林、矿藏等自然资源要素。自然资源要素与资本之间有一定的替代性，如果生产一种产品的自然资源不足，就必须采用先进、复杂的设备，投入大量的资本。一些研究表明，美国的多数进口产品正是其自然资源稀缺的产品。作为进口的竞争性产品在国内生产时必须投入较多的资本，且生产成本较高；而对于出口国来说，这些产品是自然资源密集型产品，所需投入的资本较少，成本较低。这样就会导致"里昂惕夫之谜"。

（二）人力资本说

要素禀赋理论假设各国同类要素是同质的。但实际情况是，与其他国家的劳动相比，美国的劳动具有更高的效率，而美国的高劳动生产率得益于劳动者对教育、职业培训、卫生保健等方面的投资，即人力资本（human capital）投资。由此看来，美国是人力资本相对丰裕的国家。因此，美国出口的产品也是人力资本密集型产品。要素禀赋理论将劳动力看作同质的，并得出美国出口的产品是劳动密集型产品，由此导致"里昂惕夫之谜"。人力资本在决定美国的贸易模式上起着重要作用。这种观点被认为是对"里昂惕夫之谜"最有说服力的一种解释。

（三）贸易壁垒说

要素禀赋理论是建立在自由贸易的假设基础上的，没有运输成本等各种贸易壁垒。但现实是，国际贸易中存在着大量的关税和非关税壁垒，人为地扭曲了贸易条件，使产品的相对价格不能反映出真正的比较优势。有关资料显示，当时美国的贸易政策倾向于限制高技术的资本密集型产品的出口，阻止技术落后的劳动密集型产品的进口。正是这些人为的政策因素扭曲了美国的贸易模式。

（四）需求逆转说

要素禀赋理论假设两国的需求偏好是一致的，贸易模式完全取决于要素禀赋的差异。但是，如果两国需求偏好的差异超过其在要素禀赋上的差异，就会出现所谓的需求逆转（demand reversal），从而造成与要素禀赋模型的推论完全相反的贸易模式。这种观点认为美国的需求强烈偏好资本密集型产品，从而使其相对价格较高，因此美国出口劳动密集型产品，进口资本密集型产品。

（五）要素密集度逆转说

在要素禀赋理论的基本模型中，假设产品 X 与产品 Y 的要素密集度之间的关系是不变的，即对任何一组要素价格，X 永远都是资本密集型产品，而 Y 永远都是劳动密集型产品。如果在某些要素价格下，X 是资本密集型产品，Y 是劳动密集型产品，但在另外一些要素价格下，X 变为劳动密集型产品，Y 变为资本密集型产品，这时就发生了要素密集度逆转（factor intensity reversal）。这样一来，有可能发生这样一种情形：资本丰裕的国家可以比较廉价地生产某种资本密集型产品；而劳动丰裕的国家也可以比较廉价地生产同样一种产品，因为该产品在劳动丰裕的国家是劳动密集型的，而不是资本密集型的。

如果考虑到要素密集度逆转现象，"里昂惕夫之谜"就不难解释。美国出口的产品在其他国家看来是劳动密集型的，而在美国的生产中可能是资本密集型的。例如，美国的农业生产机械化程度很高，属于典型的资本密集型；但在其他一些落后国家，农业生产则是一种典型的劳动密集型生产。

第三节　要素禀赋理论的扩展与应用

本节将考察要素价格均等定理。它实际上是要素禀赋定理的推论，是从要素禀赋定理推出的，与要素禀赋定理的内涵是一样的。保罗·萨缪尔森（Paul Samuelson）（1976 年诺贝尔经济学奖获得者）严格证明了要素价格均等定理。正是由于这一原因，它通常被称为赫克歇尔-俄林-萨缪尔森定理，简称赫-俄-萨定理。

一、要素价格均等定理

从要素禀赋理论给出的假设出发，可以这样表述要素价格均等定理（The Factor-Price Equalization Theorem）（也称赫-俄-萨定理，即 H-O-S 定理）：国际贸易会使各国同质要素获得相同的相对与绝对收入。这样一来，国际贸易就成为国际要素流动的替代品。

国际贸易会使贸易各国的同质劳动（即具有相同水平的训练、技能和生产力的劳动）获得等额工资；同样，国际贸易会使贸易各国的同质资本（即具有同等风险和生产力的资本）获得均等收益。当然，这是在第3.1节中假设成立的前提下。也就是说，国际贸易会使 A 国和 B 国的工资率相等，会使贸易各国的利率相同，会使相对要素价格和绝对要素价格相等。

在第3.2节中，我们知道在没有贸易的条件下，A 国产品 X 的相对价格低于 B 国，因为 A 国的劳动价格，即工资率比较低。当 A 国分工生产产品 X（劳动密集型产品）并减少 Y（资本密集型产品）的产量时，对劳动的相对需求就会上升，从而提高工资率，同时对资本的相对需求下降，引起利率的下降；而在 B 国所发生的一切与 A 国相反，即 B 国分工生产产品 Y 并降低 X 的产量时，对劳动的相对需求下降，从而引起工资率下降，对资本的相对需求增加，从而提高了利率。

概括说来，国际贸易使 A 国（低工资国家）的工资率上升，使 B 国（高工资国家）的工资率下降。这样，国际贸易使两国的工资率与贸易前相比差距缩小了。同样，国际贸易降低了 A 国（高利率国家）的利率，提高了 B 国（低利率国家）的利率，也使两国的利率与贸易前相比差距缩小了。这表明国际贸易倾向于缩小两国间工资率与利率的差距。

可以进一步证明国际贸易不仅倾向于缩小同质要素收入的国际差异，而且实际上在满足所有假设的前提下，会使各国的相对要素价格完全相等。这是因为只要相对要素价格不同，相对产品价格就会不同，从而使贸易进一步发展。而这会进一步缩小两国要素价格的差异。这样，国际贸易将继续发展，直到相对产品价格完全相等，即两国的相对要素价格完全相等。

二、相对和绝对要素价格均等

可以用曲线来表示贸易使两国要素价格相等的过程（如果第3.1节中的假设成立）。在图3-2中，横轴表示劳动的相对价格（工资率/利率，即 w/r），纵轴表示的是产品 X 的相对价格（P_X/P_Y）。由于各国都处于完全竞争条件下，且使用相同的生产技术，在 w/r 和 P_X/P_Y 之间存在着一一对应的关系，即每一个 w/r 比率都有唯一的 P_X/P_Y 比率与之对应。

贸易前，A 国位于 A 点，$w/r=(w/r)_1$，$P_X/P_Y=P_A$；B 国位于 A′ 点，$w/r=(w/r)_2$，$P_X/P_Y=P_{A'}$。在无贸易的条件下，A 国的 w/r 低于 B 国，$P_A<P_{A'}$，所以 A 国在产品 X 上具有比较优势。

当 A 国（劳动丰裕的国家）专业化生产产品 X（劳动密集型产品）并同时减少其产品 Y 的产量时，对劳动的需求相对于对资本的需求将提高，从而使 A 国的 w/r 上升，这也使 A 国的 P_X/P_Y 上升；另一方面，当 B 国（资本丰裕的国家）专业化生产产品 Y（资本密集型产品）并同时减少 X 的产量时，其对资本的相对需求将上升，从而使 r/w 上升（即 w/r 下

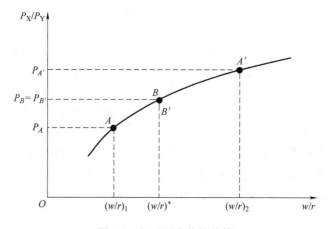

图 3-2　相对要素价格均等

降），这也使 B 国的 P_Y/P_X 上升（P_X/P_Y 下降）。这个过程将持续进行至点 $B=B'$，这时 $P_B=P_{B'}$，两国的 w/r 比率均为 $(w/r)^*$（见图 3-2）。注意：由于两国的生产均处于完全竞争下，而且使用的是同一技术（见前假设），故只有两国的 w/r 比率相同时才有 $P_B=P_{B'}$。同时注意：$P_B=P_{B'}$ 位于 P_A 和 $P_{A'}$ 之间，$(w/r)^*$ 位于 $(w/r)_1$ 和 $(w/r)_2$ 之间。简而言之，贸易会使两国的 P_X/P_Y 相等，这只有在两国 w/r 相等的前提下才能发生（只要两国继续生产两种产品）。

以上所示为相对要素价格均等，而非绝对要素价格均等的过程。绝对要素价格均等意味着，自由贸易会使贸易两国同质劳动的实际工资率相等，使两国同质资本的实际利率相等。已知贸易相对要素价格相等，产品市场和要素市场都是完全竞争的，再补充以下假设：各国使用相同的生产技术，在所有产品的生产过程中均保持规模报酬不变。这样贸易就会使同质要素的绝对收入相等。

注意：贸易在其对要素价格的影响作用方面实际上是替代了生产要素的国际流动。在完全流动（即信息充分、无法规约束、无运输成本）的情况下，劳动将从低工资国家流动至高工资国家，直到两国工资率相等，这种流动才会停止。同样，只要两国利率不等，资本就会从低利率国家流向高利率国家。贸易作用于对要素的需求，而要素流动作用于对要素的供给，这两种作用都会使同质要素的绝对收入完全相同。在要素国际有限（不是完全）流动的条件下，较小的贸易量就可达到两国要素收入的完全均等。

三、理论局限

要素禀赋理论和要素价格均等定理是在比较优势理论基础上的一大进步，有其合理的成分和可借鉴的意义。大卫·李嘉图假设两国进行物物交换，国际贸易起因于劳动生产率的差异，而要素禀赋理论是用等量产品的不同货币价格（成本）比较两国不同的产品价格比例。两国的交换是货币交换，而两国的劳动生产率是相同的，用生产要素禀赋的差异寻求解释国际贸易产生的原因和国际贸易产品结构以及国际贸易对要素价格的影响，研究更深入、更全面。要素禀赋理论具有一定的实用价值。例如，国家间产品相对价格的差异是国际贸易发生的直接原因，即一国某种生产要素丰富、要素价格低廉，因而出口该要素密集型产品具有比较优势；某种生产要素稀缺、要素价格昂贵，因而进口该要素密集型产品对本国有利。这些观点或结论既有理论意义，也有政策意义。

但是，要素禀赋理论和要素价格均等定理都有明显的局限性。例如，要素禀赋理论和要素价格均等定理所依据的一系列假设条件都是静态的，忽略了国际、国内经济因素的动态变化，因而理论难免存在缺陷。就技术而言，现实中技术是不断进步的，而技术进步能使老产品的成本降低，也能产生新产品，所以会改变一国的比较优势格局，使比较优势产品升级换代，扩大贸易量。再以生产要素为例，各国的生产要素远非同质，新旧机器总归有别，熟练工人与非熟练工人也不能相提并论。再看同种要素在不同国家的价格，也全然不是要素价格均等学说所指出的那样会随着产品价格均等而渐趋均等，发达国家与发展中国家工人工资的高低悬殊、利率的差距，足以说明现实世界中要素价格无法均等。

四、特定要素模型

通过以上模型可以看到，当一个国家实行开放自由贸易时，出口品价格相对上升，而进口品价格相对下降。因此，贸易如何影响要素收益问题实际上是一个相对价格变化如何影响劳动、土地和资本收益的问题。所谓特定要素，是指短时间内只能被用于生产某些特定产品的要素因为一些要素（如资本）可能是有流动限制的，或只限于在某一产业或部门内流动。

假设一个劳动丰裕的国家生产两种产品，产品 X 是劳动密集型的，产品 Y 是资本密集型的。生产两种产品都需要劳动和资本，但是劳动可以在两个产业间自由流动，而资本只对各自的产业有效。也就是说，用于生产 X（如食品）的资本不能用于生产 Y（如布料），反之亦然。假设有三个生产要素：劳动（用于生产 X 和 Y，并且可以在两者间流动）、只用于生产 X 的自然资源（可耕地）和只用于生产 Y 的资本。

进行贸易后，该国将专门生产和出口劳动密集型产品 X，进口资本密集型产品 Y。这会增加 X 的相对价格（即 P_X/P_Y）以及该国劳动的需求和名义工资率水平，一些劳动将从生产 Y 转移到生产 X。由于劳动在两个产品间是流动的，产品 Y 的 P_Y/P_X 有所减小并且部分劳动转移至生产 X，因此产品 Y 将不得不为劳动支付更高的工资。

贸易对该国劳动的真实工资率的影响是不确定的。因为 P_X/P_Y 和对劳动的派生需求的增加将比名义工资率的增加更多，因而产品 X 的真实工资率有所下降。另外，由于产品 Y（进口竞争产品）的名义工资率上升而价格下降，它的真实工资率上升。这样该国 X 的真实工资率下降而 Y 的真实工资率上升。因此，贸易对劳动的真实工资率的影响是不确定的。主要生产产品 X 的工人的真实工资将下降，而主要生产产品 Y 的工人的真实工资将上升。

贸易对资本的影响则是明确的。由于资本是针对各自产业的，开放的贸易不会导致资本从生产产品 Y 转移到生产产品 X。在生产 X（该国的出口产品）时，更多的劳动和特定数量的资本相结合，资本的真实收入上升。另外，在生产 Y（该国进口竞争产品）时，越来越少的劳动和特定数量的资本相结合，资本的真实收入下降。

根据特定的要素模型所得出的结论是：贸易对一国流动要素的影响是不明确的，同时将有利于用于该国出口产品的非流动要素，而不利于用于该国进口产品的非流动要素。在前面提到的例子中，开放的贸易对劳动（该国的流动要素）的真实工资和收入的影响是不明确的，同时将增加生产 X（该国的出口产品）的资本的真实收入，减少生产 Y（该国进口竞争产品）的另一特定要素的真实收入。如果生产 X 的特定要素是自然资源，开放的贸易将增加土地的真实收入或租金，减少生产 Y 的资本的真实收入，对劳动的影响则是不明确的。

 本章思考题

1. 赫克歇尔-俄林理论在哪些方面扩展了前面介绍的贸易模型？古典经济学家对这些扩展有什么看法？

2. 简述赫克歇尔-俄林理论的假设。每一假设的含义和重要性如何？

3. 劳动密集型产品的含义是什么？资本密集型产品的含义是什么？资本/劳动比率的含义是什么？

4. 资本丰裕国家的含义是什么？什么因素决定了各国生产可能性曲线的形状？

5. 什么因素决定了两国生产各种产品的资本/劳动比率？哪一个国家在生产两种产品时均使用较高的资本/劳动比率？原因是什么？在什么情况下各个国家生产两种产品时的资本/劳动比率相同？

6. 如果在生产两种产品的过程中，资本和劳动可以互相替代，什么情况下可以说一种产品是劳动密集型的，而另一种产品是资本密集型的？

7. 赫克歇尔-俄林理论的假设条件是什么？赫克歇尔和俄林认为哪一种力量是产生比较优势和贸易的根本原因？

8. 要素价格均等定理的假设条件是什么？它与生产要素的国际流动有什么关系？

9. 什么是"里昂惕夫之谜"？对它的一些可能解释是什么？人力资本对解释这一问题做出了什么贡献？

第四章

当代国际贸易理论

第一节 产业内贸易理论

第二次世界大战后，发达国家间的产业内贸易形势逐渐取代了南北产业间贸易形势，而发达国家间要素禀赋、技术水平并没有很大的差别，产业内贸易理论就此诞生。在 20 世纪末，发达国家之间的贸易已经接近全球贸易的 50%。美国经济学家保罗·克鲁格曼（Paul Krugman）打破了之前的完全竞争市场结构的假设，构建了垄断竞争模型，更好地解释了当时新出现的产业内贸易现象。

克鲁格曼的模型与传统模型有两个不同的假设：

（1）企业有内部规模经济，为了简化分析，这里像古典模型一样，假定劳动是唯一投入。但这里与古典模型不同的是，这里的成本函数中包含一个固定投入成本，这样产品的平均成本就是随着产量的增加而递减的函数。

（2）市场结构是垄断竞争市场，各个企业生产有替代性的差异产品。

在这两个基本假设下，克鲁格曼建立了一个独特的 *PP-ZZ* 模型，可以用下面一系列等式来说明：

$$l_i = \alpha + \beta x_i \tag{4-1}$$
$$L = \sum l_i = \sum (\alpha + \beta x_i) \tag{4-2}$$
$$Lc_i = x_i \tag{4-3}$$

式（4-1）是为了表明企业具有规模经济。式中，l_i 为企业 i 所需的劳动投入；α 为固定投入；x_i 为企业 i 的产出；β 是反映投入产出关系的函数。当 α 和 β 固定不变时，如果产出 x_i 增加一倍，企业的劳动投入 l_i 是不需要增加一倍的。

式（4-2）表示要素市场供给和需求的均衡。式中，L 是社会总劳动，等于各个企业劳动需求 l_i 的总和。

式（4-3）表示产品市场的均衡。式中，c_i 是每个人对产品 i 的消费；Lc_i 是产品 i 市场上的总需求；x_i 是产品 i 的总供给。

接下来推导 *PP* 和 *ZZ* 曲线，依据是两个重要的原则：利润最大化原则和长期均衡利润为零原则。

1. 利润最大化原则

在完全竞争市场上，边际收益（MR）等于价格（P）。但是在垄断竞争市场上，由于价格不再是给定的值，而是一个函数，所以 MR 不再等于 P，而是等于 $P(1-1/\varepsilon)$。边际成本方面，由于劳动是企业的唯一投入，给定劳动工资率为 W，企业 i 的总成本 $Wl_i = W(\alpha + \beta x_i)$。

所以在垄断竞争下，企业利润最大化的均衡条件可以写为 $P_i\left(1 - \dfrac{1}{\varepsilon(c)}\right) = \beta W$，整理得到

公式如下:

$$\frac{P_i}{W} = \frac{\beta \varepsilon(c)}{\varepsilon(c) - 1} \tag{4-4}$$

2. 长期均衡利润为零原则

垄断竞争企业的另一个特点是长期均衡利润为零,即总收益(TR)等于总成本(TC)。

总收益等于价格乘以产量,即 $TR = P_i x_i$;总成本等于工资率乘以劳动投入,即 $TC = W l_i$,而 $l_i = \alpha + \beta x_i$。所以得到公式如下:

$$P_i x_i = W(\alpha + \beta x_i) \tag{4-5}$$

这两个等式中,用工资单位衡量的产品价格(P/W)都是产品需求量(c)的函数。

为了研究垄断竞争企业产品均衡价格和个人消费量的关系,克鲁格曼创立了 *PP-ZZ* 模型(见图 4-1)。其中,*PP* 曲线由式(4-4)导出,*ZZ* 曲线由式(4-5)导出。在式(4-4)中,P/W 与 c 的关系是正相关的,也就是说,在企业利润最大化的均衡条件下,个人对产品的需求量越大,产品价格越高,*PP* 曲线的斜率为正;在式(4-5)中,P/W 与 c 的关系是负相关的,即个人对产品的需求量越大,企业的生产规模越大,由于存在规模经济,产品的价格(在长期等于平均成本)就越低,*ZZ* 曲线斜率为负。

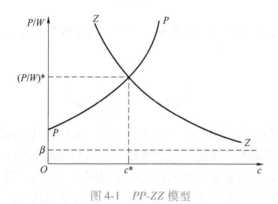

图 4-1 *PP-ZZ* 模型

PP 曲线与 *ZZ* 曲线的交点是每种产品的均衡价格和每个人对该产品的需求量。在建立起 *PP-ZZ* 模型后,克鲁格曼将其引入了国际贸易。

假设存在另一个同类的经济,有相同的偏好、资源和技术水平,并有人口 L^*。由于 *PP* 曲线的表达式中不涉及人口 L 的因素,只反映了技术水平,所以 *PP* 曲线不变;但是,贸易使每种产品的消费人口增加了 L^*,由于人口 L 在 *ZZ* 曲线的分母上,所以导致 *ZZ* 曲线左移至 $Z'Z'$(见图 4-2)。

在新的均衡点($Z'Z' = PP$)上,出现了两个现象:

(1)产品价格下降了,国际贸易使两国消费者能够以更低的价格购买到产品,这是国际贸易带来的好处。至于这背后的原因,就是每个企业扩大生产后产生的规模经济,使产品的平均成本下降,而长期价格就等于平均成本,所以价格也相应下降。

(2)每个人对任何一种产品的消费量都下降了,但进行国际贸易后,单个产品消费量反而会减少。为什么?在这里,虽然每个消费者的消费量减少,但产品的种类则大大增加了。

在假设条件中,由于 $L c_i = x_i$,所以可以由消费量求出每个企业的生产量 x_i,在充分就业

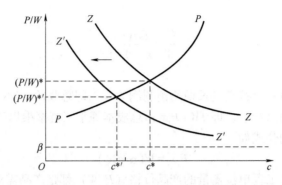

图 4-2 国际贸易条件下的 *PP-ZZ* 模型

的假设下，产品种类（n）等于总劳动除以企业的劳动投入：

$$n = \frac{L}{\alpha + \beta x} \tag{4-6}$$

$$n = \frac{L}{\dfrac{\alpha}{L} + \beta c} \tag{4-7}$$

因为消费人口增加，每种产品的消费量 c 下降，这导致产品种类 n 增加了，即新的产品种类比贸易前多：

$$n = \frac{1}{\dfrac{\alpha}{L} + \beta c} \rightarrow n' = \frac{1}{\dfrac{\alpha}{L + L^*} + \beta c'} \tag{4-8}$$

因此，克鲁格曼模型给我们提供了一个新的视角，即从产品多样性角度来衡量消费者福利，并且指出了贸易的基础不一定是两国之间技术或者资源禀赋的差异而造成的成本差异，扩大市场获得规模经济，也是企业愿意出口的重要原因之一。这一理论解释了发达工业国家之间的贸易和行业内贸易的重要原因，补充和发展了国际贸易理论。

第二节　规模经济理论

规模经济可分为外部规模经济和内部规模经济。外部规模经济是指单位产品成本取决于行业规模而非单个厂商的规模；内部规模经济是指单位产品成本取决于单个厂商的规模而非其所在行业的规模。外部规模经济对市场结构具有不同的影响。一个只存在外部规模经济的行业一般由许多较小的厂商构成，且处于完全竞争的状态；相反，在存在内部规模经济的行业中，大厂商比小厂商更具有成本优势，形成了不完全竞争的市场机构。

一、外部规模经济

外部规模经济往往是规模经济存在于行业内，而不是在单个厂商内部。由于各种原因，某些行业会在一个或几个地点集中生产，从而降低该行业的成本，而行业中的单个厂商规模仍可能很小。例如，我国的义乌小商品批发市场是全球最大的小商品市场，总面积 400 多万平方米，经营商位 7 万多个，经营人员 20 多万人。马歇尔阐述了这种产业集聚更有效率的三个主要原因：厂商的地理集中促进专业化供应商市场的形成；有利于劳动力市场共享；有助于知识外溢。具体分析如下：

（1）可以参照以下模型分析外部规模经济是如何影响生产和贸易的。

假定图 4-3a 是某一个玩具行业，图 4-3b 是某一个玩具企业。

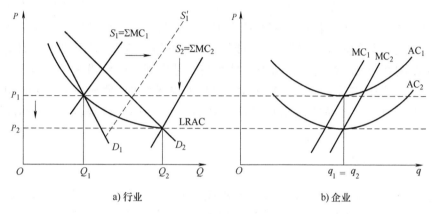

a) 行业   b) 企业

图 4-3 外部规模经济

先来看图 4-3a。在没有贸易时，供给曲线 S_1 和需求曲线 D_1 决定了均衡的产量 Q_1 和价格 P_1。现在出现了外部规模经济，越来越多的企业加入这一行业，这时行业的供给会增加，S_1 曲线向右移动到 S_1' 的位置。再来看图 4-3b，在外部规模经济的作用下，单个企业的平均成本 AC_1 会下降，这时企业更有动力生产了，所以图 4-3a 中的供给曲线会进一步向右移动，最终移动到 S_2 的位置。

如之前我国玩具不具有成本优势，行业规模的扩大和产品平均成本的下跌使我国玩具在国际市场上拥有竞争力，企业就有动力出口玩具，从而产生国际贸易。如果开放贸易，玩具市场上包括了来自国外的需求，需求曲线从 D_1 右移到 D_2，这时形成了新的均衡产量 Q_2 和均衡价格 P_2。

我们来看看贸易所得。对企业来说，各企业在短期可能会由于成本下降先于价格下降而出现利润，但长期又回到经济利润等于零的情况。对国内消费者来说，长期价格下降，消费量上升，消费者剩余增加，整个社会由于贸易而获得净收益。

（2）可以用坎姆模型来说明两个技术水平相同、资源禀赋相同的国家为什么会进行贸易（见图 4-4）。在这里，两国贸易的基础是由规模经济带来的成本差异。假定只有日本和美国两个国家，生产计算机和照相机两种产品，并且生产这两种

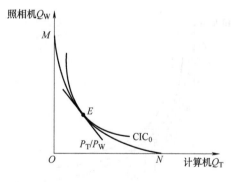

图 4-4 坎姆模型

产品的行业都具有外部规模经济。也就是说，随着行业规模的扩大，单位产品的成本下降，生产可能性边界斜率逐渐变小。

由于两国的生产技术、资源禀赋和需求偏好都相同，所以两国的生产可能性边界和社会

无差异曲线也完全相同，在 E 点上，两个国家都生产和消费一定量的计算机和照相机。由于这时两国的相对价格、生产量和消费量都一样，在比较优势理论中，两国不会发生贸易。

有一天情况变了，美国的计算机产业发展相对迅速，日本的照相机产业发展相对迅速。美国计算机产业发展迅速，将有更多的人从事生产，生产点由 E 移动到 I 的位置，由于规模经济，生产计算机的相对成本下降；日本照相机产业发展迅速，生产点由 E 移动到 C 的位置，由于规模经济，生产照相机的相对成本下降。连接 I 和 C，就是新情况下的相对价格线，在价格线上找到消费点 F。所以，就能得到两个贸易三角形，美国将出口计算机进口照相机，日本则刚好相反。在这里，两国贸易的基础是由规模经济带来的成本差异。经过 F 点的 CIC_1 曲线（即社会无差异曲线）表示贸易后的福利水平，明显高于贸易前 CIC_0 曲线表示的福利水平。因此，贸易的结果将是两国的福利水平都得以提高。相关情况如图 4-5 所示。

二、内部规模经济

内部规模经济意味着企业产出增加，平均成本降低。完全竞争使产品价格下降到边际成本，会迫使那些企业从市场出局，一直持续到不完全竞争均衡。完全垄断在现实中是很罕见的，因为取得高额的垄断利润会吸引竞争者。市场结构更多的是寡头垄断和垄断竞争。在寡头垄断市场上，厂商在定价时决策独立，也会考虑竞争者的预期反应，处于复杂的博弈中。

下面具体分析垄断竞争企业实现内部规模经济对参与国际贸易的影响。

在短期影响方面，根据 $\text{MR}=\text{MC}$ 的利润最大化均衡条件，决定了均衡产量 Q_1，向上找需求曲线，找到了均衡价格 P_1。当开放贸易后，国际贸易增加了来自国外的需求，所以需求曲线由 D_1 右移到 D_2。由于内部规模经济的作用，边际收益曲线从 MR_1 右移到 MR_2，根据 $\text{MR}=\text{MC}$ 的原则，这时的产量增加到 Q_2。这时，向上找 D_2 得到均衡价格 P_2，从而得到总收益，再向下找 AC_2 得到总成本，两者之间的差额即超额利润（阴影部分的面积）。相关情况如图 4-6 所示。

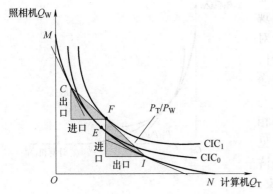

图 4-5　美国和日本的计算机和照相机贸易

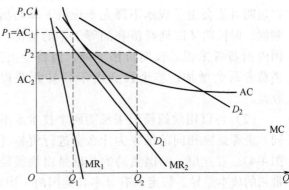

图 4-6　短期内部规模经济均衡结果

在长期影响方面，由于在短期内存在利润，吸引了更多国内企业进入，新进入的企业虽然不会生产同种产品，但会有很大的替代性。这时，一部分消费者就会转向购买新产品，原有企业的需求下降，长期竞争的结果使企业利润消失，企业面对的需求由 D_1 变为 D_3。由于参与国际贸易后的需求 D_3 比不参与国际贸易时的需求 D_1 更有弹性，企业的生产依然扩张（从 Q_1 增加到 Q_3），获得了更低的长期平均成本（从 LAC_1 下降到 LAC_3），同时产品的定价也从 P_1 下降到 P_3。相关情况如图4-7所示。

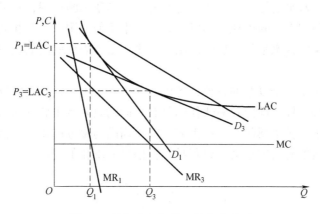

图4-7　长期内部规模经济均衡结果

因此，开放贸易的短期影响是企业产量增加，平均成本下降，出现短期利润。产品价格可能下降，从而使本国消费者受益，消费者剩余增加；但短期内价格也有可能上升，造成国内消费量下降，消费者受损。开放贸易的长期影响是企业产量增加（比没有贸易时增加，但不一定比短期内的产量高），平均成本和价格都下降且两者相等，企业经济利润回到零。本国消费者消费量增加，消费者剩余增加。从社会福利角度考虑，无论短期还是长期，整个社会福利水平都比没有贸易时要高。

第三节　需求相似理论

需求相似理论（Theory of Preference Similarity）又称偏好相似理论（Preference Similarity Theory）或重叠需求理论（Overlapping Demand Theory），是瑞典经济学家斯戴芬·林德（Staffan Linder）于1961年在其论文《论贸易和转变》中提出的。

林德认为，国际贸易是国内贸易的延伸，产品的出口结构、流向及贸易量的大小取决于本国的需求偏好，而一国的需求偏好又取决于该国的平均收入水平。这是三个方面的原因造成的：

（1）一种产品的国内需求是其能够出口的前提条件。换句话说，出口只是国内生产和销售的延伸。企业不可能生产一种国内不存在扩大需求的产品。

（2）影响一国需求结构的最主要因素是平均收入水平。高收入国家对技术水平高、加工程度深、价值较大的高档商品的需求较大，而低收入国家则以低档商品的消费为主，以满足基本生活需求。所以，收入水平可以作为衡量两国需求结构或偏好相似程度的指标之一。例如，高尔夫球在欧美是普及运动项目，但在发展中国家却不是代表性需求。

（3）如果两国之间都有共同的需求品质，称为存在重叠需求。两国消费偏好越相似，则其需求结构越接近，或者说需求结构重叠的部分越大。重叠需求是两国开展国际贸易的基础，品质处于这一范围的商品，两国均可进口和出口。

需求相似理论的基本观点是，重叠需求是国际贸易产生的一个独立条件。两国之间的需求结构越接近，则两国之间进行贸易的基础就越雄厚。当两国的人均收入水平越接近时，则重叠需求的范围也越大，两国重复需要的商品都有可能成为贸易品。如果各国的国民收入不断提高，则由于收入水平的提高，新的重复需要的商品便不断出现，贸易量也相应地不断增加，贸易中的新品种就会不断出现。所以，收入水平相似的国家，互相间的贸易关系就可能越密切；反之，如果收入水平相差悬殊，则两国之间重复需要的商品就可能很少，贸易的密切程度也较低。

但是，现实经济是一个复杂的系统，各国的收入水平不一定能真实反映需求偏好，决定需求偏好的因素多种多样。即使贸易伙伴国具有相同的收入水平和需求偏好，在开放市场经济条件下，由于要素、技术禀赋和生产工艺不同，商品与服务的相对价格也会有差异，政府对贸易的管制和区域贸易协定也会导致贸易结构偏离需求相似理论。

第四节　产品生命周期理论

产品生命周期是指一种新产品从开始进入市场到被市场淘汰的整个过程，如图 4-8 所示。典型的产品生命周期一般可以分成四个阶段，即介绍期（引入期）、成长期、成熟期和衰退期。在不同技术水平的国家里，产品生命周期发生的时间和过程是不一样的，其间可能存在较大的差异和时差。这一时差表现为不同国家在技术上的差距，它反映了同一产品在不同国家市场上竞争地位的差异，从而决定了国际贸易和国际投资的变化。

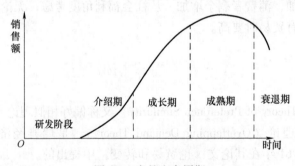

图 4-8　产品生命周期

1. 第一阶段：介绍期（引入期）

介绍期是指产品从设计投产直到投入市场进入测试阶段。新产品自投入市场，便进入了介绍期。此时产品品种少，消费者对产品还不了解，除少数追求新奇的消费者外，几乎无人实际购买该产品。生产者为了扩大销路，不得不投入大量的促销费用，对产品进行宣传推广。该阶段由于生产技术方面的限制，产品生产批量小，制造成本高，广告费用高，产品销售价格偏高，销售量极为有限，企业通常不能获利，反而可能亏损。这一阶段主要由技术密集型的创新国承担。

2. 第二阶段：成长期

当产品在介绍期销售取得成功之后，便进入了成长期。在成长期，产品通过试销效果良好，消费者逐渐接受该产品，产品在市场上站稳脚跟并且打开销路。这是需求增长阶段，产品需求量和销售额迅速上升，生产成本大幅度下降，利润迅速增长。与此同时，竞争者看到有利可图，纷纷进入市场参与竞争，使同类产品供给量增加，价格随之下滑，企业利润增长速度逐步减慢，最后达到生命周期利润的最高点。这一阶段相当于成熟阶段前期，由资本密集型的发达国家承担。

3. 第三阶段：成熟期

在成熟期，产品大批量生产并稳定地进入市场销售。经过成长期之后，随着购买产品的人数增多，市场需求趋于饱和。此阶段产品普及并日趋标准化，成本低而产量大，销售增长速度缓慢直至转而下降。由于竞争加剧，同类产品的生产企业不得不在产品质量、花色、规格、包装服务等方面加大投入，在一定程度上增加了成本。这一阶段类似于标准化时期，由劳动密集型的发展中国家承担。

4. 第四阶段：衰退期

衰退期是指产品进入了淘汰阶段。随着科技发展以及消费习惯改变等原因，产品的销售量和利润持续下降，产品在市场上已经老化，不能适应市场需求，市场上已经有其他性能更好、价格更低的新产品，足以满足消费者的需求。此时成本较高的企业就会由于无利可图而陆续停止生产，该类产品的生命周期也就陆续结束，以至于最后完全撤出市场。

第五节　国家竞争优势理论

国家竞争优势理论由哈佛商学院著名学者迈克尔·波特（Michael Poter）教授提出："一国兴衰的关键取决于本国能否在国际市场中取得竞争优势，而形成竞争优势的关键又在于能否使主导产业具有优势。"

一、国际竞争力的四个层次

1. 产品竞争力

产品竞争力是在实现产品价值条件下，某产品在一个国家（或地区）及国际市场上的扩张能力。主要的衡量指标是成本、价格、质量、市场占有率。

2. 企业竞争力

企业竞争力是在企业产品不断扩大市场的同时，企业可持续的盈利能力。主要的衡量指标是销售额、销售利润率，以及持续性指标，如研发能力。

3. 产业竞争力

产业竞争力是属地产业的比较优势及其一般市场绝对竞争优势的总和。

4. 国家竞争力

瑞士洛桑国际管理开发研究院提出，国家竞争力和企业竞争力是两个互相依存的概念。国家（或地区）竞争力就是一个国家（或地区）帮助企业保持竞争力的能力。国家竞争力的四大影响要素是经济发展、政府效率、企业效率、基础设施。

二、国家竞争优势模型

波特的国家竞争优势模型又称钻石模型，其具体要素的分布如图4-9所示。

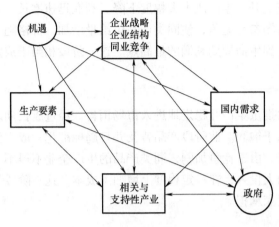

图4-9 钻石模型

1. 生产要素

生产要素可分为初级生产要素和高级生产要素。初级生产要素是指一国先天拥有的无须花费多少代价即可得到的要素；高级生产要素是指通过大量持续性的投资才能得到的要素。高级生产要素可以较大限度地扭转一国在初级生产要素上的劣势，促进一国竞争优势的提升。

2. 国内需求

国内需求主要体现在老练挑剔的买方与产品高标准的建立、前瞻性的买方需求与国内企业的创新、国内需求的增长及独立买方数量增加与一国竞争优势。买方市场的培育是获取国家竞争优势的重要途径。

3. 相关与支持性产业

相关与支持性产业是一群在地理位置上相互临近，在技术、人才、信息上相互支持，并具有国际竞争力的相关产业和支持产业所形成的产业集群（或称产业链），它是国家竞争优势的重要来源。

4. 企业战略、企业结构和同业竞争

不同国家有不同的管理理念，管理模式要适合国情。激烈的国内竞争有助于国家竞争优势的建立。国内企业之间的竞争不仅竞争市场份额，而且竞争人才、技术，还有或许是最重要的，即竞争"炫耀权"，也就是企业在行业中获得其他企业的认同感和敬畏感，以此来提高自身竞争优势的权利。

5. 辅助要素：机遇

机遇对一国的产业竞争优势也有着重要的影响。如果一国抓住了机遇，很可能得到了一个提高竞争优势的机会。

6. 辅助要素：政府

政府可以对前四种因素施加影响，强调政府不可能通过政策扶持创造有竞争力的产业，而应通过制定提高生产率的制度、政策和法律，为企业创造有利的环境。政府本身并不能帮助企业创造竞争优势，但若产业的基本要素已具备，政府就可强化其优势。

 本章思考题

1. 用图示说明产品生命周期各个阶段国际贸易与国际投资的基本情况。
2. 试述内部规模经济与外部规模经济的区别及联系。
3. 试述当代贸易理论与传统贸易理论的区别。

第五章

贸易保护理论

自亚当·斯密以来的各种自由贸易理论所揭示的理论和政策含义是基本相同的：自由贸易可以提高世界范围内生产要素的资源配置效率，增加各国的经济福利。世界贸易总的走向是自由贸易方向。但是，各国对外贸易政策演变的事实表明，贸易自由化是一种趋势、一种历史进程。由于各种因素的作用，真正意义上的自由贸易从来就没有实施过。因此，出现了一种既承认自由贸易的利益，又纷纷推行贸易保护的奇怪现象。贸易保护在一定程度上反映了国际贸易发展的现实。贸易保护政策往往成为各国政府用以维护本国利益、保护本国产业和市场免受外部冲击的重要手段。对此，经济学家们提出了各种理论试图去解释这一矛盾，诠释实行贸易保护的原因和必要性，为贸易保护提供理论依据。而且，贸易保护理论的不断发展使以自由贸易理论为主线的国际贸易理论更加丰富、更贴近现实。

第一节　重商主义理论

从历史渊源来看，重商主义理论是人类较早出现的贸易保护理论。本书在第三章中对此有过简短的介绍，本节将对重商主义理论的内容和观点进行详细的阐述。

一、重商主义理论的产生背景

重商主义理论产生于 15 世纪的意大利，资本主义原始积累时期，在 16 世纪和 17 世纪上半叶盛行于欧洲各主要工业国家，代表商品资本制造的经济思想和政策体系。随着新大陆和新航线的发现，商品交易的费用空前增长，西欧对美洲、非洲、亚洲的殖民掠夺，使大量金银流入，西欧各国积累了巨额的货币财富，促进了商品货币经济的蓬勃发展和封建自主经济的迅速瓦解。社会财富的中心由土地转向金银货币，社会各阶层的经济生活对商品资本都有很强的依赖。货币财富成为各阶层共同追逐的对象，成为社会经济生活的支配力量，赤裸裸的拜金主义成了社会风尚。社会经济的这种巨变主要反映到上层建筑中，在经济思想和政策方面就表现为重商主义理论的兴起，它是贸易保护的起点。

英国是当时经济最发达的国家，重商主义理论发展得最为成熟。当时实行重商主义的国家主要采取两种措施：①国家通过干预经济、禁止货币出口来垄断全部货币交易；②外国人来本国进行贸易时，必须将其销售所得款项全部用于购买本国货物。

二、重商主义理论的主要内容

从早期的重商主义理论到晚期的贸易差额论，其主要的观点和内容是：一国的财富就等于本国拥有金银条块的数量，拥有的金银条块数量越多，就越富有；国民财富增长的唯一途径是通过对外贸易努力实现贸易顺差，进而使金银等贵金属流入本国；国与国之间的贸易是零和的，一个国家的获益必定是另一个国家的损失。

重商主义理论可以分为早期重商主义理论和晚期重商主义理论。早期重商主义理论主张一国贸易政策的指导原则应是增加国内货币的积累，在对外贸易中少买多卖或不买，用以积累货币，而且积极鼓吹国家采取强制手段禁止货币输出。因此，早期重商主义理论又称货币差额论，流行于 15 世纪到 16 世纪中叶的西欧各国。当时的英国、西班牙、葡萄牙等国的政府在这一思想的指导下均实行贸易保护政策，采取关税保护发展本国工业及奖励出口等行政措施；通过法令规定，外国商人必须将出售货物所得的全部货币用于购买当地的商品。早期重商主义理论将货币与商品绝对对立起来，严格限制货币运动，实际上阻碍了对外贸易规模的扩大和货币财富的增加。

晚期重商主义理论盛行于 16 世纪中叶到 17 世纪中叶，这时西欧各国工场手工业有了较大的发展，对推动国际贸易发展发挥了巨大的作用。晚期重商主义理论者批判了早期重商主义理论者守财奴似的货币差额论，认为货币只有投入流转才能增加，而对内贸易不能使国家致富，只有对外贸易才是国家致富的唯一手段。该理论主张国家应允许货币输出国外，购买本国生产所需的原材料或进行转口贸易，发展生产，但仍然坚持买少卖多的原则，以保持贸易顺差，并强调国家干预对外贸易。因此，晚期重商主义理论以贸易差额论为中心。晚期重商主义理论开始认识到货币运动与商品运动的内在联系，虽然也主张少进多出，但反对国家禁止货币输出，认为这样会影响贸易规模的扩大和贸易顺差的增加。

三、重商主义理论的贸易政策

重商主义理论既然主张从国际贸易中获得利益，而且强调要多出口少进口，那么体现在其政策主张中就是鼓励出口、限制进口。在政策措施方面，重商主义理论要求政府积极干预对外贸易。这种干预体现在两个领域：

（1）采取鼓励出口的政策。这种政策措施是政府资助本国商人打进别国市场，甚至鼓励以比较低的价格向国外销售商品；禁止本国熟练技能型工人外流和工具设备出口，为工场手工业者发放贷款等。

（2）在进口方面，重商主义理论主张采取设置高额的进口关税阻止商品，尤其是奢侈品的进口。

四、重商主义理论的局限性

重商主义理论和政策在当时曾促进了资本主义的原始积累，推动了资本主义生产方式的发展。但随着资本主义生产方式的进一步发展，重商主义理论的缺陷日益凸显：

（1）重商主义理论的内生缺陷就是把国际贸易看作零和游戏，认为一国的获利表现为另一国的损失。而古典国际贸易理论、新古典国际贸易理论都表明国际贸易是正和游戏，参与国际贸易的国家均可从商品交换中获取收益。

（2）重商主义理论对国际经济与贸易的研究仅局限于流通领域，把货币和财富混为一谈，认为财富和利润都是在流通过程中产生的，对外贸易是财富和价值增值的源泉。这反映了商业资产阶级的历史局限性。然而，货币只是商品交换的媒介，财富是在生产过程中产生的，财富产生的源泉是社会生产力。

（3）早期重商主义理论将货币与商品绝对地对立起来，而且孤立地对待货币运动，设法把侥幸得到的货币保存在国内并把它储藏起来。贸易差额论才开始认识到货币运动与商品运动的内在联系。

第二节　保护幼稚产业理论

亚历山大·汉密尔顿（Alexander Hamilton）在 1791 年向国会递交的题为《关于制造业的报告》中提出相关理论基础，后经德国经济学家弗里德里希·李斯特（Freidrich Liszt）在《政治经济学的国民体系》中进行系统阐述，发展成为保护贸易理论和政策。经常被提及的传统贸易保护理论和政策主要是指保护幼稚产业理论。

一、汉密尔顿的贸易保护理论——关税保护论

（一）关税保护论的产生背景

18 世纪中叶至 19 世纪末是资本主义自由竞争时期，英国自 18 世纪中叶开始进入工业革命。一方面，工业得到迅速发展，世界工厂的地位已经确立并得到巩固，产品的国际竞争力大大增强；另一方面，工业发展需要大量原料和廉价粮食。因此，英国急需通过出口工业制成品换取原料和粮食的进口。英国资产阶级迫切要求实行自由贸易和自由竞争的政策，与当时支持贸易保护政策的地主阶级进行了长期斗争，在 19 世纪前期，自由贸易政策逐步取得了胜利。但由于各国工业发展水平不同，同一时期后起的德国和美国在 19 世纪初才开始工业革命，生产力发展落后于英国。因此，美国和德国的民族工业的发展受到来自英国廉价产品的严重威胁和冲击，客观上要求美国和德国实现贸易保护政策。为适应保护贸易的要求，美国第一任财政部长亚历山大·汉密尔顿提出了保护关税的政策主张。

（二）关税保护论的基本内容

汉密尔顿站在新兴资产阶级的立场上，认为制造业对国民经济的发展起到特别重要的作用。美国民族工业刚刚起步，难以与英国、法国等国的廉价工业品竞争，如果按照比较优势进行分工并进行自由贸易，将使美国继续充当欧洲各工业强国的原料产地和工业品的销售市场，严重阻碍美国制造业的发展。所以，自由贸易不适用于美国的现状，美国应该对尚处在成长过程中的产业（幼稚产业）给予贸易保护。

汉密尔顿认为，保护制造业虽然会影响美国对外国廉价产品的消费，造成短期利益的损失，但可以促进国内使用机械进行生产，促进社会分工，提高制造业生产力水平；还可以增加社会就业，鼓励进取，人尽其才，从而使美国通过保护制造业获得长远利益。

汉密尔顿强调保护贸易的选择性，认为只有本国处在成长过程中的产业才应该得到保护。尽管这些产业在成长初期技术落后、生产效率低、产品缺乏竞争力，但是，通过对这些产业的保护，能够使这些产业在保护期间得到发展，接近或达到国外同类产业的水平。同时，汉密尔顿还认为保护应有时间限制，即当某一特定产业成长起来以后，就要取消对该产业的保护措施。

汉密尔顿的关税保护论在很长时间内对美国制造业的建立和经济的发展起着重要作用。到 19 世纪 80 年代，美国工业产值跃居世界首位。1900 年，美国在世界对外贸易总额中仅次于英国，位居第二位。可以说美国工业化的过程与汉密尔顿的关税保护论分不开，并验证了汉密尔顿的关税保护政策的成功。

汉密尔顿的关税保护论在贸易保护理论真正形成中起着重要作用。德国经济学家弗里德里希·李斯特正是受汉密尔顿的保护关税论的启发，系统全面地阐述了保护幼稚产业理论，预示着与自由贸易理论相对立的贸易保护理论的产生。汉密尔顿的关税保护论及其实践，为经济落后国家与先进国家抗衡和走工业化道路提供了理论依据和实践案例。

二、李斯特的贸易保护理论——保护幼稚产业理论

（一）保护幼稚产业理论的产生背景

19世纪，资本主义工业还处于萌芽状态或成长时期，这些国家的资产阶级要求保护幼稚工业，特别是当时的德国，于是形成了与自由贸易理论相对立的贸易保护理论。其代表人物是德国的弗里德里希·李斯特，他于1841年出版的《政治经济学的国民体系》一书中提出了完整的贸易保护理论。李斯特从当时德国相对落后的状况出发，提出以征收高关税的办法对其有前途的工业进行暂时的保护，以免被当时先进的英国工业挤垮，当被保护的工业发展起来以后，再取消保护。李斯特的保护幼稚产业理论对德国影响很大，德国在19世纪70年代以后不断实施贸易保护措施，成为欧洲高度保护贸易的国家之一，并且在贸易保护措施下，加快了工业化进程。

（二）保护幼稚产业理论的主要内容

李斯特认为，生产力问题是关系一个国家兴衰存亡的关键问题，为了使生产力得到较快发展，国家必须实行贸易保护政策。因此，李斯特保护幼稚产业理论的核心是生产力理论，即保护着眼于将来的利益。他承认国际分工和自由贸易的利益，赞成国际贸易对一国经济发展的重要作用，并把对外贸易政策看作一种经济发展战略。但是他认为，贸易保护和自由贸易究竟哪一种政策更有利于国民经济的发展，要视该国所具备的各种条件和所达到的经济发展水平而定，应该根据生产力水平的发展阶段来决定采取何种对外贸易政策。他指出，从经济发展方面来看，国家必须经过原始未开化时期、畜牧时期、农业时期、农工业时期、农工商业时期等阶段。根据不同的发展阶段特点，各国应采取不同的贸易政策。在农工业时期以前，使自己获得发展的"最迅速有利"的方法是同先进的工业国实行自由贸易，进口国外工业品，出口本国农产品，以此为手段使自己脱离未开化或落后阶段，实现向更高阶段的演进。进入农工业时期后，由于本国有发展潜力的产业处于幼稚阶段而缺乏竞争力，此时应该采取贸易保护政策以利于本国有发展潜力的产业的生存与发展。而到了农工商业时期，本国幼稚产业已有了相当的基础，已没有理由害怕外国的竞争，这时应该恢复到自由贸易政策，使国内外市场进行无所限制的竞争，使处于农工商业时期的人们在精神上不至于太放松，并且可以鼓励他们不断努力保持既得的优势地位。李斯特从德国当时所处的情况出发，认为德国正处于农工业时期，要想发展生产力、过渡到农工商业时期，必须依靠国家实行高关税等贸易保护政策，目的是促进生产力的发展、建立强大的工商业基础。

关于李斯特保护幼稚产业理论的进一步说明：

（1）关于保护的对象。李斯特认为农业不需要保护，因为他认为使用动力和大规模机器的制造工业的生产力远远大于农业，所以特别重视保护和发展工业生产力。需要保护的工业应该是目前尚处于起步阶段的、受到外部竞争强大压力的同时又具有发展前途的工业，即受保护对象经过一段时期的保护和发展之后能够成长起来的工业；但并不是对所有的工业都采取高度保护措施，而是应该区别对待，对不同的产业部门采取不同程度的保护措施。对关

系国计民生的重要产业，即建立与经营时需要大量资本、大规模机器设备、高度技术知识，以及生产最主要的生活必需品的产业部门，应该给予高度保护；对那些次要的产业部门，保护程度要相对低一些。

（2）关于保护的手段。李斯特认为，通过提高进口关税等手段，限制国外产品的进口，促进国内同类产品的消费，以支持本国幼稚产业的发展。他指出，采取征收关税的贸易保护政策，可能会使消费者的福利受到损失，特别是在开始阶段，国内产品的价格可能会高一些。但是，经过一段时间保护之后，本国产业生产力水平会提高，产生规模经济，国内产品的生产成本会大幅下跌，其价格也会随之落到国外进口商品的价格以下。"因此，保护关税如果使价值有所牺牲的话，它却使生产力有了增长，足以抵偿损失而有余，由此使国家不但在物质财富的量上获得无限增进，而且一旦发生战争，可以保有工业的独立地位。"⊖在李斯特看来，这一选择对经济处在发展中的国家而言尤为重要。李斯特对关税保护的具体实施也提出了具体的设想：当本国工业具有竞争力后，应逐步降低保护程度，以竞争来刺激本国工业的进一步发展；同时要区别从量税和从价税、保护关税和收入关税，运用从量税达到有效保护，对收入关税应予节制。保护程度一般应在 20%～60%，在建立一个技术产业部门时，可实行 40%～60% 的保护税率，待其建成进入正常生产活动后，持久的保护税率则不应超过 20%～30%。任何技术产业部门如果不能在 40%～60% 的保护税率下建立起来，不能在 20%～30% 的保护税率下长期存在，那么这种产业就缺乏保护的基本条件，也就不应该给予进一步保护。

（3）关于保护期限。李斯特认为对幼稚产业不能持续、无止境地保护，而应该有一个期限。当被保护的产业部门生产的产品价格低于进口产品时，便不应保护了；或者经过一段时间被保护产业部门仍然不能自立，不具备与外国产品竞争的能力，也应放弃保护，时间应以 30 年为限。

李斯特保护幼稚产业理论的根本目的就是通过国家干预，促进国家综合生产力的发展。而在生产力的发展中，工业的作用比农业的作用要大得多，在一个工业生产力发达的国家里，各种生产资源都会得到积极有效的利用，使社会财富以更快的速度增长，从而增强国家的总体实力。因此，发展和完善国内的工业体系是提高一国生产力的有效途径，国家必须采取有效的保护措施，扶植本国的工业生产力迅速崛起。

（三）幼稚产业的判定标准

所谓幼稚产业，是指处于成长阶段尚未成熟、但具有潜在优势的产业。为了实现潜在的优势而对该产业实行暂时的保护是必要的，如果不提供保护，那么在国外已成熟行业的竞争下，该产业的发展便难以为继，潜在的优势也就无法实现。但当该产业成长起来，在国际市场上具备竞争力以后，贸易保护就没那么重要了，此时应该实行自由贸易政策。关于幼稚产业的判定，很多学者提出了各种各样的具体标准。归纳起来，主要有穆勒标准（Mill's Test）、巴斯塔布尔标准（Bastable's Test）、坎普标准（Kemp's Test）、要素动态禀赋标准。

李斯特保护幼稚产业理论在逻辑和实践上都被证明是正确和有效的，但在具体操作中存在着如何判定保护对象是幼稚产业的困难。例如，穆勒标准强调的是幼稚产业具有将来成本上的优势地位，认为对规模较小、生产成本高于国际市场价格的产业，如果政府给予一段时

⊖　弗里德里希·李斯特. 政治经济学的国民体系. 商务印书馆，1981.

间的保护，能够因产业发展壮大而实现规模经济、降低成本，那么该产业就可以作为幼稚产业来加以扶持。而巴斯塔布尔标准比穆勒标准的要求更高，判断一种产业是否属于幼稚产业不仅要看其将来是否具有成本优势，而且还要比较保护成本与该产业未来所能获得的预期利润的贴现值大小。如果未来预期利润的贴现值小于目前的保护成本，那么对该产业进行保护是得不偿失的。坎普标准认为，判断某一产业是否为幼稚产业，关键要看被保护的产业是否能带来外部规模经济效应，即如果某一产业在经过保护之后将来能带来外部经济效应，则对该产业的暂时保护是可以考虑的。但如果存在内部规模经济的某一产业在判定的过程中符合穆勒标准和巴斯塔布尔标准，政府采取的贸易保护措施也未必是必要的。因为具有规模经济的企业为了获得更大的利润，也会扩大生产规模。而存在外部规模经济的企业会导致私人边际收益与社会边际收益之间出现偏离。因而，如果对其保护之后能够产生显著的外部经济效应，采取贸易保护政策仍是必要的。要素动态禀赋标准则提出若一国对某种产业的保护能使该国的要素禀赋发生有利于该产业发展或获得比较利益的产业变化，则该产业是有前途的。

三、保护幼稚产业理论的局限性

保护幼稚产业理论的提出，是贸易保护理论体系形成的标志。它确立了贸易保护理论在国际贸易理论体系中的牢固地位，对当前国际贸易决策和理论研究仍具有重要的指导和借鉴意义。保护幼稚产业理论在德国工业资本主义的发展进程中起过积极的作用。关税保护政策对于当时的德国资产阶级是必要的，它使德国的大工业获得了巨大的发展，从而加强了资产阶级的力量，提高了他们在反对封建专制制度中的地位与作用；同时，李斯特的保护幼稚产业理论对经济欠发达国家有重大参考价值，该理论的保护对象以将来有前途的幼稚产业为限，对国际分工和自由贸易的利益也予以承认，保护贸易为过渡时期，而以自由贸易为最终目的。

然而，李斯特的保护幼稚产业理论在具有合理性和进步性的同时，仍然存在不足之处。首先，他的整个理论体系是错误的、不科学的，片面强调国家对经济发展的决定作用；其次，其保护幼稚产业理论是以资本市场发育不完全为前提假设的；最后，他的经济发展阶段是按部门在经济发展中的地位和作用来划分的，把社会历史的发展归结为国民经济部门的变迁，撇开了生产关系这个根本因素，因此不能反映社会经济形态变化的真实情况。

第三节　战略性贸易政策

第二次世界大战后，国际贸易中出现了一系列新情况，引起人们对传统国际贸易理论的反思。在此过程中，逐步形成了国际贸易新理论，摒弃了传统国际贸易理论中完全竞争和规模报酬不变的假设，而是以规模经济和不完全竞争为前提。正是规模经济和不完全竞争的引入，从根本上动摇了完全竞争市场作用和自由贸易的最优性。战略性贸易政策的出现为政府干预提供了理论依据。

一、战略性贸易政策的产生背景

第二次世界大战后，美国长期雄踞世界经济的霸主地位，尤其是战后初期。然而20世纪70年代以后，随着欧洲、日本经济力量的恢复及新兴工业化国家的崛起，美国的经济实力开始相对下降，在国内外市场上均面临着很大的竞争。如在半导体、计算机、航空航天等高科技领域，美、日、欧围绕关键技术、关键产业的市场竞争越来越激烈。在这些领域的竞争中，美国过去一直独领风骚，而 20 世纪 80 年代后，其竞争力相对下降，市场份额相对缩小。以半导体工业为例，1977 年美国半导体工业占据美国市场的 95% 和整个世界市场的 57%，但是到了 1987 年，美国成了半导体净进口国，占世界市场的份额由 57% 降到 40%，而日本则从 28% 上升到 50%。因此，为了应对日本和欧盟的强有力竞争，美国国内要求实行贸易保护政策，对高科技产业加以保护以提高其出口竞争力。

另外，日本和西欧在战后一直对经济实行政府干预，特别是在高科技产业发展中，一方面对高科技产品的出口实行补贴，另一方面对其进口设置关税和非关税壁垒。这在某种程度上使美国企业在高科技应用领域的竞争中处于相对劣势的地位。由此，美国国内的一些特殊利益集团纷纷游说国会，主张贸易保护，以增强本国企业的国际竞争力，并对那些实施贸易保护政策的国家进行报复。这些都使一贯标榜贸易政策公平性的美国政府也不得不做出抉择。

1983 年，布朗德（J. A. Brander）和斯潘塞（B. J. Spencer）最先提出以补贴促进出口的观点。1984 年，克鲁格曼（P. R. Krugman）又提出不完全竞争模型，后来由格鲁斯曼（G. Grosman）、赫尔普曼（E. Helpman）和迪克西特（A. Dixit）等人加以完善，从而形成了完整的战略性贸易政策。

二、战略性贸易政策的基本内容

所谓战略性贸易政策，是指一国政府在不完全竞争和规模经济的条件下，利用生产补贴、出口补贴以及保护国内市场的各种措施来扶植本国战略性产业的成长，增强其在国际市场上的竞争力，占领他国市场，获取规模报酬和垄断利润的贸易政策。

战略性贸易政策是建立在不完全竞争、规模经济基础上的，主要针对寡头垄断⊖的市场结构。战略性贸易政策由两部分内容构成：一是以内部规模经济为基础的利润转移论；二是以外部规模经济为基础的外部经济论。

（一）利润转移论

利润转移论认为，一国政府可以通过制定经济政策来剥夺外国厂商的出口利润并转移给本国厂商，以促进国内产业迅速发展并提高国际竞争力，打开国际市场，但本国利润转移的部分必须超过出口补贴额或关税保护成本。也就是说，在这种情况下，一国厂商利润的增加是以另一国厂商利润的损失为代价的。利润转移的主要措施有：

1. 通过出口补贴促进出口

这一措施是指在不完全竞争的市场结构下，政府通过给予研发补贴或出口补贴来进行干预，提高本国企业在国际市场上的竞争力，在国际上获得垄断利润。

一般来说，在寡头垄断市场结构下，产品研发阶段的成本价高。而另一国外竞争者也面临同样的情况。因此，如果本国政府能在产品研发阶段率先给予补贴或在产品出口时进行补贴，则国内厂商相对于外国厂商来说具有成本优势，可以采取进攻性战略行为，迫使对方在

⊖ 寡头垄断是指只有少数几家厂商供给该行业全部或大部分产品，每个厂家的产量占市场总量的相当份额，对市场价格和产量有举足轻重的影响。寡头垄断行业往往是生产高度集中的行业，如钢铁、汽车、石油等行业。

竞争中让步。

2. 利用关税抽取外国厂商的垄断利润

这一措施是指在不完全竞争市场条件下，一国政府利用关税从国外垄断企业那里抽取租金或向本国企业转移利润，也可以称为战略性进口政策。面对进口国的关税政策，若国外垄断厂商选择降低价格，则其垄断利润减少，这相当于垄断利润部分转移，从而增加了本国的净福利；若国外垄断厂商选择减少出口量，则相当于让出了部分市场，国内厂商就会进入该产业，达到扶植该产业的目的。因此，如果说出口补贴为本国企业赢得了在国外市场上的战略优势，那么，征收关税能够为它们培育在本国市场上的战略优势。

3. 以进口保护促进出口

这一措施是在寡头垄断和存在规模经济的条件下，对国内市场进行保护以促进本国的出口。进口保护措施可以为本国企业提供超过其国外竞争对手的规模经济优势，因为在不完全竞争和规模经济存在的条件下，一个受到保护的企业可以充分利用国内封闭市场扩大生产，获取规模经济效益。这种规模经济优势可以转化为更低的成本，其结果是增强了本国厂商在国外市场的竞争能力，最终达到促进出口的目的。

（二）外部经济论

外部经济即外部规模经济，是指单个厂商从同行业其他厂商规模的扩大中获得的生产效率的提高和成本的下降。这也就是说，某一产业的经济活动能对其他产业产生有利影响。一般来说，新兴的高技术产业往往具有积极的外部经济效应，其创造的知识、技术和新产品对社会的科技进步与经济增长有着积极的推动作用。

但在创建这些产业过程中，通常需要巨额的研发支出，并承担投资失败的巨大风险，而它们的一部分知识贡献及其产生的利润却无偿地外溢到其他企业——这些企业不用承担任何成本。如果前者得不到政府某种形式的补贴或扶持，它们就会丧失投资高技术产业的原动力和积极性，从而对整个国家的未来发展造成不利局面。在这种条件下，只要外部经济效应比较重要和明显，政府的相应补贴与财政扶持从逻辑上就变得必要了。通过政府的财政支持，这些产业能借助国内国际市场获得更大的外部经济，进而在外部经济的自我强化作用下获得更大的国际竞争优势。

三、对战略性贸易政策理论的评价

战略性贸易政策理论自问世以来，受到高度关注，正在逐步形成一套完整的理论体系。作为相较传统的自由贸易理论"离经叛道"的学说，战略性贸易政策理论之所以能够不断成长，根本原因在于其理论基础是以与国际贸易现实更为贴近的市场的不完全性为出发点，从而在理论上更具有现实性。

战略性贸易政策理论在实践中确实可以起到扶持相应产业发展的作用，但它以牺牲他国利益为代价，因而势必招致其他国家的报复，从而引发贸易保护主义抬头，抵消战略性产业扶持发展的效果。

第四节　其他贸易保护政策的理论依据

贸易保护政策的理论依据除了上述几种主流理论观点以外，还有许多经济的和非经济的理论分析,这些理论一般都是从某个方面和层面去论证进行贸易保护的原因和必要性,能够为现实中某一贸易国或某一项保护贸易措施的实施提供理论依据或者做出相应的解释。

一、管理贸易理论

(一)管理贸易理论的产生背景

20世纪的两次世界大战,尤其是第二次世界大战的发生,使世界政治经济格局经历了一次大洗牌。英国很不情愿地将世界"领头羊"的接力棒交给了美国。美国凭借第二次世界大战带来的机遇,一跃成为头号经济大国。在这种情况下,美国为了扩张和稳固世界领袖地位,积极倡导和推动贸易自由化;但与此同时,美国为了防止自身利益和地位的丧失,又对本国产业进行了一定程度的保护。此时,世界经济体系中又发生了几件大事,即布雷顿森林体系的建立、国际货币基金组织和世界银行的成立与运转、《关税与贸易总协定》(简称关贸总协定,GATT)的达成和实施。这些事件的发生促成了管理贸易理论首先在美国出现并由此发展起来。

1. 世界各国经济相互依赖性加强

20世纪60年代以来,世界各国之间相互依赖的趋势越发明显。这与世界生产力和科技的迅速发展是紧密相连的。这种相互依赖,一方面体现在美、欧等发达国家间的相互依存,另一方面体现在发展中国家间的相互合作,同时也体现在发达国家与发展中国家间的优势互补。尤其是80年代以来,经济全球化、一体化的发展,使世界上的每个国家都紧密地联系在一起,一个国家的行动必然会影响到其他国家的利益,这又迫使各国在选择自己的贸易制度时须考虑他国的反应及其实施的贸易体制。因此,国际贸易的协调和管理就显得更为必要。

2. 世界各国经济相互协调性加强

在各国经济相互依赖的背景下,国际经济协调尤为重要。整个国际经济作为一大系统,各国作为系统要素,其各自产生的利益之和必然小于彼此作为一个整体系统所产生的收益。战后蓬勃发展的区域经济一体化组织就是典型的例子。另外,20世纪80年代后,国际金融、货币与贸易体制高度交织,以及相互间的联系日益紧密。但是,各国所采取的政策措施不充分,政策目标不一致,以及各国政策决策者的信息不完全,使整个国际经济运转效率低下,又反过来制约了各国政策的自主性和有效性。因此,必然需要政策协调来避免各国间经济、贸易及其他领域的不良竞争。毫无疑问,要实现这种协调,理论与政策上的制度变迁与创新势在必行。

3. 可持续发展观要求对国际贸易进行协调和管理

可持续发展观的提出与世界环保意识的提高有关。其核心问题是保护生态环境。然而,各国间贸易的迅速发展,使一些国家产生了通过贸易相互转嫁环保危机的想法。而各国自20世纪80年代以来贸易保护意识的加强,使各国将这种可能性竭力推向现实。突出表现之一即为某些发达国家毫无环保责任感地将核废料及其他有害垃圾"出口"到一些发展中国家或随意地倾倒在公海里。世界各国可持续发展观的强化,尤其是发展中国家环保意识的觉醒,要求有一个能有效进行管理、协调的贸易制度来规范各国的贸易行为。

(二)管理贸易理论的内涵

管理贸易理论产生于20世纪70年代末80年代初。所谓管理贸易理论,是世界上各贸易主体在追求比较利益最大化的过程中，为有效解决合作中的冲突以及实现相互合作的潜在利益，所提出的国际贸易理论以及将该理论运用到贸易实践中的政策。该理论主张在不违背降低关税壁垒的自由贸易原则下，利用一个国家的国内贸易法规、法令，或两国政府之间、两国贸易集团之间达成的协议，来约束贸易伙伴的行为，以达到限制和减少某些产品的进口、改进国内某些产品和产业竞争优势的目的。

该理论最大的创新之处在于，管理贸易理论既不是自由贸易理论，也不是贸易保护理论，但兼具自由贸易理论和贸易保护理论的特点。这一理论不违背降低关税壁垒的自由贸易化原则，采用非关税壁垒的手段来加大外国商品进入本国市场的难度，保证本国产业发展的空间，使贸易保护行为法治化、合法化。管理贸易理论是介于自由贸易理论与贸易保护理论之间的，政府进行干预的主要目的在于自身所设置的目标得以成功实现，同时还不会招致无谓的报复行为，保障目标朝着自身合理的方向发展。管理贸易理论是一种次优的贸易理论选择。

二、公平贸易论

随着国际经济一体化程度的加深，贸易摩擦和国际市场竞争更加激烈，发达国家强调对等开放市场、平等竞争、双边互惠的公平贸易立场。许多发达国家指责发展中国家的市场开放不够，指责中央计划经济没有按市场经济的原则实行自由竞争。美国还用这一论调来针对欧洲、日本等其他发达国家，指责它们对美国产品的进入设置重重障碍。一些国家甚至把自己的贸易逆差归咎于对方市场开放上的不平等。因而，发达国家要求政府加强干预和对本国企业进行支持与保护，借用各种维护贸易公平的"合理"和"合法"的手段，达到保护本国就业、维持其在国际分工与国际交换中的支配地位的目的。美国是以公平竞争为由实施贸易保护的最主要的国家之一，采取的手段主要包括征收反补贴税、反倾销税或其他惩罚性关税，以及实行进口限额、贸易制裁等。

实际上，对经济发展水平落后的国家来说，在国际经济交往中无所谓真正的公平，发达国家对发展中国家的"公平"或者"互惠"要求本身就是不公平的。

三、保护和增加就业论

保护和增加就业论是凯恩斯（J. M. Keynes）在经济"大萧条"、失业严重的背景下提出的，是西方发达国家为采取贸易保护政策而寻求的依据。他认为，政府应放弃自由贸易政策，通过采取奖出限入的政策来干预国际贸易，实现贸易顺差，进而增加就业，刺激经济繁荣。也就是说，对于发达国家而言，实行奖出限入的贸易保护措施，一方面，可以增加对本国国内产品的需求，有利于增加本国的就业机会；另一方面，其进口的商品主要是劳动密集型产品，对该类商品的进口限制会保护该行业免受国外产品的冲击，保证该行业的生存，从而使生产增加、就业增加。

然而，这种以减少进口需求来促进国内产业发展的政策具有片面性。一方面，进口需求的大量减少会带来贸易收支顺差过大，国内货币供给量增多，导致过多的货币追求过少的商品，从而使商品价格上涨，影响本国商品在国际市场上的竞争力；另一方面，进口需求的减少可能引起其他国家的贸易报复。此外，还可能出现由于保护一个产业而使另一个产业受到打击的情况，从长远来看，失去的就业机会可能反而会超过受保护行业暂时获得的就业机会。因此，政府干预国际贸易、保持贸易顺差不是一个长期目标，只有在一国有效需求不足的情况下才能偶尔使用该手段。

四、增加政府收入论

对于一些私有化较彻底的发展中国家来说，政府既没有自己的企业，又由于本国工业生产能力有限、国内人民生活水平低而没有多少收入税可征，因而关税就成了政府收入的重要来源。不管消费者和整个社会所付出的代价如何，作为政府，征收的关税则是实实在在的收入。因而，通过设置较高的关税而获得关税收入是政府实行贸易保护的动力之一。

征收关税比增加国内的各种税收要容易得多。国内的各种税收，无论收入税、销售税还是生产税，国内的消费者或生产者都能直接看到，征税的阻力自然就大；而关税则在外国商品进入本国市场前就征收了，由此产生的商品价格上涨似乎并不是因为政府。而且，从理论上来说，征收关税的另一个好处是可以将一部分税赋转嫁给外国生产者或出口商。

五、贸易保护政策的非经济理论依据

从非经济的观点来看，作为独立利益体的国家以贸易保护政策来促进国内生产的发展，缩减对国外产品需求，可以达到调整社会收入的再分配，以减少社会矛盾和冲突、维护国家安全、提升民族自豪感等目的。

1. 社会公平论

不少国家利用贸易保护来调节国内各阶层的收入水平，以减少社会矛盾和冲突。其中最典型的例子之一是发达国家对农产品的保护。在发达国家工业化的进程中，资本的加速积累和土地的相对稀缺，使工业产品的生产成本下降，农产品的生产成本相对上升。发达国家逐渐失去了用相对成本来衡量的农产品的比较优势，如果仍然坚持自由贸易，农民势必竞争不过其他生产成本较低的国家，农民的收入即使不下降，也跟不上其他行业收入的增加。为了保证农民的收入能跟上社会发展的平均水平，或者说为了缩小农民与社会其他阶层的收入差距，不少国家（主要是发达国家和新兴工业化地区）通过限制进口、价格支持、出口补贴等各种保护手段，将社会其他行业的一部分收入转移到农民手中，以达到一定的社会公平。

2. 国家安全论

自由贸易会增强本国对外国的经济依赖性。这种情况可能会危害国家安全，一旦爆发战争或国家之间关系紧张，贸易停止，供应中断，过于依赖对外贸易的经济会出现危机，在战争中可能会不战自败。因此，进口壁垒有助于国家以储存或应急生产能力的形式，为未来的经济和军事利益积累至关重要的物资。

3. 民族自尊论

进口商品的品种、质量常常反映了一国的文化和经济发展水平，而且进口的商品上都带有"某国制造"的标签，以示与进口国商品的区别。当消费者"崇洋赞洋"的时候，政府往往会觉得有损民族自尊心和自信心。为了增强民族自豪感，政府一方面从政治上把使用国货作为爱国主义行为来宣传，另一方面试图通过贸易保护政策来减少外来冲击，发展本国产业。

本章思考题

1. 重商主义理论的主要思想及其缺点是什么?
2. 幼稚产业的判定标准有哪几种?
3. 试评述李斯特保护幼稚产业理论的基本内容。
4. 战略性贸易政策理论的基本内容是什么?
5. 贸易保护理论的主要理论依据是什么?

第六章

国际贸易理论的新发展

国际贸易理论是对国际贸易实践规律和本质特征的探索与分析，随着国际贸易实践形式的变化，国际贸易理论应不断创新发展，以便帮助人们更深入、准确地理解国际贸易发展实践，进而指导人们更有效地开展国际贸易活动。20世纪末以来，随着生产技术、信息通信技术和交通运输技术的飞速发展，国际贸易活动发生了诸多变化，产品内贸易规模快速扩大、国际贸易的异质性企业特征日益凸显、国际贸易的内生经济增长作用不断增强，国际贸易理论随之取得快速发展。本章将主要介绍异质性与新新贸易理论、国际贸易与内生经济增长和全球价值链理论三个国际贸易新理论。

第一节 异质性与新新贸易理论

一、新新贸易理论的产生背景

20世纪90年代以来，许多学者通过大量实证分析发现，国际贸易其实是一种相对稀少的企业行为，并非一国所有的企业都会选择国际贸易。研究结果表明，即使在同一产业内部，也存在着出口企业和非出口企业在劳动生产率、资本技术密集度和工资水平上的显著差异，并且同一产业内部企业之间的差异可能比不同产业之间的差异更加显著，所以，无论是在规模还是生产率方面，企业都是异质的。基于此，许多学者对新贸易理论体系及其对现实贸易的解释能力产生了质疑，于是，新贸易理论被称为"旧的新贸易理论"。

随着贸易实践和贸易理论研究的不断深入，以企业异质性为前提假设，以异质性企业贸易模型（trade models with heterogeneous firms）和企业内生边界模型（endogenous boundary model of the firm）为代表的新新贸易理论（New-New Trade Theory）便应运而生。新新贸易理论的正式诞生，以梅里兹（Melitz）（2003）*The Impact of Trade on Intraindustry Reallocations and Aggregate Industry Productivity* 的发表为标志。该理论以克鲁格曼的新贸易理论为基础，并根据国际贸易微观实证研究的发现进行了重大创新，从而形成了独立的理论。

新新贸易理论的产生背景主要如下：

1. 政策背景

欧洲国家从第二次世界大战后开始追赶美国，这一进程到20世纪末逐渐停顿，欧美之间经济水平的差距再次拉开。人们发现，其中的主要原因是欧洲主要国家的生产率，特别是全要素生产率低于美国。有学者进一步发现，各个工业化国家生产率与美国差距缩小的速度也随着行业的不同有着巨大的差异。生产率在经济增长中的作用是巨大的，较小的生产率水平差异在较长时间的经济增长中可能会表现为经济水平的巨大差异。因此，如何提高生产率成为政策研究的一个热点。20世纪末21世纪初，从企业层面研究生产率的文献不断涌现，异质性企业贸易理论的出现为生产率研究的文献注入了新的思想。

2. 经验研究背景

20世纪90年代以来，世界各国企业层面的微观数据库逐渐完善，大量学者针对企业层面数据的研究揭示了许多以前少有人关注的现象。他们发现，从企业层面看，一个国家即使拥有具有比较优势的出口产业，其中的出口企业也只占很小的一部分，大部分企业只是供应国内市场；而且一般来说，出口企业大多是规模较大、生产率较高的企业。因此，异质性企业在出口中的不同表现引起了人们的关注。这类现象使学者们对从企业层面理解贸易行为产生了兴趣。

3. 理论背景

这涉及传统贸易理论与新贸易理论本身的缺陷。传统贸易理论从亚当·斯密开始就讨论了贸易与竞争产生的优胜劣汰效应。但这种讨论基本局限于行业间的优胜劣汰，对开放经济引起的行业内企业间优胜劣汰效应没有充分讨论，对开放竞争压力导致的企业本身生产率提高也没有研究。新贸易理论进一步讨论了规模经济效应，但是以克鲁格曼为代表的新贸易理论家对规模经济的讨论存在较大的局限性。新贸易理论假设所有企业都是完全对称且同质的。然而，如果所有企业的生产率水平一样，那么为什么有的企业会被淘汰，有的却能存活并且不断扩大规模？新贸易理论的这一假设显然在逻辑上有些不能自圆其说。

二、新新贸易理论的核心内容

在克鲁格曼的新贸易理论以及国际贸易微观实证研究的推动下，梅里兹（2003）建立了异质性企业模型，从而正式开创了新新贸易理论。该模型在新贸易理论的基础上做了重要创新，以解释国际贸易微观实证研究领域的发现。

该模型的核心内容包括：①企业是"异质性"的，它们的效率存在差异——这就改变了克鲁格曼新贸易理论关于企业"同质性"的假设。②贸易自由化对不同效率的企业产生的影响不同。当一国开放贸易之后，由于竞争加剧，效率最低的企业会被迫从市场上退出，效率稍高的企业会继续在国内市场销售，效率最高的企业则会在国内市场销售的同时，通过出口扩大其市场。实证发现一致，即出口企业比非出口企业表现优异，而且这种优异表现是其出口的原因而不是结果。③贸易自由化对不同效率的企业产生的上述不同影响，促使社会资源从效率低的企业向效率高的企业转移，从而促进了整个行业乃至整个社会生产效率的提高——贸易自由化的这一作用是传统国际贸易理论与克鲁格曼的新贸易理论都没有指出的，是对新贸易理论的创新。除了梅里兹（2003）模型之外，伯纳德（Bernard）等的（2003）模型是新新贸易理论的又一开创性模型。该模型以大卫·李嘉图模型为基础，并加入不完全竞争等元素，也有力地解释了国际贸易微观实证研究领域的重要发现，如企业效率的差异、出口企业的高效率、出口企业在所有企业中的低比重、获益企业在出口企业中的低比重、出口企业相对较大的规模、贸易自由化对不同效率企业及整体经济效率的影响等。异质性企业模型产生后，在国际贸易研究领域产生了重大而深远的影响，被称为新新贸易理论。该理论及其相关实证研究在过去10余年迅速、蓬勃发展，形成了一股研究热潮。

三、新新贸易理论的创新与发展

随着生产全球化、贸易全球化、投资全球化的不断发展，国际贸易与投资模式以及国际企业的生产组织形式都发生了深刻的变化，客观上要求国际贸易理论对此做出科学解释。以梅里兹、安特拉斯（Antras）等学者提出的异质性企业模型、企业内生边界模型为核心的新新贸易理论，是国际贸易理论创新研究的重要内容。

与传统国际贸易理论相比，其理论创新表现在以下几个方面：

（1）理论基础不同。古典国际贸易理论分析不同产业间贸易形成的原因、贸易利得及其分配，主要建立在大卫·李嘉图比较优势理论和赫克歇尔-俄林定理的基础上；新贸易理论运用规模经济、产品差异性和不完全竞争理论探讨产业内贸易问题。而新新贸易理论则是在对产业组织理论、交易费用理论、不完全契约理论进行整合的基础上，通过构建差异性企业模型和企业内生边界模型，研究企业是否进入国际市场及国际化路径选择的决策问题。

（2）假设前提不同。不管是古典国际贸易理论还是新贸易理论，都假设企业是同质性的，企业的生产经营是一个"暗箱"，其生产技术、经营管理、运营成本等是相同的，影响企业国际化决策和国际化路径选择的主要是企业外部因素。而新新贸易理论突破了企业同质性的基本假定，认为正是由于企业内在因素，如生产率、技术、工人技能、成本的不同，即异质性企业本身的特质，决定了不同企业的经营决策、行为模式和生产组织形式，把国际贸易的实施主体最终落实到具体的企业。这使新新贸易理论研究具有了坚实的微观基础。

（3）研究视角不同。传统国际贸易理论研究不同国家（地区）在劳动生产率、资源禀赋方面的差异，从宏观层面分析不同国家（地区）在不同产业之间的比较优势，国际贸易行为与贸易利益分配。新贸易理论在不完全竞争条件下，在中观层面上，从规模经济、产品差异性角度分析不同国家（地区）同一产业内发生的贸易。而新新贸易理论则是从异质性企业这一微观层面来研究国际贸易产生、贸易利得与分配、资源配置等问题。

（4）研究内容更广泛、深入。同古典国际贸易理论、新贸易理论一样，新新贸易理论也主要研究国际贸易的成因、利得与分配等基本问题。但新新贸易理论重点探讨单个企业的经营决策和行为模式，即企业是仅服务国内市场，还是出口，抑或在国外直接投资，以及企业是选择一体化还是外包等。可见，新新贸易理论的研究内容是对古典国际贸易理论和新贸易理论的重要补充、完善和发展。

第二节 国际贸易与内生经济增长

一、国际贸易、内生技术创新与内生经济增长

内生技术创新，无论是要素生产率的进步，还是新产品种类的增加，抑或新产品质量的提高，都得益于科学研究与试验发展（R&D）。开放条件下，人们更多地关注知识的国际溢出、产业政策与贸易政策对技术创新的影响。

克鲁格曼（1990）最先开启了这一领域的研究工作。他认为，技术创新是开发新产品的过程，相对价格与技术创新联系密切，技术创新增加了新产品种类，发达国家的产品需求扩大，相对价格上升，资本的重新配置使发达国家以产量表示的实际工资提高。与此同时，技术创新是一个同时涉及个人动态收益递增和技术的外部效应两方面的过程。全球化的作用体现在将技术创新和新产品的生产中引入了某种比较优势。但克鲁格曼（1990）所提出的模型总体上属于外生技术创新模型。开放条件下，真正的内生创新模型是由格罗斯曼

（Grossman）和赫尔普曼（Helpman）（1991）、里维拉-巴蒂丝（Rivera-Batiz）和罗默（Romer）（1991）完成的。

G-H小国模型（Grossman and Helpman，1991）研究了开放条件下小国的贸易与内生技术创新及增长的关系。它认为，小国的创新活动仅在非贸易品部门发生，最终产品按国际市场上外生给定的价格进行交易。在G-H小国模型中，贸易与内生创新之间的关系是不明确的，只有当贸易使资源从制造业部门转移到研发部门，贸易才会促进创新和增长。G-H小国模型还认为，当贸易政策提高了本国劳动密集型产品的相对价格或降低了本国人力资本密集型产品的相对价格时，贸易政策就会促进创新。在G-H小国模型中，贸易对福利水平的影响主要取决于中间品产量的变化，只要贸易政策鼓励了中间品的生产，就有利于福利水平的提高。

G-H大国模型（Grossman and Helpman，1991）研究了开放条件下大国的贸易与内生技术创新及增长的关系，考察了贸易影响长期创新率与增长率的渠道。它认为，贸易促进了知识的国际溢出，激发了创新者之间的竞争，减少了研发活动中的重复劳动，提高了研发部门的总生产率。在技术存在国际溢出时，两个具有相似要素禀赋的国家间的贸易必定会提高每个国家的创新与增长率。G-H大国模型还考察了两种特殊情形：①非熟练劳动力禀赋丰裕的国家可能因为贸易而专业化生产传统产品，从而使总产出增长率下降；②贸易有可能使人力资本禀赋丰裕的国家从事研发活动的动力降低，尽管如此，贸易使该国居民提供了消费国外创新产品的机会。

二、国际贸易、内生专业化与内生经济增长

自杨格（Young，1928）发展了亚当·斯密定理——"劳动分工依赖于市场容量的大小"，提出了杨格定理——"劳动分工依赖于劳动分工的水平"以来，后续学者就在不断推动着杨格理论的发展。

斯托珀-萨缪尔森定理（The Stolper-Samuelson Theorem，简称S-S定理）：某一商品相对价格的上升，将导致该商品密集使用的生产要素的实际价格或报酬提高，而另一种生产要素的实际价格或报酬则下降。S-S定理的引申（S-S定理在H-O基础上的应用）：国际贸易会提高该国丰裕要素所有者的实际收入，降低稀缺要素所有者的实际收入。

经济增长的基础是劳动分工的内生演进，技术进步源于内生专业化。经济增长源于劳动分工和递增规模报酬，劳动分工（规模报酬）与竞争均衡可通过企业家的组织活动而相容，专业化、专业人力资本、报酬递增和增长是相伴相随的。杨小凯（2000）通过构建新兴古典经济学框架，对传统贸易理论和增长理论进行了反思。杨小凯的新兴古典贸易理论是通过个人的专业化决策来解释贸易现象，通过分工的和个人之间的内生比较优势的演进来解释国际贸易的形成，将交易效率的提高视为折中专业化经济与交易费用之间两难冲突的范围扩大的原因，从而带来分工水平的提高；同时，也正是分工水平的提高扩大了折中消费多样化经济与不经济之间的两难冲突的范围，从而使个人专业化水平与消费品种类数同时增加。

与此同时，杨小凯内生化了消费品种类数和分工水平，强调内生技术进步并非投资与研发的结果，分工网络规模和市场容量充分大是新技术创新和新产品出现的必要条件。杨小凯将超边际分析法运用于李嘉图模型，解释了同时决定贸易政策和贸易模式的一般均衡机制，证明了不仅贸易模式和分工水平依赖于贸易政策，而且贸易政策也内生于分工水平；同时还

将交易成本纳入 H-O 模型，指出 S-S 定理忽视了交易成本而可能使贸易结构发生非连续变化的超边际效果。此外，杨小凯采用一分法（消费者-生产者）建立了内生专业化模型，解释了分工的网络大小、市场联合度和个人专业化水平的同时内生演进，克服了传统的内生经济增长模型不能内生不同商品的相对价格的缺点。

三、国际贸易、内生技术结构与内生经济增长

林毅夫等（1999）的发展战略理论认为，技术结构内生于要素投入结构，而要素投入结构又是内生于一国的禀赋结构。技术结构内生禀赋结构，意味着一国的技术结构应遵循比较优势法则。技术结构偏离比较优势程度越大，经济的扭曲程度越大。技术结构变化是要素禀赋结构和比较优势动态变化的结果，也就是说，模仿本身是需要成本和资源的，隐含在国际贸易中的技术进步并非任意的，其大小取决于所选择的技术结构与禀赋结构的吻合程度；如果违背比较优势法则，仅凭研发投资提升技术结构，可能会使全要素生产率的提高与收入增长之间形成错位，这种情况尤其容易在发展中国家出现。

在林毅夫等的发展战略理论中，发展中国家持续地实行赶超战略依赖于政府对各种资源的动员能力。这就衍生出一个问题，即技术结构、禀赋结构与制度结构的关系问题。关于制度结构与技术结构两者何为经济增长的原动力问题一直存在着争议。马修斯（Matthews，1986）对这一问题做了较为中肯的评价，即制度结构与技术结构是相互交织和互为促进的，人们根本无法将两者机械地割裂开来。潘士远和史晋川（2002）也进行了总结，认为内生增长模型和新制度经济学在解释技术进步和制度结构对长期经济增长的作用时，都存在着一定的片面性，而在内生增长模型中内生制度的理论与经验研究值得尝试。林毅夫等的发展战略理论在此方面已做出了贡献。他们深入阐述了禀赋结构、技术结构与制度结构的关系，认为禀赋结构与技术结构的演进是内生的，这种内生关系一旦被破坏，就意味着制度结构已扭曲；要改变这种扭曲现象，就必须使制度结构服从于禀赋结构与技术结构的内生演进。而贸易政策结构是一国制度结构的重要方面，贸易政策结构的形成与变迁对经济增长有着重要影响。

第三节 全球价值链理论

一、全球价值链的形成背景

首先，现代交通和通信技术的进步从时空上大大缩短了世界各国间的经济距离，降低了人们彼此交往的交通、信息费用，使跨区域之间的联系更加紧密。各国际交易成本的降低为国际贸易的快速增长、分工的进一步深化乃至经济全球化的推进提供了物质保证，从根本上决定了全球价值链的形成。

其次，第二次世界大战后，随着以美国为首的西方发达国家的经济持续增长和收入不断增加，发达国家的企业逐渐丧失了在劳动密集型产品生产方面的比较优势。后起的新兴工业化国家在劳动密集型产品制造上惊人的竞争力对其构成了严峻挑战，迫使其不得不重新调整发展战略予以应对。在此情况下，西方发达国家为保持和提升本国企业的竞争力，放弃了对自身工业化体系完整性与独立性的追求，开始调整其产业结构。产业结构调整只有两种选

择：一是把特定产业的生产过程一体化地转移到发展中国家，从而把经济资源配置到符合发达国家比较优势结构的产业当中；二是把该产业价值链中自己失去比较优势的某些劳动密集型的价值环节转移到发展中国家，依旧保持和维护自身在资本、技术密集型的战略环节的比较优势。显然，与产品生产过程的一体化转移相比，只将失去比较优势的某些价值环节转移出去更具有经济合理性，并且能降低产业结构调整对国内经济，特别是对就业市场带来的冲击。发达国家通过对外投资和外包等途径把本国失去比较优势的产品生产转移到发展中国家，进一步深化了国际分工，促进了价值创造体系在全球范围内的再构。由此，全球价值链开始逐步形成。

再次，实行"进口替代"战略的众多发展中国家为扶持少数产业发展，不得不扭曲资源配置，采取了不符合其比较优势的赶超战略，导致企业低效率及寻租行为等一系列相关问题的出现。采取"出口导向"战略取得经济发展成功国家的示范作用加上采取赶超战略的沉重代价，迫使众多发展中国家开始反思和调整自己的发展战略，开始了通过扩大和加深与国际市场联系来谋求发展的新尝试；再加上因发达国家产业转移而导致的全球化影响，发展中国家逐渐放弃了建立独立完整工业化体系的目标。

最后，发达国家和发展中国家的相互需要和彼此迎合，促进了关税和非关税等贸易壁垒的逐步降低和消除。各种国际经济组织的相继建立，如国际货币基金组织、世界贸易组织等，促进了国际贸易的持续快速增加和国际分工合作的深化，为全球价值链的形成提供了制度保障。

二、全球价值链的概念

格雷菲（Gereffi）在 21 世纪初提出了全球价值链的概念，并逐步建立了相应的理论框架。全球价值链是指在参与国际分工和贸易的全世界范围内，为创造并实现某种商品或服务的价值而连接生产、销售直至回收处理等全过程的跨企业网络组织。它包括所有参与生产销售活动的组织及其价值、利润的分配。显然，全球价值链包括从产品的设计、开发、生产制造、营销、销售、消费到售后服务等各个价值环节。

随着生产技术、交通运输和信息通信技术的快速发展，产品生产过程的碎片化程度日益深化。生产过程的碎片化和空间转移使同一价值链条的各个价值环节通过跨界生产网络联系到一起。整个产品的价值创造过程可以由跨国形成的生产网络整合在一个跨国公司内部，由跨国公司在跨国范围内以垂直一体化的形式进行控制，也可以由许多产权彼此独立的企业分工合作来完成生产，通过国际贸易的形式把某些价值环节分离出去。贸易一体化和生产的垂直分离在全球范围内有机地联系起来。全球市场一体化进程的不断加深，使发达国家企业将非核心的生产、服务等业务剥离出去和转而采取全球采购变得更加有利可图，发展中国家企业和企业网络也借此获得了嵌入全球价值链的良好机遇。当然，嵌入全球价值链的发展中国家企业通常从低附加值的中低端价值环节开始。新加坡、韩国，以及我国香港、台湾的经济腾飞，都是在遵循比较优势的前提下，嵌入全球价值链中劳动密集型的价值环节起步的，走过了相似的经济发展历程。

三、全球价值链理论的主要内容

（一）全球价值链的驱动机制

格雷菲等人依驱动机制的不同，把全球价值链分为生产者驱动和购买者驱动两种类型。

（1）生产者驱动型全球价值链。它是指以发达国家跨国公司为主导的生产者通过投资来推动市场需求，形成全球生产网络的垂直分工体系。该驱动机制的全球价值链的战略价值在于研发、关键零部件制造等环节。如汽车、飞机制造等技术、资本密集型产业往往形成生产者驱动型全球价值链。该类全球价值链中大部分的附加值都流向研发、关键零部件制造等战略价值环节，大型制造企业，如通用、波音等占据着驱动整个价值链的战略价值环节，并获得大部分的附加值。生产者驱动型价值链主要是由发达国家的跨国公司通过对外投资形成的。在我国企业嵌入该类全球价值链的早期，价值环节主要以"绿地投资"的方式重组到我国东部沿海地区。但是，随着我国经济的持续发展、本土企业整体技术实力的增强，价值环节重组到我国的方式逐渐由"绿地投资"转向并购。

（2）购买者驱动型全球价值链。它是指拥有强大品牌经营优势和掌握国际营销渠道的跨国公司通过全球采购组织起来的跨国商品流通网络，从而使产品的价值创造体系在世界范围内重组和布局。其战略价值环节在研发、品牌经营和营销渠道建设等，相应地，该驱动模式下的大部分附加值都流向资本、技术密集且具有垄断势力的上述环节。发展中国家企业通常从全球价值链中低端的劳动密集型的价值环节，以外包等方式嵌入购买者驱动型全球价值链。在购买者驱动型全球价值链中，发达国家的跨国公司和发展中国家的企业大多彼此产权独立。战略价值环节的跨国公司对各价值环节的整合是通过贸易一体化的形式来进行的。

（二）全球价值链的治理

治理是全球价值链研究的主要内容之一。全球价值链的治理之所以重要，是由于其对全球价值链的形成具有重要影响：①影响发展中国家企业能否嵌入价值链。发展中国家企业要想嵌入全球价值链、参与国际分工合作，就必须与居于战略价值环节的发达国家企业建立联系，因为后者在生产过程的碎片化和空间重组中具有决定性作用。②影响发展中国家企业的产业升级问题。发展中国家企业无论进行何种层次的产业升级，都是与发达国家企业互动博弈的结果。③影响利润分配。研究全球价值链的治理有助于理解利润在不同市场结构的价值环节之间的分配。

所谓的全球价值链治理，是指通过价值链中不同价值环节行为主体间的关系安排和制度机制，实现价值链内不同价值环节经济主体间经济活动的非市场化协调。在生产过程碎片化和空间重组中，占据战略价值环节的发达国家企业凭借技术和资本优势，决定着生产过程碎片化和空间重组的进程和幅度，从而主导着全球价值链的治理。在既定的全球价值链中，采取何种治理模式来协调不同价值环节间的价值创造，取决于该治理模式的相对效率。对全球价值链的不同治理模式进行比较分析，可以深入研究全球价值链的各价值环节之间的相互协调机制，从空间和时间上把握嵌入全球价值链不同环节的企业间的彼此竞争以及利益分配的动态格局，获取更多关于不同增值活动在不同价值环节分配和转移的信息，从而为研究全球价值链不同环节间的利益分配和产业升级奠定基础。

依据全球价值链中不同价值环节的企业彼此间协调能力的高低，全球价值链可分为三种治理模式：

（1）网络型治理模式。在网络型治理模式的全球价值链中，处于各主要价值环节的企业都具有较强的创新能力，彼此具有互补性，不存在单向的制约关系，是一种相对平等的关系。不同价值环节的企业彼此分工合作，共同完成产品价值的创造。当然，附加值在不同价值环节间的分配也相对平等。

（2）准层级治理模式。在准层级治理模式的全球价值链中，一家企业因掌握核心零部件的制造技术，从而在实际上对其他价值环节的企业享有很高的控制权。即使不同价值环节的企业彼此产权独立，处于战略价值环节的企业能够设计、制定产品的各种特征以及要遵循的流程，甚至可以制定相关行业标准。

（3）层级治理模式。市场交易的复杂性使价值链中的信息和知识难以有效传播，并导致交易费用过高。为降低交易费用、提高交易效率，居于战略价值环节的主导企业对价值链中的某些价值环节采取直接的股权控制，其他价值环节的企业则是战略价值环节主导企业的子公司。跨国公司和其遍布全球各地的分支机构之间的关系就属于层级治理模式。通过这种方式进行碎片化和重组的价值链大体上就属于层级治理模式的全球价值链。但是，在与产品相关的信息可以实施标准化编码的情况下，当信息和知识传播比较通畅、交易费用低并且交易效率较高时，全球价值链中不同价值环节彼此相互控制的能力就会大大降低，很难发展成为控制与被控制的关系。

 本章思考题

1. 简述新新贸易理论的产生背景和主要内容。
2. 简述国际贸易、内生技术创新与内生经济增长的关系。
3. 简述全球价值链理论的主要内容。

第二篇
国际贸易政策

第七章

进口贸易政策——关税

世界各国为了发展国际贸易，通过制定和实施国际贸易政策，保护和促进国家对外贸易的发展。不同的国际贸易政策在各国经济发展的历史过程中曾有不同的作用，同一国家在不同的历史阶段也曾选择了不同的贸易政策。国际贸易政策可以分为进口贸易政策和出口贸易政策，政策的工具可以分为关税和非关税两种。本章将对国际贸易政策进行概述，然后对进口贸易政策的关税措施进行分析，下一章对进口贸易政策的非关税措施进行分析。

第一节　国际贸易政策概述

一、国际贸易政策的分类与含义

一项完整的国际贸易政策应包括政策主体、政策客体、政策目标、政策内容和政策手段。从国际贸易政策的内部构成看，应包括三个层次。

（一）国际贸易总政策

这是根据一国国民经济的总体情况，一国在世界舞台上所处的经济和政治地位，其经济发展战略和生产产品在世界市场上的竞争能力，以及其资源、产业结构等情况制定的，在一个较长时期内实行的国际贸易基本政策，其中包括进口总政策和出口总政策。

（二）国际贸易的国别（或地区）政策

这是根据国际贸易总政策及世界经济政治形势，一国与不同国家（或地区）的经济政治关系，分别制定的适应特定国家（或地区）的国际贸易政策。

（三）国际贸易具体政策（进出口商品政策）

这是在国际贸易总政策的基础上，根据不同产业的发展需要，不同商品在国内外的需求和供应情况以及在世界市场上的竞争能力，分别制定的适用于不同产业或不同类别商品的国际贸易政策。

国际贸易政策的制定一般反映了本国统治阶级的利益和意志。在资本主义国家，占统治地位的资产阶级内部一般存在着若干不同的利益集团。在一定时期，某一集团在政治上占上风，则该国的国际贸易政策就反映了这个集团的利益和意志，主要为这个集团服务。因此，资本主义国家的不同利益集团之间常在此问题上发生争执。

一个国家的国际贸易政策一般是由该国的立法机构制定的。在资本主义国家，其议会直接通过贸易法案，或议会授权总统或政府制定、颁布有关法令或规章，如进出口商品关税的提高或降低、进出口商品的限额、是否实行许可证制、商品检验规章以及与外国签订贸易协定等。

在制定国际贸易政策以前，立法机构一般要征询各大企业集团的意见。大企业主也必然通过各种方式，包括通过企业主协会或商会向立法机构提出建议，施加影响。

在国际贸易政策的执行和贯彻方面，国家一般设立一系列专门机构，按照国际贸易政策的规定对进出口商品进行管理。例如，在政府设立商业部作为国际贸易的行政管理机构；在对外开放的口岸地点设立海关作为进出口商品的通道，对商品进行监督查验、征收关税、查禁走私；设立进出口银行，从金融上支持商品的进出口，发放出口信贷、办理国际支付结算；设立商品检验局和卫生检疫机构，从进出口商品的质量、卫生和技术标准等方面进行把关。

二、国际贸易政策的变迁

（一）资本主义原始积累时期：奖出限入的贸易保护政策

受重商主义强调贸易顺差的影响，英国、法国、荷兰等最早进行殖民扩张的资本主义国家都实行过奖出限入的贸易保护政策。其内容包括以下方面：

1. 限制进口政策

具体包括：禁止若干外国商品，尤其是奢侈品的进口；课征保护关税，限制外国商品的进口。

2. 促进出口措施

具体包括：对本国出口的商品，给予津贴；出口退税，在商品出口后，将原征国内税部分或全部退还出口厂商；禁止重要原料的出口，但允许自由输入原料，加工后再出口；减低或免除出口关税；实行独占性的殖民地贸易政策，设立独占经营的殖民地贸易公司（如英国、法国、荷兰等国的东印度公司），在殖民地经营独占贸易与海运，使殖民地成为本国制成品的市场和本国原料的供给地。

3. 其他措施

一是保护农业的措施。如英国在 1660 年—1689 年通过若干法令限制谷物的进口，产生了《谷物法》。二是保护手工业的措施。如 1563 年英国通过《职工法》，鼓励外国技工的移民，以《行会法》奖励国内工场手工业的发展。三是保护国内航海的法案。如 1651 年英国通过重要的《航海法案》。该法案规定，一切输往英国的货物必须用英国船载运或原出口国船只装运，对亚洲、非洲及北美的贸易必须利用英国或其殖民地的船只。四是奖励生育、充裕劳工来源、降低劳工成本等其他措施。

（二）资本主义自由竞争初期：自由贸易政策

早期的自由贸易政策始于英国。工业革命之后，英国的工业迅速发展起来，但重商主义奖出限入的做法妨碍了新兴工业阶层对粮食、原料和市场的获得。因此，要求废除重商主义政策的呼声渐高。1846 年《谷物法》被废除，标志着英国进入了自由贸易政策时期。在这场变革中，亚当·斯密和大卫·李嘉图的古典国际贸易理论发挥了重要的作用。这些通向自由化的贸易政策主要包括：

1. 废除《谷物法》

1838 年英国棉纺织业资产阶级组成"反《谷物法》同盟"，然后又成立全国性的反《谷物法》同盟，展开了声势浩大的反《谷物法》运动，经过斗争，终使国会于 1846 年通过废除《谷物法》的议案，并于 1849 年生效。

2. 降低关税税率，减少纳税商品数目

在19世纪初，经过几百年的重商主义实践，英国有关关税的法令达1000项以上。1825年，英国开始简化税法，废止旧税率，建立新税率。进口纳税的商品项目从1841年的1163种减少到1853年的466种，1862年减至44种，1882年再减至20种。税率大大降低，禁止出口的法令完全废除。

3. 废除《航海法案》

《航海法案》是英国限制外国航运业竞争和垄断殖民地航运事业的政策。从1824年逐步废除，到1849年—1854年，英国的沿海贸易和殖民地全部开放给其他国家。至此，重商主义时代制定的《航海法案》被全部废除。

4. 取消特权公司

1831年和1834年，东印度公司对印度和中国的贸易垄断权分别被废止，从此对印度和中国的贸易向所有英国人开放。

5. 改变对殖民地贸易政策

在18世纪，英国对殖民地的航运享有特权，殖民地的货物输入英国享受特惠关税和待遇。大机器工业建立以后，英国竞争力增强，对殖民地的贸易逐步采取自由放任的态度。1849年《航海法案》废止后，殖民地可以对任何国家输出商品，也可以从任何国家输入商品。通过关税法的改革，英国废止了对殖民地商品的特惠税率，同时准许殖民地与外国签订贸易协定；殖民地可以与任何外国建立直接的贸易关系，英国不再加以干涉。

6. 与外国签订贸易条约

1860年签订了《英法商约》，即《科布顿条约》。根据这项条约，英国对法国的葡萄酒和烧酒的进口税予以减低，并承诺不禁止煤炭的出口；法国则保证对从英国进口的一些制成品征收不超过价格30%的关税。《科布顿条约》是以自由贸易精神签订的一系列贸易条约的第一项，列有最惠国待遇条款。在19世纪60年代，英国就缔结了8项这种形式的条约。

在英国带动下，19世纪中叶，许多国家降低了关税，荷兰、比利时相继执行自由贸易政策。这些自由贸易政策给当时的英国带来了明显的经济利益。由于对外贸易对英国经济增长的积极作用，英国一直主张自由贸易。然而，随着英国经济逐步被美国、德国和法国超过，其自由贸易政策的使用范围也发生了变化。

(三) 资本主义自由竞争后期：贸易保护政策

当英国率先完成工业革命，并以自由贸易政策将其产品推向全世界的时候，美国、德国和法国等后起的资本主义国家，为了保护本国的新兴工业，却采取了贸易保护政策。美国的第一任财政部长亚历山大·汉密尔顿就坚决主张实行贸易保护政策，措施为不断提高关税。以美国1934年制定的《互惠贸易协定法》（*Reciprocal Trade Agreements Act*）为转折点，自建国后至1933年，美国一直高筑关税壁垒。1816年关税税率为7.5%～30%，1824年平均税率提高到40%，1847年通过的第一个关税法中，其进口关税的平均水平为50%。

在欧洲，面对英国廉价产品的竞争，德国、法国也相继采取了贸易保护政策。1879年，德国首相俾斯麦改革关税，对钢铁、纺织品、化学品、谷物等征收进口关税，并不断提高，同时与法国、奥地利、俄国等展开关税竞争；1898年，又通过修正《关税法》，对贸易进行高度保护。德国这个时期的贸易政策明显地受李斯特的幼稚产业保护理论影响。其经济所取得的快速增长，使这种贸易保护政策被予以高度评价，并被后来的许多经济落后的国家所效仿。但是，需要注意的是，保护幼稚产业贸易政策保护的对象始终集中于本国的幼稚产业，而且保护是有期限的，即只保护那些通过短期保护能形成比较优势的产业。这种保护政策与比较优势间的关联往往被后来的效仿者所忽略。

（四）两次世界大战期间：超保护贸易政策

超保护贸易政策又称侵略性保护贸易政策，是指两次世界大战期间，尤其是1929年—1933年世界经济大危机期间资本主义国家实行的高度保护的贸易政策。

19世纪末20世纪初，资本主义进入垄断阶段，国际经济贸易竞争更加激烈。1929年—1933年，主要资本主义国家爆发了历史上最为严重的经济危机，市场问题十分尖锐。在这种背景下，西方国家纷纷采取严格的贸易保护措施。1930年，美国通过《斯姆特-霍利关税法》（*Smoot-Hawley Tariff Act*），将进口关税提到极高的水平。1931年美国进口货物的平均关税高达53.2%，而1914年只有37.6%。美国提高关税的举措在资本主义国家引发"关税战"，先后有45个国家提高关税。由于经济危机期间价格大跌，仅仅通过关税难以有效限制进口，因此，各国广泛采用进口配额、进口许可证和外汇管制等非关税壁垒措施限制进口。

与资本主义自由竞争时期的贸易保护政策相比，超保护贸易政策具有以下特点：

1. 保护对象扩大

传统贸易保护政策仅仅保护本国的幼稚产业；超保护贸易政策不仅保护幼稚产业，同时也保护国内成熟产业和出现衰落的产业。

2. 保护目标改变

传统贸易保护政策的目标是为新兴产业的成长创造条件，培养其自由竞争的能力；超保护贸易政策的目标主要是巩固和加强本国企业在国内外市场上的竞争地位。

3. 保护措施多样化

传统贸易保护政策的主要手段是关税措施；超保护贸易政策的手段不仅包括关税措施，还包括大量使用进口配额和许可证等非关税措施。

4. 保护从国内延伸到国外

传统的贸易保护政策主要是限制外国商品进入国内市场，保护具有防御性；超保护贸易政策不仅包括进口限制措施，而且包括出口补贴、倾销等促进出口的措施，保护带有进攻性。

超保护贸易政策并没有取得期望的效果。各国以邻为壑的做法使世界经济在危机中越陷越深。1933年罗斯福上台执行新政，美国开始放弃这种贸易保护政策。罗斯福提出以"建设一个世界贸易的多边体系"作为对外经济政策的基本目标，提出"睦邻政策"，倡导遏制关税保护大战，并且根据1934年国会通过的《互惠贸易协定法》，先后与29个国家签订贸易协定和关税互惠协定。这些措施在一定程度上刺激了资本主义生产，缓和了当时的美国经济危机。

（五）第二次世界大战后初期：自由贸易政策

第二次世界大战之后，为了营造有助于各国经济恢复和发展的良好环境，在美国的带动下，发达国家相继实行了贸易自由化政策。在关贸总协定的组织和协调之下，通过多边谈判和协商，关税壁垒和非关税壁垒被大幅度削减。发达国家的总体关税水平从1947年的40%左右，下降到"乌拉圭回合"之前的5%左右，而且还有继续下降的趋势。非关税壁垒的使用也受到限制，如在关贸总协定第七轮"东京回合"谈判中，非关税壁垒成为重要的谈判议题，并最终达成了六个限制非关税壁垒的准则，分别是《海关估价协议》（即《关于实施关贸总协定第七条的协议》）、《进口许可证手续协议》《技术性贸易壁垒协议》《补贴和反补贴协议》《反倾销协议》《政府采购协议》。

发达国家在相互提供贸易优惠的同时，还向发展中国家提供了贸易的便利，为战后一些发展中国家经济的发展提供了良好的国际空间。普惠制原则要求发达国家向来自发展中国家的工业制成品和半制成品提供普遍的、非互惠的优惠待遇。但发达国家在受惠国的选择上往往会附加很多复杂、苛刻的条件。

（六）20世纪70年代后期：新贸易保护主义

第二次世界大战之后，全球贸易的自由化倾向推动了世界经济的快速增长，但是到20世纪70年代之后，这种增长的势头受到遏制，世界性的经济衰退导致贸易保护主义重新抬头。发达国家从自身的利益出发，采取了很多奖出限入的做法，这一时期的政策带有明显的"新重商主义"色彩。由于关贸总协定的协调和管理以及各国之间的相互制约，这种贸易保护政策和传统的做法有很大的区别，具体表现为：

1. 被保护的商品不断增加

被保护的商品从传统产品转向高科技工业制成品，从有形商品扩展到技术、服务、知识产权等无形商品。

2. 保护措施种类繁多

非关税措施成为主要的保护手段，其种类已逾千种。发达国家的技术壁垒日渐苛刻，反倾销调查案件不断增加，而且许多是针对发展中国家的。

3. 转向系统的管理贸易体制

20世纪70年代中后期，贸易自由化的趋势和贸易保护主义交织在一起，形成一种新的管理贸易体制，即有组织的自由贸易体制。这种贸易体制既争取本国对外贸易的有效发展，又一定程度地兼顾他国利益，力争达成多方均能接受的贸易方案，避免极端形式的贸易冲突，以维护国际贸易关系的相对稳定和发展。

4. 区域经济一体化的发展

以欧共体为代表的区域经济一体化组织迅速发展并不断提高一体化组织的水平，在区域内实行自由贸易政策，在对外贸易中保护性加强。

在这一时期，战略性贸易政策开始被越来越多的国家重视并采用，战略性贸易政策源于不完全竞争的市场结构。现实中，发达国家的企业面临着不完全竞争的市场结构。在很多学者看来，当其他国家普遍采取贸易保护政策时，单个国家采取自由贸易政策将不利于本国的经济利益。因此，他们鼓励本国政府采取一系列贸易政策，改变企业的战略行为，使本国企业在国际竞争中占据优势地位。目前来看，发达国家的战略性贸易政策主要表现为战略出口政策、战略进口政策和进口保护以促进出口的政策。

（七）"乌拉圭回合"之后世界贸易组织成立：贸易自由化艰难前行

20世纪80年代世界经济的低迷及贸易保护主义的抬头，促使关贸总协定启动了第八轮多边谈判——"乌拉圭回合"谈判。"乌拉圭回合"谈判历时8年，终于在1994年达成协议。"乌拉圭回合"谈判不仅使传统贸易中的关税壁垒和非关税壁垒被大量削除，而且还涉及投资、服务贸易、知识产权等新领域。"乌拉圭回合"之后，发达国家的关税总体水平进一步下降至 3%，许多市场，包括一些发展中国家的市场也开始全面开放，为世界经济的增长提供了新的空间。

"乌拉圭回合"的另一个重要成果是成立了世界贸易组织（WTO）。世界贸易组织作为一个正式的国际组织，在全球贸易的管理和协调中发挥了更大的作用；然而，由其启动于2001 年的"多哈回合"贸易谈判，多次中止又多次重启，最终于 2006 年 7 月正式中止。当前，多边贸易体系面临多方面挑战，多边贸易自由化推进艰难。

1. 世界经济遭遇 2008 年全球金融危机的打击后，恢复缓慢

发达国家面临国内政治压力，不愿推进多边贸易自由化；发展中国家与发达国家在关键问题上难以达成一致意见，如对全球气候变化的责任与义务、新兴工业化国家的市场准入、发达国家农产品补贴等问题，发展中国家与发达国家针锋相对，谈判屡屡陷入僵局。

2. 非经济因素影响了贸易政策取向

2017 年美国特朗普总统上台后，便强调了"美国优先"政策的重要性，不仅高调宣布退出《跨太平洋伙伴关系协定》（TPP），大幅减少对外援助，实行高关税，重启北美自由贸易区谈判，还强势挑起美欧、美中贸易摩擦，甚至不断扬言退出世界贸易组织，并在世界贸易组织内部的运行和仲裁机构的人事安排上屡屡行使一票否决权，致使世界贸易组织一段时间内实质上处于瘫痪的状态。

第二节　关税措施概述

一、关税的概念

关税（tariff 或 customs duty）是进出口商品经过一国关境时，由政府设置的海关向进出口商征收的税收。关税在其演变过程中经历了从内地关税到国境关税的演变。在封建社会，诸侯割据，关卡林立，一国内部设有许多关卡，过往货物都要缴纳一定的税收，属于内地关税；内地关税多次征收，不利于商品流通。到资本主义社会，内地关税被废除，实行统一的国境关税制，即进出口货物统一在国境上一次征收，国内不再重征。英国是世界上最早实行国境关税制的国家。

二、征收关税的目的

（一）增加财政收入

关税作为一个税种，其最初的目的在于获取财政收入。目前，关税仍是财政收入的来源之一。但随着关税税率的降低和其他财源的增长，关税的财政收入作用在降低。

（二）保护国内产业

关税是最常用的贸易保护手段之一，如通过征收关税提高进口品的国内销售价格，降低进口品的价格竞争力，诱导国内消费者选择购买国内产品，增加国内产业发展的市场空间。受到较多保护的产业多属于幼稚产业和夕阳产业。幼稚产业是面临国外强大竞争的国内新兴产业，对其给予保护的目的在于培植新兴产业的竞争力；夕阳产业是失去竞争力的衰落产业，对其给予保护的目的是减缓产业调整引发的经济震动。高额关税具有显著的限制进口作用，常被称为关税壁垒。

（三）限制某些商品的消费

有时征收关税并非为了保护国内的进口竞争产业，而是为了提高进口品的价格，限制此类商品的国内消费。比如，对某些奢侈品进口征收高关税。

（四）维持贸易平衡

在出现贸易赤字时，提高关税可以减少国内市场对进口品的需求，从而降低进口规模，改善贸易收支状况。但提高关税受到 GATT/WTO 规则的严格限制，目前很少使用。

三、关税的主要种类

（一）按征税商品流向分为进口税、出口税与过境税

1. 进口税

进口税（import duties）是进口国海关在外国商品输入时对本国进口商征收的关税。进口税率一般分为最惠国税率和普通税率。最惠国税率适用于来自与本国签订有最惠国待遇（most-favoured-nation treatment）条款贸易协定的国家或地区的进口商品。普通税率适用于来自没有签订最惠国待遇协定的国家或地区的进口商品。普通税率高于最惠国税率。

早在 17 世纪初就已有多个商业协定包含了最惠国待遇条款。1860 年在英国政治家理查德·科布登（Richard Cobden）和法国经济学家米歇尔·谢瓦利埃（Michel Chevallier）的策划下，英法两国政府签订《科布登-谢瓦利埃条约》，规定"任何一方不能针对另一方实施尚未应用于第三方的进口或出口限制措施"。许多国家通过与英法两国或相互缔结最惠国条款而使欧洲大部分地区的关税大幅降低。最惠国待遇分为有条件最惠国待遇和无条件最惠国待遇。有条件最惠国待遇即缔约国一方给予第三方的优惠待遇是有条件的，缔约国另一方必须提供同样的条件才能享受这些优惠待遇；无条件最惠国待遇即缔约国一方现在及将来给予任何第三方的一切优惠待遇，都无条件地给予缔约国的另一方。除了国家之间的双边贸易协定规定有关国家相互提供最惠国待遇外，GATT/WTO 规定成员之间的经贸关系适用无条件最惠国待遇，成为保障贸易自由化的基本原则之一。

2. 出口税

出口税（export duties）是产品出口时本国海关向出口商征收的关税。由于征收出口税会降低本国出口品在世界市场的价格竞争力，目前大多数国家对绝大多数商品出口不征收关税，主要是一些发展中国家在使用出口税。其目的主要有以下几种：增加国家财政收入，缓解政府资金短缺的矛盾；保护国内重要的原材料资源，以支持国内相关产业的发展；对一些垄断性的产品征收出口税，以转嫁研发费用或防止该产品的国际价格降低；在国际贸易顺差过大引起贸易摩擦时，通过征收出口税平衡国际收支。

3. 过境税

过境税（transit duties）是对通过关境的外国货物征收的关税。在 16 世纪—18 世纪重商主义盛行的欧洲和 19 世纪的一些国家，过境税很流行。过境税最直接、最明显的影响就是阻碍了商品的国际流动，增加了进口国的进口成本。但过境货物对本国的生产和消费并不会产生实质影响，因此各国逐渐废除了过境税。1921 年在巴塞罗那签订了《自由过境公约与规范》（*Convention and Statute on Freedom of Transit*），缔约国之间废除一切过境税。战后大多数国家不再征收过境税。GATT/WTO 规定，成员方对过境商品不得征收过境税，但因过境而支出的行政费用或提供服务的费用可以收取，一般只收取少量的准许费、登记费、印花

费等。

（二）按差别待遇分为进口附加税、特惠税和普遍优惠税

1. 进口附加税

进口税是最常见的关税形式之一，日常生活中所说的关税一般指进口税。对进口商品除了征收正常的进口税外，又加征的一部分关税，称作进口附加税（import surtaxes）。征收进口附加税通常都是临时性措施。其目的或是维持进出口平衡，应对国际收支危机；或是抵消外国商品倾销；或是对某个国家实行歧视或者报复。

进口附加税可分为两类：①对所有进口商品征收，目的是改善贸易收支。例如，美国1971 年上半年出现 19 世纪末以来首次贸易逆差，国际收支恶化，尼克松政府在当年 8 月 15日宣布，对进口商品一律加征 10% 的进口附加税。②只对个别国家的个别商品征收。这类附加税主要有两种：反补贴税和反倾销税。

（1）反补贴税。反补贴税（countervailing duties）是对直接或间接享受出口国政府或任何公共机构财政资助并对进口国国内产业造成损害的进口商品征收的进口附加税。征税目的在于抵消补贴对进口商品价格的影响，维护公平竞争。

根据 WTO《补贴与反补贴措施协议》，征收反补贴税的一个必要条件是他国补贴对本国某产业造成实质性损害或产生实质性损害威胁，或者对某一产业的新建产生严重障碍，而且这些损害、威胁或障碍是接受补贴的产品售价低的结果。该协议还规定：经调查属实，可对接受外国补贴的进口品征收不超过其补贴额的反补贴税；对受补贴的倾销产品，不可同时征收反倾销税和反补贴税；正常的出口退税，不得被视为接受了出口补贴。

（2）反倾销税（anti-dumping duties）。反倾销税是对实行倾销的进口商品征收的进口附加税。征税目的是抵消倾销给进口商品带来的价格优势，维护公平竞争。

WTO《反倾销协议》完善和扩展了 GATT 第 6 条的规定，成员方政府必须证明外国产品存在倾销、测算倾销的程度，并且证明倾销活动正在损害或威胁其国内竞争性产业。根据规定，所谓"倾销"，即产品以低于正常价值（normal value）的方式进入另一国商业。对"正常价值"的确定有三种方法：①出口国国内市场上的实际销售价格，这是最基本的一种方法；②出口国向第三方出口该种产品或相似产品的价格；③结构价格，即该生产国的生产成本加上合理的管理、销售和一般成本及利润。需要注意的是，上述正常价值的确定方法仅适用于对市场经济国家产品的正常价值或公平价值的确认。

由于相关条款的模糊性，反补贴税和反倾销税已成为有关国家的重要贸易保护手段。例如，自 2017 年 1 月特朗普政府执政以来到 2021 年 1 月，美国商业部进行了 182 次新的反倾销和反补贴税调查，与奥巴马政府同期相比，增长了 231%。2019 年 3 月 6 日，美国厨房橱柜联盟提出申诉，要求联邦商务部和美国国际贸易委员会对中国的进口橱柜、浴室柜展开"双反"调查，理由是中国产品制造商获得政府的非法补贴，并以不公平的价格在美国市场构成倾销，对美国同类制造产业造成的损失在 20 亿~40 亿美元。2019 年 8 月 6 日，美国商务部对中国橱柜、浴室柜产品做出反补贴调查初裁结果，江苏弘嘉木业有限公司、大连美森木工有限公司、日照富凯木业有限公司三家中国企业反补贴税率为 10.97%、16.49%、21.78%，其他配合美国调查但未被挑选进行单独检查的中国企业反补贴税率为 16.41%，不配合美国商务部调查的中国企业反补贴税率为 229.24%。

2. 特惠税

特惠税（preferential duties）是指对来自某个国家或地区的全部或部分进口商品征收特别优惠的低关税或零关税，其税率低于最惠国税率。特惠税有的是互惠的，有的是非互惠的。

提供和享受特惠税的国家或地区往往存在特别密切的联系。第二次世界大战前，特惠税主要在宗主国与殖民地附属国之间推行，目的在于保证宗主国在殖民地附属国市场上的优势；英国、法国、葡萄牙、荷兰、比利时、美国等与其殖民地附属国之间都实行过这种关税。最有名的特惠税是1932年英联邦国家在渥太华会议上设立英联邦特惠税，它是英国确保获取廉价原料、食品和销售其工业品，垄断其殖民地附属国市场的有力工具。

第二次世界大战后，最有名的非互惠特惠税案例是《洛美协定》（Lomé Convention）。1975年，欧共体同非洲、加勒比和太平洋地区（简称非加太地区）的46国在多哥首都洛美签署该协定，后经多次续订。该协定规定，欧共体在免税和不限量的条件下接受来自非加太地区国家集团发展中国家的全部工业品和绝大多数农产品的进口。2000年2月，非加太地区国家集团和欧盟就第五期《洛美协定》达成协议，并于同年6月在科托努正式签署，称《科托努协定》（Cotonou Agreement），《洛美协定》就此宣告结束。经欧盟15国和非加太地区国家集团76国政府正式批准，《科托努协定》自2003年4月1日起正式生效，有效期为20年，每5年修订一次。

互惠的特惠税一般在区域贸易协定或双边贸易协定成员间根据协定实行，这里的"互惠"不一定是对等的相同税率。2013年，根据我国与有关国家或地区签署的贸易或关税优惠协定、双边换文情况以及国务院有关决定，对老挝等东南亚3国、苏丹等非洲30国、也门等7国，共40个联合国认定的最不发达国家实施特惠税率。

3. 普遍优惠税

普遍优惠税（GSP duties）即在普遍优惠制（Generalized System of Preferences, GSP）下实施的优惠关税。

（1）普遍优惠制的产生。普遍优惠制是发达国家对来自发展中国家的进口给予普遍关税优惠的制度。战后广大亚非拉国家摆脱了殖民统治，取得政治独立，它们强烈要求发展民族经济，改善人民生活。但由于种种原因，发展中国家经济发展缓慢，对外贸易在世界贸易中的比重甚至下降。20世纪50年代，发展中国家在世界出口中的比重为32%，60年代中期下降为20%左右。发展中国家认为，发达国家应对扩大来自发展中国家的进口承担责任。在发展中国家的倡导和推动下，首届联合国贸发会议（United Nations Conference on Trade and Development, UNCTAD）于1964年在日内瓦召开[⊖]。会上77国集团（The Group of 77）发表联合宣言，要求发达国家给予发展中国家普遍优惠关税待遇，发达国家以普惠制破坏最惠国待遇原则为由予以拒绝。发展中国家继续努力，终于于1968年在新德里召开的第二届联合国贸发会议上通过了建立普惠制的决议。

（2）普惠制的原则与目标。

1）普惠制的原则。普惠制的主要原则是普遍性、非歧视性和非互惠性。普遍性是指发达国家对发展中国家出口的制成品和半制成品普遍给予关税优惠；非歧视性是指所有发展中国家均享受优惠;非互惠性是指发达国家单方面向发展中国家提供关税优惠,不要求发展中国家提供反向优惠。

2)普惠制的目标。普惠制的目标是扩大发展中国家制成品和半制成品的出口,增加其财政收入,促进发展中国家工业化进程,加快经济增长。

(3)普惠制方案的主要规定。1970年10月,联合国贸发会议特别委员会做出决议,由每个发达国家制定各自的普惠制方案。当时的欧共体于1971年7月1日率先实施普惠制方案,其他给惠国家于1971年—1976年先后实施各自的方案。2012年10月31日,欧盟委员会公布了新的普惠制方案,将受惠国家和地区数量由原来的176个减少到89个。根据新方案,这89个受惠国家和地区将包括49个最不发达国家、40个低收入和中低收入贸易伙伴。新方案是由欧盟委员会2011年5月提出的,此后得到欧盟理事会、欧洲议会以及成员方的批准,新方案已于2014年1月1日生效。普惠制方案主要包括以下几个方面的规定:

1)受惠国家或地区。普惠制的非歧视原则没有得到完全彻底的贯彻,每个普惠制方案都有受惠国家(地区)名单。受惠国家(地区)由给惠国根据发展中国家(地区)的经济状况和政治态度单方面决定。

2)受惠产品。普惠制的普遍性原则也未得到完全贯彻,许多给惠国都公布有受惠产品清单,其中农产品受惠产品较少,工业产品一般都享受优惠,少数不能享受优惠的产品列入排除清单。

3)关税优惠幅度。优惠幅度是指受惠产品的普惠制税率低于最惠国税率的幅度。总体上看,工业品的优惠幅度大于农产品。

4)给惠国保护措施。给惠国为了保护国内生产,在向发展中国家(地区)进口提供优惠的同时,又做出一些保护性规定。例如,免责条款(escape clause)规定,若受惠产品进口量增加,对国内同类产品或有竞争关系的产品的生产造成或即将造成严重损害时,给惠国有权完全或部分取消给予的关税优惠;还有"毕业条款"(graduation clause),即当某些发展中国家(地区)或其某些产品的竞争力已经相当强时,给惠国将取消这些国家(地区)或产品享受优惠的资格。1989年1月1日美国就取消了新加坡、韩国以及我国香港、台湾享受其普惠制的资格;而根据欧盟2014年生效的新普惠制方案规定,当某受惠国家(地区)某类受惠产品的进口超过欧盟同类产品进口总额的17.5%,该国家(地区)此类产品的出口将失去受惠资格(纺织品和服装的比例为14.5%)。

5)原产地规则。只有来自规定的受惠国家(地区)的产品才有资格享受优惠。某一受惠国家(地区)的出口产品,如果不含有任何进口成分,或含有进口成分(原材料、零部件)但经本国家(地区)加工发生实质性改变,均视为原产于该国家(地区)的产品,有资格享受普惠制优惠。

判定产品是否有实质性改变,常用的有两种标准:一是加工标准,二是增值标准。按加工标准,如果进口成分与加工后的产品在海关税则中税号不同,则认为进口成分已经经过实质性改变,完成最后加工工序的国家(地区)为该产品的原产国家(地区)。例如,欧盟规定完全得自出口国或在该国家(地区)得到充分加工处理的产品符合原产地标准,前者包括矿产品、蔬菜、渔猎产品等,后者要看该类产品在协调制度(HS)中的改变情况。增值标准根据进口成分在制成品价值中的比例确定是否经过实质性改变,美国、澳大利亚、新西兰曾采用这一标准。美国规定受惠国家(地区)原材料成本和直接加工成本占到出口品最终产品价值的 35% 以上，可视为原产于该国家（地区）的产品。受惠国家（地区）要求享受普惠制待遇的出口产品，报关进口时必须提供统一格式的普惠制原产地证书，称为 Form A。

四、关税的征收

（一）关税的征收分类

按照关税的征收方法，关税主要有从量税、从价税，以及在这两种基础上派生出的复合税、选择税，另外还有差价税等。

1. 从量税

从量税（specific duty）是以商品的重量、数量等计量单位为标准征收关税。从量税的优点是计税方便，从量税额＝商品数量×单位从量税额；其缺点是税负不甚合理，随着产品档次和性能的提高和通货膨胀的影响，进口品的到岸价格会提高但从量税额不变，从而造成从量税实际税负降低，既影响财政收入，又影响保护效果。

2. 从价税

从价税（ad valorem duty）是以商品的价格为标准征收关税。第二次世界大战以前，资本主义国家普遍采用从量税，战后改为从价税。其优点是应纳税额确定为商品价值的一定比例，税负公平、税率明确，便于国际比较；其缺点是完税价格的确定较为复杂。

完税价格由海关依据进口国关税法规审查进口申报后确定，称为海关估价（customs valuation）。为了避免进口国滥用海关估价对贸易产生不利影响，GATT 第 7 条对海关估价的原则做了规定，"乌拉圭回合"达成的《海关估价协议》规定了海关应依次以以下六种价格为基础确定完税价格：①成交价格；②相同商品成交价格；③相似商品成交价格；④进口国售价推算价格；⑤合成价格（即用原料和制造成本加利润和管理费用）；⑥其他合理价格。如以上方法不能确定进口货物的完税价格，海关可以使用与 GATT 原则一致的方法合理确定。

3. 复合税

复合税（compound duty）也称混合税，即对同一商品同时征收从量税和从价税，有的以从价税为主加征一定的从量税，有的则以从量税为主加征一定比例的从价税。复合税一般只适用于个别商品，绝大多数商品从价征税。

4. 选择税

选择税（alternative duty）是指对同一进口货物同时订有从价税和从量税两种税率，由海关根据有关法规选择其中一种征税。通常选择税额较高的一种；如为了鼓励进口，则会选择税额较低者。

5. 差价税

差价税（variable levy）是按国内市场和国际市场的价格差额对进口商品征收的关税，是一种可变关税。

一个典型的例子是欧盟国家对农产品进口征收的关税。欧共体成立后，为促进本地区农业的发展和保护农场主的利益，实施共同农业政策，制定了高于世界市场农产品价格的目标价格（target price），作为干预欧共体农产品市场价格的基准。为了免受外来低价农产品的冲击，欧共体对农产品实行差价税。具体做法是：用目标价格减去从内地中心市场到主要进口港的运费，确定可接受的最低进口价格，称为门槛价格（threshold price）；然后计算农产品从世界主要市场运至欧共体主要进口港的成本加运费加保费价（CIF），门槛价格与 CIF 的差额即为农产品差价税的征税幅度。如果世界市场农产品价格下降，欧盟的差价税将相应上调，以保证欧盟市场农产品价格维持在所确定的水平。

（二）海关税则

海关税则（customs tariff）又称关税税则，是一国海关对进出口商品征收关税的依据。它由两部分构成：一部分是国家有关关税的规章条例及说明；另一部分是关税税率表。关税税率表一般包括税则号列、货物分类目录和税率三个部分。

1. 海关税则的分类

根据关税税率的差别适用情况，海关税则可分为单式税则和复式税则。在单式税则中，一个税目只有一栏税率，适用于来自所有国家的进口，没有差别待遇。目前只有少数国家实行单式税则。在复式税则中，一个税目有多栏税率，分别适用于来自不同类型国家的进口，能够体现国别政策。大多数国家采用复式税则。

根据制定和调整税率的权限，海关税则可分为自主税则和协定税则。自主税则的税率由本国自主确定。协定税则的税率则通过与其他国家或地区签署协定的方式确定。

2. 海关税则商品分类目录

进出口商品种类繁多，系统分类非常必要。为了便于从事国际贸易和国际合作，世界各国逐渐采用统一的分类方法。第二次世界大战后一直到 20 世纪 80 年代末，各国普遍采用的是《海关合作理事会税则目录》（Customs Cooperation Council Nomenclature，CCCN）。

另外，出于贸易统计和研究的需要，联合国经社理事会下设的统计委员会于 1950 年编制公布了《国际贸易标准分类》（Standard International Trade Classification，SITC）作为国际贸易统计对比的标准分类，建议各国采纳。我国自 1980 年起采用该分类进行贸易统计。

上述两种分类并存，有诸多不便。海关合作理事会从 1970 年开始着手制定能够满足征税、统计等多方需要的商品分类目录，于 1983 年完成，称作《商品名称及编码协调制度》（Harmonized Commodity Description and Coding System），简称协调制度（HS）。该制度于 1988 年 1 月 1 日生效。生效后的协调制度目录取代原《海关合作理事会税则目录》，每 4~6 年修订一次，目前采用的是 2022 年版。协调制度目录分 21 类、96 章、1241 项目、5609 子目。我国自 1993 年起采用 HS 编制海关商品编码。

五、关税的保护程度

关税的保护程度与税率的高低有关，但并非关税越高，保护程度越高。关税的实际保护程度取决于关税税率和关税结构两个因素。关税的保护程度又称关税保护率，可分为以下两种：

（一）名义保护率

名义保护率（nominal rate of protection）是指征收关税后进口货物价格提高的比率。

通常，名义保护率等于名义关税。名义关税的保护作用是通过提高进口品的价格，从而影响消费者的消费选择来实现的。进口品价格因征收关税而提高，部分消费者将从消费进口品转向国产品，从而起到保护国内产业的作用。

但是，要真正保护国内产业，必须使国内生产厂商因征收进口关税而获益。仅从某产品名义关税的高低无法准确判断有关生产厂商是否获益，关税保护是否有效。

（二）有效保护率

有效保护率（effective rate of protection，ERP）是征收关税后国内某项产业增值提高的比率。

增值（value-added）是产品价格扣除生产资料投入后的部分，可以视作生产要素的报酬。如果征收关税后，国内工业加工增值增加，国内生产将会扩大，保护就是有效的。增值提高越大，保护越有效。

征收关税后国内加工增值如何变化，不仅取决于产品关税的高低以及价格的变化，而且取决于中间投入品的税率及价格变化。因此，有效保护率与关税结构（tariff structure）有关。关税结构是指相关行业不同产品进口关税税率的高低关系，主要是同一行业原料、半制成品和最终产品的税率结构。

只有一种中间投入品时，有效保护率可用以下公式计算：

$$\text{ERP} = \frac{V_1 - V_0}{V_0} = \frac{t_f - a t_i}{1 - a} \tag{7-1}$$

式中，V_0 和 V_1 分别表示征税前后的增值；t_f 表示最终产品的名义关税；t_i 表示某种中间投入品的名义关税；a 表示自由贸易条件下中间投入品在最终产品价格中的比重；$1-a$ 则为加工增值所占比重。

ERP 计算公式推导如下：

设 P 为自由贸易条件下最终产品价格，aP 则是自由贸易条件下投入品价格。

$$V_1 = P(1+t_f) - aP(1+t_i)\ ;\ V_0 = P(1-a) \tag{7-2}$$

$$\text{ERP} = \frac{V_1 - V_0}{V_0} = \frac{P(1+t_f) - aP(1+t_i) - P(1-a)}{P(1-a)} = \frac{t_f - a t_i}{1-a} \tag{7-3}$$

下面通过毛线加工业的简单例子说明有效保护率及其与关税结构的关系。

假定在自由贸易条件下，1kg 毛线价格 20 元，羊毛投入 15 元，$a = 3/4$，$1-a = 1/4$。对毛线和羊毛征收不同的关税，对毛线加工增值的影响不同，有效保护程度不同。

第一种情况：毛线进口关税 $t_f = 10\%$，羊毛进口免税 $t_i = 0$。

$$\text{ERP} = 10\% \div 1/4 = 40\%$$

第二种情况：毛线进口关税 $t_f = 10\%$，羊毛进口关税 $t_i = 10\%$。

$$\text{ERP} = (10\% - 3/4 \times 10\%) \div 1/4 = 10\%$$

第三种情况：毛线进口关税 $t_f = 10\%$，羊毛进口关税 $t_i = 20\%$。

$$\text{ERP} = (10\% - 3/4 \times 20\%) \div 1/4 = -20\%$$

从第一种情况到第三种情况，在最终产品进口税率不变的情况下，中间投入品关税不断提高，有效保护率不断下降。第三种情况下有效保护率为负值，说明征收关税使本国毛线加工业增值下降，对毛线加工业保护无效。

一般来讲，关税结构与有效保护率的关系如下：

如果 $t_f > t_i$，则 $\text{ERP} > t_f$。

如果 $t_f = t_i$，则 $\text{ERP} = t_f$。

如果 $t_f < t_i$，则 $\text{ERP} < t_f$。

由此可见，关税的有效保护程度与关税结构有关。要提高或降低有效保护程度，就要改变关税结构。要提高对某项加工业的保护程度，或者提高最终产品进口税率，或者降低中间投入品进口税率。在各国关税水平不断下降的情况下，有效保护率可以通过最终产品和中间投入品进口税率的下调幅度予以调整。

如果投入的中间产品不止一种，则有效保护率的公式可以扩展为

$$ERP = \frac{t_f - \sum a_i t_i}{1 - \sum a_i} \qquad (7\text{-}4)$$

式中，t_f 表示最终产品的名义关税；t_i 表示第 i（$i=1$，2，$\cdots$）种中间投入品的名义关税；a_i 表示自由贸易条件下第 i 种中间投入品在最终产品价格中的比重。

发达国家关税结构一般具有随生产加工深度的增加提高关税税率的特征，称为关税升级（tariff escalation）。发达国家对初级产品进口实行低关税，对制成品实行较高的关税，鼓励发展中国家出口初级产品，对其制成品的出口却形成壁垒。关税升级对发展中国家扩大制成品出口产生不利影响，如表 7-1 所示。

表 7-1　"乌拉圭回合"后工业化国家自发展中国家进口的关税升级

产品	名义关税
全部工业产品（不包括石油）	
原材料	0.8%
半制成品	2.8%
最终产品	6.2%
全部热带工业产品	
原材料	0
半制成品	3.5%
最终产品	2.6%
自然资源型产品	
原材料	2.0%
半制成品	2.0%
最终产品	5.9%

资料来源：GATT《乌拉圭回合多边贸易谈判结果最后文件》，1994。

第三节　关税的经济效应

本节将分析进口关税对进口国生产者、消费者和国家整体福利的影响。由于不同国家对世界市场价格的影响力不同，进口关税对该国福利的影响也有差别。下面的分析将国家分为两种类型：如果一国某产品的进出口数量在世界贸易总量中的比重很小，其进出口数量的改变对世界市场有关商品的价格几乎没有影响，则该国属于贸易小国；如果一国某产品在世界贸易总量中的比重很大，其进出口数量的变化会影响世界市场有关商品的价格，则该国属于贸易大国。

一、小国的关税效应

1. 自由贸易条件下生产与消费均衡

图 7-1 描述了一个贸易小国对 Y 产品进口征收关税前后的生产和消费均衡。S^d 和 D^d 分

别是该国国内供给和需求曲线。封闭条件下的供求均衡点在 E，Y 的产量为 Q_0，价格为 P_0。在开放自由贸易后，由于是进口小国，该国面对一条水平的世界供给曲线 S^w，即该国进口量的变化对世界市场 Y 产品的价格 P_w 没有影响。世界市场价格 P_w 低于该国封闭条件下的国内价格 P_0，开放自由贸易后该国将进口 Y 产品。在 P_w 价格条件下，S^w 与 S^d 和 D^d 分别相交于 Z 点和 F 点，该国消费 Q_1 数量的 Y 产品，其中 Q_2 数量的 Y 产品由本国生产，其余 Q_1-Q_2 数量的 Y 产品由进口满足。与封闭条件下相比，自由贸易条件下，该国 Y 产品的消费量从 Q_0 增至 Q_1，价格从 P_0 降至 P_w，但国内 Y 产品的产量自 Q_0 下降至 Q_2。

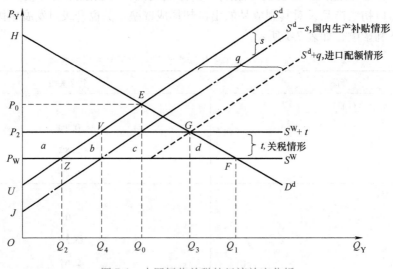

图 7-1　小国征收关税的经济效应分析

2. 征收关税后的生产和消费均衡

自由贸易对本国生产的影响产生贸易保护主义压力。假定为了改善国内生产状况，进口国政府决定对 Y 产品进口征收关税，每单位 Y 产品进口征收 t 数额的关税。在征收关税的情况下，该国面临的供给曲线由 S^w 变为 S^w+t，Y 产品的国内价格由 P_w 变为 P_2（即 P_w+t）。新的供求均衡点变成 G，该国 Y 产品的消费总量自 Q_1 降为 Q_3，其中国内厂商供应 Q_4 单位，进口量为 Q_3-Q_4 单位。与征收关税前的情况相比，Y 产品的国内生产自 Q_2 增至 Q_4，进口量减少。

3. 进口关税的福利效应

征收关税对生产者和消费者的影响不同，可以通过生产者剩余（producer surplus）和消费者剩余（consumer surplus）的变化来观察关税对两者的影响。生产者剩余是指生产者出售其商品时实际获得的价格超过其可接受的最低价格的部分。消费者剩余是指消费者购买商品时实际支付的价格低于其愿意支付的价格的部分。

（1）消费者福利的变化。自由贸易条件下，该国 Y 产品的消费量为 Q_1，价格为 P_w，消费者剩余是 HFP_w；征收关税后，Y 产品的消费量降至 Q_3，价格为 P_2，消费者剩余为 HGP_2，与征税前相比减少了 $a+b+c+d$ 部分。消费者剩余的减少表明进口关税对消费者的福利产生了负面影响。

（2）生产者福利的变化。自由贸易条件下，该国 Y 产品的产量为 Q_2，价格为 P_w，生产

者剩余是 UZP_W；征收关税后，Y 产品价格上升为 P_2，国内产量增至 Q_4，生产者剩余为 UVP_2，与征税前相比增加了 a 部分。生产者剩余的增加表明进口关税对生产者的福利产生了有利影响。

（3）关税的财政收入效应。自由贸易条件下，政府没有来自关税的收入。征收关税后，政府的财政收入增加 c 部分，等于进口数量 Q_3-Q_4 与进口税率 t 的乘积。

（4）关税的总体福利效应。由于征收关税，该国消费者剩余减少 $a+b+c+d$ 部分。其中，a 部分转化为生产者剩余，因而不是该国福利的净损失，而是社会福利的再分配。c 部分成为政府的财政收入，也不是该国福利的净损失，因为政府如果没有关税收入，可能会增加其他税收。关税增加而其他税收减少，消费者福利不变。而 $b+d$ 部分没有转化为社会其他群体的收入或福利，因而是该国福利的净损失。其中 b 部分是生产性净损失，由于实施关税保护，国内生产增加，但国内生产成本高于国外成本，形成资源的低效利用和浪费；d 部分是消费性净损失，由于国内消费数量减少和价格提高给消费者造成的损失，无处弥补。

因此，贸易小国征收关税，对生产者有利，但消费者利益受损，整个国家存在净福利损失。

二、大国的关税效应

1. 自由贸易条件下的生产与消费均衡

图 7-2 描述了一个贸易大国对 Y 产品进口征收关税前后的局部均衡。封闭条件下，该国的供求曲线是 S^d 和 D^d；自由贸易条件下，该国对 Y 产品的需求面对的供给曲线是 S^W，该曲线向右上方倾斜，与进口小国的情况不同。大国的进口可以影响外国对该产品的供应价格，进口减少会使世界市场 Y 产品价格下降。自由贸易条件下，该国的供求均衡点在 C，国内 Y 产品的消费量是 Q_0，价格为 P_0，其中本国生产 Q_1，进口量为 Q_0-Q_1。生产者剩余和消费者剩余分别是 GFP_0 和 ECP_0。

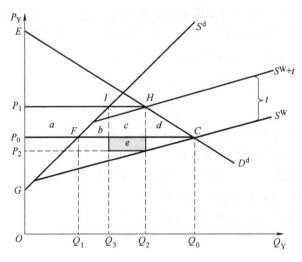

图 7-2　大国征收关税的经济效应分析

2. 征收关税后的生产与消费均衡

现在该国对 Y 产品进口征收关税，从量税率为 t。这样该国面临供给曲线上移，变成

S^W+t，国内消费者支付的价格包括外国供应商索要的价格和进口关税。新的均衡点在 H。国内 Y 产品的价格上升为 P_1，消费量减少为 Q_2，其中国内供应量增长为 Q_3，进口量减少为 Q_2-Q_3。生产者剩余和消费者剩余分别是 GIP_1 和 EHP_1。与征收关税前相比，生产者剩余增加 a 部分，消费者剩余减少 $a+b+c+d$ 部分。其中，a 部分是消费者与生产者之间的收益再分配，这是关税的收入再分配效应；b 部分是由于国内价格提高使国内低效率厂商扩大生产造成的生产性净损失；c 部分是政府的关税收入；d 部分是由于消费量减少和消费价格提高造成的消费性净损失。到此为止，上述分析与小国的情况是基本相同的，$b+d$ 是该国消费者福利的净损失。

然而，在进口大国的情况下，c 并不是政府关税收入的全部。关税收入总额等于进口总量 Q_2-Q_3 与单位税额 t 的乘积，t 等于 S^W 和 S^W+t 之间的垂直距离。因此，c 部分只是政府关税收入的一部分，该部分由国内消费者承担，消费者付出了比自由贸易条件下较高的价格，$P_1>P_0$。政府关税收入的另一部分是 e，e 部分由外国出口商承担，因为出口商获得的价格低于自由贸易条件下的价格，$P_2<P_0$。

为什么出口价格在进口国征收关税后下降？因为征收关税后，进口国国内价格提高，本国生产增加，进口量减少。该国为进口大国，进口量减少，影响到世界市场对该种产品的需求，国际市场价格因而下降。

因此，进口大国征收关税存在贸易条件改善效应，进口国因此增加政府关税收入 e。该国福利的最终变化将取决于消费者福利的净损失 $b+d$ 和贸易条件改善效应 e 的比较。如果 $b+d<e$，则该国净福利增加；如果 $b+d>e$，则该国净福利减少。

以上分析说明，进口大国征收关税的效应与进口小国有所不同，大国有可能通过征收关税提高本国净福利水平。从理论上讲，进口大国可以确定某一关税税率使本国获得的净福利最大化，称为最优关税（optimum tariff）。

不管征收关税对本国福利的影响如何，关税对世界净福利的影响都是负面的。征收关税增加了世界交易成本，生产和消费都偏离了最优状态，损失了一部分得自自由贸易的利益；而且，通过征收关税改善本国福利是以贸易伙伴福利的减少为代价的，是一种以邻为壑的政策（beggar-thy-neighbor policy），容易招致他国的报复。

 本章思考题

1. 发达国家一般在什么情况下采取贸易保护政策？
2. 举例说明重商主义的贸易政策措施。
3. 关税的基本作用是什么？它对一国的经济福利有哪些影响？
4. 反倾销税的征收可能产生的影响有哪些？
5. 试析一国征收关税对商品相对价格的影响及其经济效应。

第八章

进口贸易政策——非关税

关税曾经是世界各国限制进口的主要措施。然而第二次世界大战之后，在关贸总协定（GATT）的主持下，经过八轮多边谈判，各缔约国的平均关税税率普遍大幅降低，关税的保护作用越来越小。由于生产力水平不同、国际贸易地位不同，各国在自由贸易中贸易利得的差距很大。为了适应贸易保护发展的需要，各国实行贸易保护的手段逐步由关税转向了形式多样、名目繁多的非关税壁垒。特别是近些年，新型非关税壁垒更是对国际贸易自由化产生了不小的冲击。

第一节　非关税壁垒概述

一、非关税壁垒的含义及发展趋势

非关税壁垒（non-tariff barriers，NTB）又称非关税贸易壁垒，是指除关税以外，对本国的对外贸易活动进行调节、管理和控制的一切政策和手段的总和。其目的就是在一定程度上限制进口，保护国内市场和国内产业发展。

关税壁垒作为一种贸易保护手段，早已为世界各国广泛使用。从理论上来说，是存在高关税税率的，但实践中，过高的关税难以全面、长期维持，对于小国而言，征收关税更是有害无益。鉴于此，资本主义国家采用进口配额、进口许可证和外汇管制等非关税壁垒措施，有效抑制了外国商品的倾入。

自 20 世纪 30 年代资本主义经济危机以来，关税壁垒显现出固有的局限，即对于不计成本的外国商品倾销，关税壁垒难以有效、完全抵制，因此，非关税壁垒的产生已成必然。20世纪 70 年代中期以来，新一轮的资本主义经济危机形成了新贸易保护主义的巨大压力。为恢复和发展经济，资本主义发达国家纷纷转而采用更为隐蔽的非关税壁垒措施，作为保护国内工业和市场、抵制外国商品进口的重要手段。广大发展中国家则为了摆脱发达国家的经济控制、剥削和掠夺，运用各种非关税措施限制非必需品与高竞争性外国产品的进口，逐渐形成与 WTO 宗旨相悖的、处于 WTO 法律原则和规定边缘或之外的歧视性贸易措施，在一定程度上构成了对国际贸易体系的威胁。20 世纪 90 年代以来，在 WTO 不懈努力下，传统的非关税壁垒已大为减少，非关税壁垒领域呈现新的发展趋势，战略性反倾销手段、技术性贸易壁垒、进口数量限制、绿色贸易壁垒等披着合法外衣的新型非关税壁垒成为主流。

1. 战略性反倾销手段不断增加

反倾销的最初目的在于抵制国际贸易中的不公平行为、消除价格歧视。但某些国家却将其作为战略竞争手段，借此打击竞争对手、阻碍对手发展壮大，为反倾销涂抹上浓重的贸易保护色彩。从其发展趋势来看，反倾销措施将成为 21 世纪国际贸易壁垒的主导措施。

2. 技术性贸易壁垒迅速发展

WTO《技术性贸易壁垒协议》并不否认技术性贸易壁垒（technical barriers to trade, TBT）的合理性和必要性，允许各国根据自身特点制定与别国不同的技术标准。这令发达国家获得了合法使用 TBT 的便利条件。以信息技术创新应用为代表的第四次工业革命兴起，意味着新的技术标准将不断涌现，并被不断地纳入新的技术法规。技术创新使检测设备、手段、方法更加先进，一些 WTO 发达成员运用 TBT 的水平也逐渐提高，对进口产品的标准规定越来越细，要求也越来越高。从涉及领域来看，TBT 从生产领域，逐渐扩张至贸易领域，从有形商品扩张到金融、信息等服务，以及投资、知识产权的各个领域。

3. 数量保障实施使用频繁

数量保障措施的形式主要有进口配额、自愿出口限额和进口禁止。数量保障措施的出口限制作用具有直接、迅速的特点。因此，许多西方国家针对发展中国家对外贸易迅速发展的特点，作为攻击他国出口商品的"数量激增"手段。其中，最具威胁力的措施之一就是专门针对中国制定的"特保条款"。近年来，欧盟、美国等我国主要出口国出现了这样一种趋势，即当找不到合适的理由实施技术性贸易壁垒和反倾销措施时，就会转求助于"特保条款"。

4. 绿色贸易壁垒名目激增

贸易与环境问题正日益受到国际社会、各国政府及人民的关注，成为国际政治、经济领域的焦点问题之一。因此，西方发达国家利用绿色浪潮席卷全球与世界绿色经济兴起的趋势，打着保护自然资源、保护环境和人类健康的旗帜，制定了一系列复杂、苛刻的环保制度和标准，对来自别国或地区的产品及其服务设置屏障。例如，北欧四国（丹麦、芬兰、挪威、瑞典）的"白天鹅制度"、欧盟的"EU 制度"、日本的"生态标志制度"等。

5. "灰色"区域措施使用

优惠性原产地规则和政府采购政策等灰色措施仍然游离于 WTO 多边约束规则之外，从而被大多数成员作为贸易保护手段广泛运用。由于原产地规则和政府采购政策背后都隐藏着巨大的经济利益，因此各个国家政府通过制定各类的法律法规来限制其他国家产品的进口，以达到保护本国生产商利益的目的。

6. 劳工标准和动物福利兴起

劳工标准和动物福利这两项措施虽然还未被纳入国际贸易制度中，但是发达国家为了削弱发展中国家的劳动力和原材料比较优势，一直力图使其正式成为 WTO 的制度，而且目前已经逐步开始使用该措施来限制发展中国家的出口。由于我国的产品结构属于劳动密集型居多，而劳工标准主要是针对劳动密集型产品，这无疑将对我国的外贸发展带来巨大影响。

二、非关税壁垒的特点

与关税相比，非关税壁垒具有以下特点：

1. 制定实施更灵活、针对性更强

关税税率的制定必须通过立法程序，具有相对稳定性。如果要调整或更改税率，往往需要经过比较烦琐的法律程序和手续，这也决定了关税措施不适用于紧急限制进口的情况。在多边贸易体制下，一国对关税的调整或更改要受到多边协议的约束，牵涉面广，灵活度低。关税税率的制定往往针对某一类商品，很难再做更具体的划分。而非关税措施通常采用行政程序，由政府行政部门制定实施，使用比较简单灵活、简便迅速，可以随时针对某国某种商品采取或更换相应措施，达到特定的限制进口的目的。

2. 种类多范围广、限制作用直接有效

非关税措施已经从 20 世纪 60 年代末的 850 多项增加到目前的近 4000 项，且随着科技进步仍在不断增加。与进出口商品服务、进出口程序等有关的各种法律规定、行政管理措施、技术标准的适用范围十分广泛。与关税措施相比，非关税措施能够直接限定进口数量，限制作用更直接有效。关税措施通过征收关税提高商品成本和价格，削弱市场竞争力，但对不惜蚀本的进口商品无效；而非关税措施如进口配额，预先限定进口的数量，对超过限额征收高额关税甚至禁止进口，对任何进口限制商品均有效。

3. 制定环节更为隐蔽、形式上更加合法

一方面，从税率制定到征收办法，关税措施的各个环节都必须高度透明。关税税率一旦确定，必须在《海关税则》中公布，使任何国家出口商都可以了解，容易掌握和应对。而非关税壁垒涉及的多为各种产品标准、技术标准、环境标准等极为烦琐、复杂的标准手续，并常处于变化中，具有很强的隐蔽性，外国出口商难以应对和适应。另一方面，随着经济发展和人民生活水平的提高，保护消费者的健康安全、保护自然环境不仅符合社会发展的要求，也符合 WTO 的宗旨和规定。因此，非关税措施以国际、国内公开立法为基础，以保护消费者的健康安全、保护自然环境为名，制定出种类繁多的检验程序、技术标准，既可以达到限制进口的目的，在形式上也是合法的。

三、非关税壁垒的作用

非关税壁垒对发达国家和发展中国家起着不同的作用。

对发达国家来说，非关税壁垒的作用主要体现在三个方面：①作为防御性武器来限制外国商品进口，用以保护国内失去比较优势的部门和产业，或者保护国内垄断资本以获取高额垄断利润；②作为进攻性武器在国际贸易谈判中作为筹码，逼迫对方让步，以争夺国际市场；③用作对其他国家实行贸易歧视的手段，甚至作为实现政治利益的手段。总之，发达国家设置非关税壁垒是为了保持其优势地位，压制发展中国家的崛起，维持不合理的国际经济贸易关系，具有明显的剥削性。

与发达国家不同，发展中国家广泛使用非关税壁垒，其主要作用有以下五方面：①限制非必需品进口，节省外汇，以发展经济；②限制、削弱进口产品的竞争力，以保护民族工业和幼稚工业；③作为宏观调控经济的手段，以调节国际收支；④作为报复手段，回应发达国家的贸易歧视，不得已而为之；⑤合理利用 WTO 对发展中国家的优惠待遇条款，以发展民族经济，壮大自己。当前大多数发展中国家使用非关税壁垒存在的主要问题为被动模仿发达国家的非关税措施，很少根据自己的国情，充分利用 WTO 对发展中国家的优惠待遇条款，因地制宜，主动设置非关税壁垒。

第二节　传统非关税壁垒

国际贸易中的非关税壁垒范围宽泛、形式多样、名目繁多。传统非关税壁垒主要是通过直接的数量限制或采取国内措施以达到限制进口的目的。从影响方式及程度的角度分类，传统非关税壁垒可分为直接影响性非关税壁垒与间接影响性非关税壁垒。

一、直接影响性非关税壁垒

直接非关税壁垒也称直接数量限制，是指出于保护国内产业、加强国内产业在国外市场竞争力的考虑，而采取的对进口产品数量或金额的限制，或迫使出口国直接限制商品出口的措施，如实行进口配额制、"自愿"出口限制、进口许可证制等。这类措施对进口贸易的限制直截了当。

（一）进口配额制

进口配额制（import quotas system）又称进口限额，是一国政府在一定时期内对于某种商品的进口数量或金额所规定的限额。在规定的限额以内，商品可以进口，超过限额就不准进口，或征收较高的关税或罚款。进口配额是发达国家实行进口数量限制的重要手段之一。

根据控制的力度和调节手段，进口配额又可分为两种：绝对配额和关税配额。

1. 绝对配额

绝对配额（absolute quotas）即在一定时期内，对某些商品的进口数量或金额规定一个最高限额，达到这个限额后，便不准进口。为了实行差别待遇，有的国家除了规定进口配额外，还对各出口国分别规定不同的国别金额。因此，绝对配额在实施中又可分为全球配额与国别配额两种。

（1）全球配额（global quotas 或 unallocated quotas），又称总配额，属于世界范围的绝对配额，是指对一种商品只笼统规定一定时期内其进口的最高限额，但不做国别或地区分配，即对来自任何国家和地区的商品一律适用。配额公布后，按照进口商申请顺序或按照过去某一时期的实际进口额进行分配，直至总配额发放完毕为止。全球配额强化了进口商之间的竞争，易引发国家间的贸易摩擦。

（2）国别配额（country quotas），即在总配额内按国别和地区分配固定的配额，超过规定的配额便不准进口。进口国可以根据与有关国家和地区的政治经济关系情况分配不同的额度。为了区分来自不同国家或地区的商品，进口商必须提交原产地证书。

国别配额又可分为单边配额和双边配额。单边配额（unilateral quotas）又称自主配额（autonomous quotas），是由进口国单方面规定在一定时期内从某个国家或地区进口某些商品的配额。这种配额无须征得出口国同意，在参考该国过去某年的进口情况后，按比例确定新的进口数量，属于超歧视性国别政策。双边配额（bilateral quotas）又称协议配额（agreement quotas），是由进口国与出口国政府或民间团体协商、谈判后达成协议，规定某种商品的进口配额。双边配额是由双方协议制定的，通常不会引发出口国不满，在实践中，出口国能更好地配合配额的执行。目前大多数配额制都是双边配额。

2. 关税配额

关税配额（tariff quotas）是进口国将征收关税与进口配额相结合，对商品进口的绝对数额不加限制，而在一定时期内规定一定的进口关税限额，对额度内的进口商品给予低税、减税或免税待遇，对超过配额的进口商品征收较高的关税或附加税。关税配额实际上限制或禁止了超过配额外的商品进口。

按进口商品的来源，关税配额可分为全球性关税配额和国别性关税配额。前者不分国别来源，对所有商品一律适用；后者则根据不同国家的额度分别适用。按征收关税的目的，关税配额可分为优惠性关税配额和非优惠性关税配额。前者配额内进口商品适用优惠关税，配额外进口商品适用最惠国待遇税；后者配额内适用正常关税，配额外实施惩罚性关税。

（二）"自愿"出口限制

"自愿"出口限制（voluntary export restrains）又称"自动"出口限制或"自动"出口配额（voluntary export quotas），简称"自限制"。它是指出口国或地区在进口国的要求或压力下，"自愿"规定某一时期内（一般是3~5年）某些商品对该国的出口限额，在限定的配额内自行控制出口，超过限额即禁止出口。

"自愿"出口限制与进口配额制实质上是相同的，都是通过数量限制来控制进口，但也有许多区别。①形式不同。进口配额制是由进口国直接控制进口配额来限制商品的进口；而"自愿"出口限制是由出口国直接控制这些商品对指定进口国家的出口。②从表现形式看，"自愿"出口限制表面看好像是出口国自愿采取措施控制出口，而实际上其实是在进口国家的要求或压力下才采取的，并非出口国真正的"自愿"。进口国往往以某些商品的大量进口威胁到其国内某些产业的生存为借口，即所谓"市场扰乱"（market disruption），要求出口国实行"有秩序的增长"，并"自愿"限制出口数量，否则会采取更为严厉的进口限制措施。③从配额的适用范围看，进口配额制通常应用于另一国大多数供给者的出口；而"自愿"出口限制仅用于几个甚至一个特定出口者，具有明显的选择性。④适用期限不同。进口配额制适用时间相对较短，通常为1年；而"自愿"出口限制时限较长，通常为3~5年。

"自愿"出口限制主要有以下两种形式：

1. 非协定的"自愿"出口限制

这是指出口国政府并未受到国际协定的约束，自动单方面规定对有关国家的出口限额，限制商品出口。此种配额有的是由出口国政府规定并予以公布的，出口商须向政府主管部门申请，领取出口授权书或出口许可证后才能出口；有的由出口国的大型出口商或同业公会根据政府的政策意向来规定。

非协定的"自愿"出口限制下，出口国如不自动限制出口，进口国就会以严重损害或威胁本国工业为由，提高商品的进口关税或采取其他限制进口的措施；反之，进口国出于担心限制过严而遭到出口国的报复，继而允许出口国在一定条件下自行规定商品出口数量。因此，非协定的"自愿"出口限制实质上是进出口方实力较量后的一种妥协。

2. 协定的"自愿"出口限制

这是指进出口双方通过谈判签订"自限协定"（self-restriction agreement）或"有秩序的销售协定"（orderly marketing agreement），规定一定时期内某些商品的出口配额。出口国据此配额发放出口许可证（export license）或出口配额签证（export visa），自愿限制商品出口，进口国海关则进行监督检查。

作为非关税措施之一的"自愿"出口限制严重阻碍了国际贸易的发展。1986年9月开始的"乌拉圭回合"谈判将"自愿"出口限制列为减少和取消非关税壁垒谈判的重要内容之一。谈判结果则导致了对《关贸总协定》第19条的修订，以限制"自愿"出口限制的运用。

（三）进口许可证制

进口许可证制（import license system）是一种凭证进口的制度。国家为管制对外贸易，规定某些进口商品必须事先领取进口许可证，进口许可证必须注明进口商品名称、来源、数量、金额及有效期等。没有许可证一律不准进口。进口许可证制与进口配额制一样，也是一种进口数量限制，是运用行政管理措施直接干预贸易行为的手段。

实行进口许可证制，不仅可以在数量、金额和商品性质上进行限制，还可以控制来源国国别和地区，也可对国内企业实施歧视性对待，如发放许可证对垄断企业予以照顾。

（1）按与进口配额的关系，进口许可证可分为有定额的进口许可证和无定额的进口许可证。

1）有定额的进口许可证，即与进口配额制结合的许可证。管理当局预先规定有关商品的进口配额，在配额限度内，根据进口商申请逐笔发放具有一定数量或金额的许可证，配额用完即停止发放。此类进口许可证一般由进口国政府分配给提出申请的进口商，在与国别配额关联时，也可交于出口国方自行分配，继而转为出口配额许可证。有的进口国则要求进口商以出口国签发的出口许可证换取进口许可证，实现"双重管理"。

2）无定额的进口许可证，即进口许可证不与进口配额相结合。政府管理当局发放商品进口许可证时出于个别情况考虑，不公开具体的配额数量。由于没有公开的标准，此类进口许可证在执行上具有很强的灵活性，起到的限制作用更大。

（2）按进口管制的程度，进口许可证可分为公开一般许可证和特种进口许可证

1）公开一般许可证又称公开进口许可证、一般许可证或自动进口许可证，是指对国别或地区没有限制的许可证。凡属公开一般许可证下的商品，进口商只要填写此许可证即可获准进口。显然，这种许可证对进口管制最宽松，属于此类许可证的商品是"自由进口"的商品。填写许可证的目的不在于限制进口，而在于管理进口，如海关可直接对进口商品进行分类统计。

2）特种进口许可证又称非自动进口许可证。属特种进口许可证下的商品，进口商必须向政府有关当局提出申请，经逐笔审查批准后才能进口。这种进口许可证对进口的管制最严格，多数指定进口国或地区，适用于特殊商品以及特定目的的申请，如烟、酒、麻醉物品、军火武器或某些禁止进口物品。

二、间接影响性非关税壁垒

间接影响性非关税壁垒从表面上看是出于其他目的而制定的，比较含蓄，不易被发现，但仍被怀疑具有隐藏的限制贸易的动机，如质量标准、海关程序、检验标准等，从而间接起到限制进口商品数量的目的。

（一）外汇管制

外汇管制（foreign exchange control）是一国政府为平衡国际收支和维持本国货币汇率而对外汇进出实行的限制性措施，在我国又称外汇管理。负责外汇管理的机构一般都是政府授权的中央银行，但也有国家另设专门机构，如外汇管理局。国家通过外汇管制措施对外汇进行控制，等于把商品的进口掌握到自己手中。一般来说，实行外汇管制的国家，大都规定出口商必须把出口所得的外汇收入按官方汇价卖给外汇管制机构或其指定的银行；进口商进口商品时，必须从外汇管制机构按官定汇价申请购买外汇。国内禁止外汇自由买卖，对本国货币携带出入境也严格限制。通过控制外汇的供应数量，政府可以掌握进口商品的种类、数量和来源国别，达到限制进口的目的。当一国国际收支急剧恶化或发生金融危机，实行暂时性的外汇管制也是应对危机的有力措施。

对外贸易与外汇的关系十分密切，出口必然要收汇，进口必须要付汇。政府通过对外汇

有目的地进行干预，便可直接或间接影响进出口。利用外汇管制来限制进口的方式一般分为以下两种：

1. 数量性外汇管制

数量性外汇管制是指国家外汇管理机构对外汇买卖的数量直接进行限制和分配，旨在集中外汇收入、控制外汇支出，实施外汇分配，以达到限制进口商品品种、数量和国别的目的。有进口需要时，由进口商向国家外汇管理部门申请外汇额度，经批准后取得外汇，用以支付进口货款。

2. 成本性外汇管制

成本性外汇管制是指国家外汇管理机构对外汇买卖实行复汇率制度，利用外汇买卖成本的差异，间接影响不同商品的进出口。复汇率又称多元汇率或多重汇率，是指一国政府为达到某种政策目标而人为地、主动制定和利用两种及以上汇率制度。成本性外汇管制中通常采用公开复汇率制，即政府明确规定并公开不同商品的适用汇率。一般说来，普通汇率适用于允许进出口的商品，优惠汇率适用于鼓励进出口的商品，而惩罚性汇率则适用于限制性进口的商品。实施复汇率的目的是通过制定外汇歧视性价格，继而影响进口商品的成本，从而达到控制进口商品数量的目的。

一些国家同时运用数量性外汇管制和成本性外汇管制，使国家能更有效地控制外汇和商品进出口。

复汇率制度作为一种外汇管制措施，不仅容易造成经济效率的损失，而且不利于公平竞争关系的建立，容易滋生"寻租"行为和腐败问题，遭到竞争对手的报复。当前我国已成为全球第二大经济体、第一大外汇储备国，外汇管理逐渐法治化、市场化，市场汇率制度取代复汇率制度，外汇买卖等方面也进行了重大改革。这对于我国构建以国内大循环为主体、国内国际双循环的新发展格局具有积极意义。

（二）进口押金制

进口押金制（import advanced deposit system）又称进口存款制，是指为防止投机、限制进口，维持国际收支平衡而采取的一种经济措施，是一种通过支付制度限制进口的措施。进口押金又称进口保证金，进口商在进口货物运达以前，必须预先按进口金额的一定比例和规定的时间，在指定的银行无息存放一笔现金，方能获准报关进口。存款必须经一定时间后才发还给进口商。

对进口商而言，进口押金制一方面增加了资金负担，影响资金的正常周转；另一方面，利息的损失等于征收了进口附加税。进口商因周转资金减少并损失利息收入而减少进口，从而起到了限制进口的作用。例如，意大利政府从 1974 年 5 月到 1975 年 3 月，曾对 400 多种进口商品实行进口押金制度。其规定凡项下进口商品，无论来自哪个国家或地区，进口商都必须向央行缴纳相当于进口货值半数的现款押金，无息冻结 6 个月。据估计，这项措施相当于征收 5% 以上的进口附加税。目前这种措施的应用并不普遍。

（三）进口最低限价

进口最低限价（minimum import price）是指进口国对某一商品规定最低价格，进口价格如低于这一价格就征收附加税或禁止进口。附加税额即为进口价格和最低价格之间的差额。进口最低价格通常是确定在一个较高水平上的，而且会根据实际情况不断调整和提高，以达到限制进口的目的。进口最低限价使原来竞争力极强的进口商品在国内市场丧失了竞争优势。例如，1975 年 4 月，为限制欧共体市场之外的鱼类进口，英国对欧共体以外的进口冻鱼规定了最低限价，1t 鳕鱼最低进口限价为 575 英镑，若进口时 1t 为 555 英镑，则英国对其征收 20 英镑的附加税。1977 年，美国为抵制欧洲国家和日本的低价钢材及钢制品进口，实行名为"启动价格制"的进口最低限价制。其启动价格是以当时世界上效率最高的钢生产者的生产成本为基础计算出来的最低限价。

禁止进口可看作进口最低限价制的极端形式。例如，1975 年 3 月，欧共体决定禁止从共同体市场以外进口 3kg 以上牛肉罐头。

(四) 歧视性政府采购政策

歧视性政府采购政策（discriminatory government procurement policy）是指国家通过法令或其他方式，规定本国政府机构在进行采购时必须优先购买本国产品。这种措施使外国商品处于不公平竞争地位，甚至被剥夺了竞争的资格，是一种非常有效的非关税壁垒措施。

政府采购走向国际化之初，在各国政府采购中随处可见歧视性政策与手段。例如，英国政府规定其机构使用的通信设备和电子计算机必须是英国产品。美国自 1933 年开始实行的《购买美国货法案》规定，美国联邦政府采购的货物必须是美国制造或用美国原料制造的。只有在美国自己生产数量不足或国内价格过高，或不购买外国货物有损美国利益的情况下，才可以购买外国货物。

GATT "东京回合" 谈判于 1979 年 4 月 12 日达成了《政府采购协议》，它将 GATT 的一些基本原则，如最惠国待遇、国民待遇和透明度原则延伸到政府采购领域。1980 年 1 月 1 日协议生效。该协议规定，除国防开支、通信设备和部分能源设备外，各国政府采购应实行公开竞争的国际投标。但《政府采购协议》为多边协议，只有签字加入才有效。目前各国都在不同程度地运用政府采购手段限制进口。

(五) 国内税

世界上众多国家，特别是西欧国家，广泛采用国内税来限制进口。国内税（internal taxes）是指一些国家对进口商品除了征收关税外，在运输、销售、购买和使用等环节，通过对进口货物和国内生产货物实行差别税收，如消费税、增值税、临时附加税等，使进口商品的国内税收负担增加。采用国内税制度来限制进口是一种比关税更灵活、更富隐蔽性的贸易政策手段。国内税的制定和执行属于本国政府机构，有时甚至是地方政府机构的权限，通常不受贸易条约和多边协定的限制，是一种不平等的非国民待遇。

虽然国内税的使用越来越受到 WTO 国民待遇原则的限制，但有些国家巧妙采用商品分类方法，通过将进口商品和国内产品归入不同类别、征收不同的税率来加以规避。

(六) 进出口国家垄断

进出口国家垄断（foreign trade under state monopoly）也称国营贸易，是指为巩固垄断资本的统治和推行非关税壁垒，对某些商品的进出口实行国家垄断经营。其经营形式包括国家直接经营或委托少数大企业垄断有关商品的进出口经营活动，从而直接控制进出口商品的国别、种类和数量。

进出口国家垄断主要集中在烟酒、农产品和武器三类产品上。主要原因包括：①烟酒进出口的国家垄断可使该国获取巨额的财政收入。②农产品进出口的国家垄断是这些国家贯彻国内农业政策的对外延伸。例如，美国的农产品信贷公司为解决国内农产品过剩问题和执行外交政策，通过向国内垄断组织高价收购剩余农产品，然后低价出售给国外企业，或依照其

"外援"计划向所谓友好国家优惠出口或赠与。③大多数国家武器的进出口都是由国家垄断经营的，这主要是为了维护国家的安定和国民的安全。

一些发展中国家为了壮大民族外贸事业和增强在国际市场上与外商的竞争力，同时为了提高信誉，纷纷成立国营对外贸易机构。例如，我国外贸体制改革之前的各级国营外贸公司即属国家垄断进出口的性质。

（七）本地成分要求

本地成分要求（local content requirement）又称国产化要求或本地产比率要求，是指有些国家和地区出于发展本国有关工业的目的，要求企业在本国生产和销售的最终产品中必须含有一定比例的本国原材料或零部件。这种规定中的比例一般按价值计算，也可按具体数量计算。本地成分要求从表面上看是为保护民族工业，其实质是对出口国的变相阻击，间接限制进口。外国直接投资的目的就是越过传统贸易限制，而本地成分要求正是为这种"越过"设置障碍。

WTO确立了一些贸易投资基本规则以规范国际直接投资。这些基本原则可以分为两类，即对国际直接投资间接适用的原则和对国际直接投资直接适用的原则。

对国际直接投资间接适用的WTO协议包括"乌拉圭回合"达成的《服务贸易总协定》和《与贸易有关的知识产权协议》；对国际直接投资直接适用的WTO协议是《与贸易有关的投资措施协议》（TRIMs）。首先，TRIMs要求将WTO的两项基本原则，即国民待遇原则和透明度原则适用于国际直接投资关系。其次，TRIMs规定了其禁止的与贸易有关的投资措施，包括：①当地成分要求，即外资企业必须购用东道国当地一定的产品作为投入；②进出口平衡要求，即将外资企业的进口限定在该企业出口量或出口值的一定比例内；③进口用汇要求，即外资企业进行生产所需的进口被限制在属于该企业流入外汇的一定数量内；④国内销售要求，即限制外资企业的出口，其产品必须有一部分在东道国销售。

（八）海关壁垒

为限制外国商品对本国进口，进口国常利用出口商办理海关手续之机，通过各种手段增加进口商品的成本和风险。海关人员以各种借口推迟结关、强迫使用海关所在国文字开列货物票据、征收各种手续费，甚至禁止放关。例如，1982年10月，法国为减少"日本电子消费品入侵"，宣布所有录像机的进口必须经过距法国北部港口数百英里的内地小镇普瓦蒂埃海关。此地海关人员少、检验能力差，以此拖延过关时间。这项规定使得进入法国的录像机由每月6万多台锐减至不足1万台。

以海关手续限制进口的各项措施中，海关估价制度最为突出。海关估价即专断地以较高价格计征关税，变相提高进口商品的价格，增加进口商品的关税负担。在GATT"东京回合"制定了《海关估价准则》后，各国的海关估价方法趋于规范和统一，但仍可变通。例如，美国对进口商品价格的估算依据"生产结构成本"，有三个价格基础：①出口国票据价格；②美国国内同类进口商品的实际价格；③美国国内同类或相似商品的价格。这三种价格都是高于进口商品实际到岸价格的，因而按这三种价格征收关税，其税率将大大提高。

（九）法律贸易保护政策

法律贸易保护政策是以立法形式限制进口，保护国内市场和产业。其兴起于1974年美国制定的《贸易法》，首次以立法形式确立了多种非关税贸易保护手段，如反倾销条款、反补贴条款、保障条款等。日本自20世纪70年代以来，也先后制定了一系列有关外贸方面的法律法规,如《外管法》《进出口交易法》《出口贸易管理令及规则》等。加拿大、澳大利亚等发达国家以及巴西、墨西哥等发展中国家也采取贸易立法来保护国内产业的发展。

法律贸易保护政策有以下几种类型:

(1) 反倾销类。西方国家一直使用反倾销类法律来限制外国商品进口,发展中国家是其特别针对打击对象。GATT 第 6 条为反倾销条款,规定"倾销为一国产品以低于相似产品的正常价值进入进口国流通领域"。针对"相似产品",各国规定不同,其不明确性导致实施的巨大随意性。

随着我国对外贸易发展,针对我国的反倾销案日益增多。例如,2009 年,国际方面对中国钢铁反倾销案共计 21 例,主要集中于美国和欧盟;2017 年,墨西哥对中国涂镀钢板做出反倾销终裁,反倾销税率最高为 76.33%;2017 年美国对中国糠醇做出第四次反倾销快速日落复审[⊖]终裁。2022 年,印度对原产于或进口自中国的直径小于等于 6in[⊜] 的不锈钢无缝钢管征收为期 5 年的反倾销税,税额为 0～3801 美元/吨。2024 年,欧盟对中国的球扁钢做出反倾销肯定性终裁,裁定的反倾销税率为 23.0%。

(2) 反补贴类。在使用反补贴条款时要满足两个条件:一是确有补贴行为存在;二是对进口国产品造成严重损害或有严重损害威胁。第二个条件具有明显的模糊性。

(3) 其他类。新法律保护政策还有其他的限制措施,属于针对"特殊"国家的,具有明显歧视性。例如,美国的"301 条款""超级 301 条款""特别 301 条款""201 条款"等。

(十) 原产地规则

原产地规则 (rule of origin) 也称货物原产地规则。货物原产地是指某一特定产品的原产国或原产地区,即货物的生产来源地。当一个以上的国家(地区)参与了某一货物的生产时,对产品进行最后的实质性加工的国家(地区)即为原产国(地区)。原产地规则是各国(地区)为了确定商品原产国(地区)而采取的法律、规章和普遍适用的行政命令。其目的是以此确定该商品在进出口贸易中应享受的待遇。海关必须根据原产地规则的标准来确定进口货物的原产国(地区),给予相应的海关待遇。

国际贸易中的国家(地区)一般都要求进口货物必须有原产地标志,或者要求开具原产地说明书。原产地规则产生,其最初目的就是为消费者的选择提供便利。随着国际贸易的发展,原产地规则发挥着越来越重要的作用,主要体现在以下几个方面:

(1) 保护消费者权益的需要。原产国标志不仅有告知消费者产品生产国的功能,还是一种产品质量的保证,有利于保护消费者的选择权、知情权和追诉权,也可以对产品知识产权进行保护。

(2) 有利于国际贸易统计。根据产品原产地进行进出口贸易统计,研究本国进口产品的原产地、转口流通及最终进口消费等,以便确定其对国民经济发展的影响以及对两国关系的影响。确立原产地规则也便于联合国等国际机构对世界各国的贸易情况进行统计和分析。

(3) 便于进口国海关征收关税工作。进口贸易中,各国海关法或海关税则对产品都分

⊖ 日落复审是指反倾销措施执行满 5 年之前的合理时间内国内产业或其代表提出有充分证据的请求而由主管机关发起复审,若在该复审中主管机关确定终止反倾销税可能导致倾销和损害的继续或再度发生,则可继续征收反倾销税。在复审期间,原反倾销税继续有效。

⊜ 1in = 0.0254m。

门别类地规定了不同的关税税率。根据进口商品产地的不同，规定不同的优惠税率或者免税，但受惠国家（地区）必须提供出口商品的原产地证明书，表明出口商品来自受惠国家（地区），符合享受关税优惠的条件。

（4）实行贸易保护的必要措施。目前国际贸易中普遍适用的反倾销、反补贴、国别配额等保护措施，都是针对特定国家、特定商品的，因而产品的原产地判定成为实施这些措施不可缺少的程序。原产地在国别配额中尤其重要。

随着关税壁垒作用的减弱，新贸易保护主义盛行，原产地规则作为一种"灰色"政策工具备受发达国家的青睐。原产地规则被用作非关税壁垒的趋势日益加强，原产地判定标准往往带有浓厚的保护主义色彩。一些国家往往从本国利益出发，利用该规则对贸易伙伴实施贸易限制、报复和制裁，使本意为增强国际贸易的可预见性和确定性的规则变成"灰色"措施和潜在壁垒。

第三节　新型非关税壁垒

新型非关税壁垒是区别于传统非关税壁垒的非关税壁垒的总称。传统非关税壁垒是指通过直接的数量限制或采取国内措施以达到限制进口目的的非关税壁垒，具有明显的限制进口的目的和表现。随着 WTO 规则体系的完善和国际贸易竞争的日趋激烈，以数量限制为特征的、体现商品和商业利益的传统非关税壁垒的作用大大减弱，借助技术性措施设置进口障碍成为一些国家，特别是发达国家限制进口的重要手段，即新型非关税壁垒。新型非关税壁垒具有更强的隐蔽性，它的设立表面上合乎情理，符合现代经济发展和环境保护目的，注重人类健康、安全以及对环境的影响，但贸易保护的实质并没发生变化。

一、技术性贸易壁垒

（一）技术性贸易壁垒的概念

技术性贸易壁垒又称技术性贸易措施或技术壁垒，是指一国或一个区域组织以保护国民健康、生态环境、防止欺诈行为为由，通过颁布法律、法令或条例，对进口商品建立各种严格、繁杂、苛刻而且多变的技术标准、技术法规和认证制度等方式，对外国进口商品实施技术、卫生检疫、商品包装和标签等标准，从而提高产品技术要求，增加进口难度，最终达到限制外国商品进入、保护国内市场的目的。

（二）技术性贸易壁垒的主要措施

1. 技术法规与技术标准

技术法规（technical act）是规定强制执行的产品特征或其相关工艺和生产方法，包括适用的管理规定在内的文件，如有关产品、工艺或生产方法的专门术语、符号、包装、标志或标签要求。技术标准（technical standard）是经公认机构批准的，规定非强制性执行的，供通用或反复使用的产品或相关工艺和生产方法的规则、指南或特征的文件。技术法规与技术标准的关键区别在于前者具有强制性，而后者是非强制性的。但由于符合技术标准，特别是国际公认的技术标准的产品往往较容易得到各国消费者的认可，所以技术标准虽是非强制性的，但对促进出口非常重要。技术性贸易壁垒的发展趋势之一就是一些技术标准陆续转化为一些发达国家的强制性技术法规。

利用技术标准作为贸易壁垒具有非对等性和隐蔽性。在国际贸易中，发达国家常常是国家标准的制定者，凭借其主导地位和技术优势，强制推行根据发达国家技术水平制定的技术标准，使一些发展中国家出口商望尘莫及。技术标准、技术法规时常变化，有些地方政府还有独特规定，这使发展中国家出口商为迎合其标准而付出更高的成本，从而削弱了产品的竞争力。

欧盟是目前世界上技术壁垒最多、要求最严、保护程度最高的地区，其技术标准有 10 万多项。不仅如此，欧盟成员国也有各自标准，对进口商品可随时选择对自己有利的标准。由于技术水平差距，很多发展中国家根本无法达到技术和环保要求，其产品只能被拒之门外。

2. 合格评定程序

合格评定程序（conformity assessment program）是指任何直接或间接用以确定是否满足技术法规或技术标准有关要求的程序。世界贸易组织《技术性贸易壁垒协议》（TBT 协议）规定合格评定程序包括：抽样、测试和检查；评估、验证和合格保证；注册、认可和批准以及各项的组合。一般认为，合格评定程序由认证、认可和互认三个方面组成。

（1）认证。认证是指有授权机构出具的证明，一般是第三方对某一事物、行为或活动的本质或特征，经对当事人提出的文件或事务审核后给予的证明，通常也被称为第三方认证。认证可分为产品认证和体系认证。产品认证主要是指确认产品符合技术法规或技术标准的规定。其中，因产品的安全性直接关系到消费者的生命健康，所以产品的安全认证为强制认证。体系认证是指确认企业的生产或管理体系应该符合相应规定。目前最为重要的国际认证体系有 ISO 9000 质量管理体系认证和 ISO 14000 环境管理体系认证。

认证工作涉及生产、流通、消费领域，是一项复杂的系统工程。进口商品必须先进行认证，而要认证首先就要交纳数目不菲的培训费和认证费，事实上增加了出口商的负担，间接影响了进口。

（2）认可。认可是指权威机构依据程序对某一机构或个人具有从事特定任务或工作的能力给予正式承认的活动。认可包括认证机构认可、质量和管理体系认证机构认可、实验室认可、检查机构认可、审核员/评审员认可、培训机构等的认可等。

（3）互认。互认是指在评审通过的基础上，认证和认可机构之间通过签署相互承认协议，相互承认彼此的认可与认证结果。TBT 协议鼓励成员只要符合技术法规或标准，就尽可能接受其他成员的合格评定程序，并就达成相互承认合格评定结果的协议进行谈判。

3. 卫生检疫规定

卫生检疫规定（health and sanitary regulation）是指政府利用道德、健康、安全等理由为进口设置障碍，对进口商品制定严格的卫生和安全标准，使进口商品在一些细节方面与有关要求不相符而被拒绝进口。

安全与卫生检疫是一种较为常用的措施，一般适用于农副产品、药品、化妆品等。当前，各国通过制定苛刻的安全与卫生检疫标准来限制外国商品进口已越来越普遍，主要表现为接受卫生检疫商品的范围不断扩大，检验标准越来越苛刻。例如，日本规定茶叶、水果、蔬菜中的农药残留量不得超过 2‰；德国规定所有水银含量超过 1% 的鱼类、贝类和软体动物类禁止销售；荷兰规定花生中的黄曲霉菌素含量不得超过百万分之五等。

4. 商品包装和标签的规定

商品包装和标签的规定（packing and labeling regulation）主要是针对商品包装所使用的材料、包装规格、文字、图形或者代号所做的规定。进口商品必须符合这些规定，否则不准进口。为了符合有关规定，许多商品不得不重新包装和改换标签，因而费时费工，增加了成本，削弱了竞争力，从而影响销路。

例如，发达国家基本禁止使用传统包装材料，如稻草、秸秆、原棉、麻袋、木材等的商品进口，因其容易夹带、隐蔽和滋生病虫害而危害进口国的森林和农作物的安全，若需进口则要进行特殊处理。对容器的包装及废弃物的处理方式，发达国家也出台了技术保障条款，比如对啤酒、饮料等一律使用可循环使用的容器，以减少污染、节约能源。

在进口标签方面，法国曾规定，所有标签、说明书、广告传单、使用手册、保修单和其他产品的情报资料，都要强制性地使用法语或经批准的法语替代词。加拿大规定，包装文字需用英文、法文两种文字书写，在英语区销售的商品，其包装上的文字要英文在上、法文在下。欧盟及其成员国一直通过产品包装、标签的立法来设置区外产品的进口障碍。比如，世界各国产品要进入欧盟市场必须加贴 CE 标签，以证明产品已通过相应的安全合格评定程序。

5. 信息技术壁垒

随着信息技术的发展，无纸化贸易（即电子数据交换）的发展成为国际贸易的一大趋势。目前，发达国家在电子商务的技术水平和应用程度上都明显超过发展中国家。一些发达国家开始强行要求以电子数据交换（EDI）方式进行贸易。例如，欧盟从 1992 年起就全面采用 EDI 方式办理海关业务，不采用 EDI 方式的，海关手续便被推迟受理。EDI 成为国内与发达国家开展对外贸易的通行证。

电子商务对国际贸易起了很大的促进作用，如采用电子报关可以极大地缩短报关时间；通过国际互联网或专门网络有利于建立更多的贸易伙伴关系，缩短成交过程，节省人力、物力和财力。但是，大多数发展中国家，尤其是欠发达国家因信息基础设施落后、信息技术水平低、企业信息化程度低、市场不完善和相关的政策法规不健全等而受到影响，很难达到 EDI 的硬性要求，在电子商务时代处于明显劣势。因此，信息技术壁垒就在发达国家和发展中国家之间形成了。

6. 绿色贸易壁垒

绿色贸易壁垒（green trade barriers）又称环境贸易壁垒，是指进口国或地区为保护本国生态环境和公众健康而设置的各种保护措施、法规和标准等，也是对进出口贸易产生影响的一种技术性贸易壁垒。它是国际贸易中的一种以保护有限资源、环境和人类健康为名，通过蓄意制定一系列苛刻的、高于国际公认或绝大多数国家不能接受的环保标准，限制或禁止外国商品的进口，从而达到贸易保护目的而设置的贸易壁垒。绿色贸易壁垒主要包括以下内容：

（1）绿色关税制度。绿色关税制度又称环境附加税，是发达国家为保护环境、限制进口最早采用的手段，即对一些污染环境、影响生态的进口产品征收进口附加税，或者限制、禁止进口，甚至实行贸易制裁。例如，美国对原油和某些进口石油化工制品课征的进口附加税的税率，使其比国内同类产品高出 3.5 美分/桶。

（2）绿色环境标志。绿色环境标志是由政府部门或公共、私人团体依据一定的环境标准颁发的图形标签，印制或粘贴在合格的商品及包装上，用以表明该产品不仅质量、功能符合要求，而且从生产到使用以及处理全过程都符合环境保护要求，对环境和人类健康无害或危害极小，有利于资源的再生产和利用。取得了绿色环境标志意味着取得了进入实施绿色环境标志制度国家市场的"通行证"。但由于绿色环境标志认证程序复杂、手续烦琐、标准严格，增加了外国厂商的生产成本和交易成本，成为其他国家进入一国市场的环境壁垒。

（3）国别环保法规标准。主要发达国家先后分别在空气、噪声、电磁波、废弃物等污染防治、化学品和农药管理、自然资源和动植物保护等方面制定了多项法律法规及环境标准。这些严格的法律、法规和要求阻碍了发展中国家的出口产品进入发达国家市场。例如，日本规定从1995年1月1日起加强对成衣进口的审查，旨在消除童装与内衣中含有有毒染料及进口成衣中残留断针的现象；德国禁止在服装及纺织品中使用偶氮染料等。

（4）绿色包装制度。所谓绿色包装，是节约资源、减少废弃物、用后易于回收再用或再生、易于自然分解又不污染环境的包装。发达国家制定了各种法规，以规范包装材料市场。这些绿色包装法规有利于环境保护，但同时大大增加了出口商的成本，也为这些国家制造绿色贸易壁垒提供了借口。

（5）绿色卫生检疫制度。为保护国内消费者的利益，满足对商品健康、安全等隐性需求，各国海关、商检机构都制定了不同的卫生检疫制度，对进口商品的品质进行检测和鉴定。发达国家往往把海关的卫生检疫制度作为控制从发展中国家进口的重要工具，特别是对食品、药品的安全卫生指标十分敏感，如对食品的农药残留、放射性残留、细菌含量等指标的要求极为苛刻。

（6）绿色补贴制度。由于污染治理费用通常十分高昂，一些企业难以承担，对许多发展中国家的中小企业而言更是如此。当企业无力投资于新的环保技术、设备或无力开发清洁技术产品时，政府可以采用环境补贴来控制污染。这些补贴包括专项补贴、使用环境保护基金及低息优惠贷款等。根据WTO修改后的《补贴与反补贴措施协议》的规定，这类补贴属于不可申诉的补贴范围，因而为越来越多的国家和地区采用。

（三）技术性贸易壁垒的特点

技术性贸易壁垒的使用范围不局限于工业产品、农产品等制成品，而是已扩展到产品生产过程、产品的使用或进口预期结果等。技术性贸易壁垒主要有以下特点：

1. 名义上的合法性

根据WTO的《技术性贸易壁垒协议》《实施卫生与植物卫生措施协定》，设置技术性贸易壁垒的目的主要是维护国家安全，防止欺诈行为，保护人类的健康或安全，保护动物或植物的生命或健康。因此，技术性贸易壁垒在名义上总是显得冠冕堂皇，容易争取各国国民的普遍支持。一国的经济技术水平、人民生活水平越高，其企业越能够承受或倾向于接受保护水平较高的技术性贸易壁垒。

2. 内容上的广泛性

由于技术法规、标准和合格评定程序涉及的技术范围广泛，因此技术性贸易壁垒具有内容上的广泛性。从产品角度来看，不仅包括初级产品，而且涉及所有的中间产品和工业制成品，产品的加工程度和技术水平越高，所受的制约也越显著；从过程角度来看，涵盖了研究开发、生产、加工、包装、运输、销售和消费整个产品的生命周期；从领域角度来看，已从有形商品扩展到金融、信息等服务贸易及环境保护等各个领域。技术性贸易壁垒的表现形式也极其广泛，涉及法律、法令、规定、要求和程序等各个方面。

3. 手段上的隐蔽性

实施技术性贸易壁垒有其合法的一面，但另一方面，一些国家借合法技术性贸易壁垒之名，行贸易保护主义之实。其往往以确保人类健康或安全，保护动植物的生命或健康，或保护生态环境的形式出现，容易转移人们的视线，因此具备隐蔽性。制定技术法规、标准和合格评定程序实际上是把标准和技术法规作为一种贸易壁垒，这通常是各国政府采用的一种不公开、不透明的做法。

4. 实施效果的不公平性

尽管《技术性贸易壁垒协议》要求遵守非歧视性原则，但实际上，由于经济技术水平等因素的制约，主要是发达国家实行技术性贸易壁垒，而发展中国家较难达到要求，其贸易利益往往成为牺牲品。

5. 使用上的灵活性

技术性贸易壁垒的表现形式多样、措施名目众多。WTO 规定各国国内的法律、法规、标准、程序等，都可以被各国作为限制进口的理由。在激烈的市场竞争中，一些发达国家为了保护本国生产者的利益，蓄意灵活改变商品的进口标准，致使国外厂商无法及时全面了解对方进口商品的所有技术要求，处于非常被动的局面，从而达到贸易保护的目的。

（四）技术性贸易壁垒的影响

从结果来看，技术性贸易壁垒是一把"双刃剑"，既会对各国的经济发展产生积极影响，也会产生消极影响。

1. 合理运用技术性贸易壁垒的积极影响

（1）保障人类的健康和安全。合理的技术性贸易壁垒可以保障人类的健康和安全。

（2）维护国家基本安全。WTO 的《技术性贸易壁垒协议》明确指出："不应阻止任何国家采取必要的措施保护其根本安全利益"。建立有效的技术性贸易壁垒体系可以帮助一国维护国家根本安全，促进科技进步，促进产业结构调整和优化。

（3）保护生态环境，实现可持续发展。在国际贸易领域，以保护环境为目的而采取限制甚至禁止贸易的措施，一方面限制甚至禁止了严重危害生态环境产品的国际贸易和投资，另一方面又有利于为可持续发展的产业创造了新的发展空间，这些产业已成为国际贸易和投资的新增长点。

（4）调控经济贸易利益，提高企业出口竞争力。运用合理的技术性贸易壁垒，特别是采用国际标准和取得国际认证，是调整和优化企业出口产品结构的重要手段，是进入国际市场的"通行证"，也是提升出口竞争力的重要工具。WTO《技术性贸易壁垒协议》的实施也有助于规范各国的技术性贸易壁垒，从而为国际竞争创造较为良好的环境。

2. 滥用技术性贸易壁垒的消极影响

（1）增加贸易成本，造成贸易障碍，引发贸易争端。由于参与贸易各国的利益不同，技术标准的评判方法也难以统一，且技术性贸易壁垒较易被贸易保护主义者所利用，结果引发争端。目前技术性贸易壁垒已成为贸易争端的重要领域。

（2）限制进口，损害发展中国家的利益。技术性贸易壁垒大多数由发达国家制定，而发展中国家的科技水平一般相对落后，因而其受到的损害最为严重。据统计，发展中国家受技术性贸易壁垒限制的案例大约是发达国家的 3.5 倍。加入 WTO 以来，我国有 2/3 的出口企业遭遇国外技术性贸易壁垒，有 2/5 的出口产品受到不同程度影响。

（3）扭曲比较利益，抵消多边谈判取得的成果，扭曲贸易的地区和商品结构。技术性贸易壁垒的合理目标是维护国家基本安全，保障人类、动植物安全和健康及环境安全、防止欺诈行为和保证出口产品质量等。事实上，发达国家设置技术性贸易壁垒客观上可能产生的效果是多方面的，既可能保护了本国的产业，还可能同时促进了本国相关产业的发展。技术性贸易壁垒已经成为一国产业政策的有机组成部分。一些发达国家实施技术性贸易壁垒的目标正向多目标转变，最终达到扭曲甚至抵消出口国的比较优势、创造进口国新的比较优势的目的。

二、动物福利壁垒

（一）动物福利的概念与主要内容

动物福利（animal welfare）本身是一个复杂的范畴，既涉及动物保护、国际贸易，还与社会发展、道德水平有关。早在 18 世纪，欧洲一些学者就认为动物和人一样，有情感、有苦乐，只是无法用人类的语言表达。直到 19 世纪 70 年代，动物福利概念才有了一个比较规范的表述。1976 年，美国人休斯（Hughes）提出，动物福利是指饲养农场中的动物与环境协调一致的精神和生理完全健康的状态。

具体而言，动物福利由五个基本要素组成：①生理福利，即为动物提供充足清洁的饮水和保持健康所需的饲料，让动物无饥渴之忧虑；②环境福利，即为动物提供适当的居所，使其能够舒适地休息和睡眠；③卫生福利，即为动物做好防疫和诊治，减少动物的伤病之苦；④行为福利，即为动物提供足够的空间和适当的设施，保障动物表达天性的自由；⑤心理福利，即减少动物免遭各种恐惧和焦虑的心情（包括宰杀过程）。

早在 1974 年，欧盟就制定了关于宰杀动物的法规，欧盟委员会食品安全署还专门设立了动物福利部门。目前，世界上已有 100 多个国家和地区制定了比较完善的动物福利法规，如美国、澳大利亚、新加坡、马来西亚、泰国、日本等。

（二）动物福利壁垒的含义及成因

1. 动物福利壁垒的含义

动物福利壁垒（animal welfare barrier）是指在国际贸易活动中，一国将动物福利与国际贸易紧密挂钩，以保护动物或维护动物福利为由，制定一系列措施以限制甚至拒绝外国货物进口，从而达到保护本国产品和市场的目的。动物福利壁垒可以说是绿色贸易壁垒的扩展和深化。

2. 动物福利壁垒的成因

动物福利壁垒的产生主要基于以下原因：

（1）随着社会进步和人民生活水平的提高，人们的安全健康意识加强，更关心产品对身体健康和安全的影响。疯牛病、禽流感等事件表明，肉食动物在饲养、运输、屠宰的过程中，如果不能按照动物福利的标准执行，其检验指标就可能出现问题，进而引发人类身体健康问题。发达国家及地区在加强本国动物福利立法同时，对来自发展中国家的动物源性商品采取相应限制措施。

（2）各国技术水平、经济设立和国家利益的差异，是动物福利壁垒产生的客观原因。尽管人们都认同可持续发展的理念，但在如何实现上却不尽相同。发达国家的经济发展水平相对较高，动物福利相关立法较为完善，对动物福利的要求和标准也较高。发展中国家由于受观念和资金的限制，难以达到发达国家的要求，这在客观上导致了动物福利壁垒的产生。同时，由于动物源性商品种类繁多，生产过程和标准五花八门，制定全球统一的动物福利标准难度极大，各国纷纷基于国家利益考虑制定各自的标准，导致动物福利法规千差万别，间接对他国产品产生歧视，从而形成了动物福利壁垒。

（3）主要发达国家因经济增长乏力，贸易保护主义重新抬头。发展中国家是农畜产品的主要出口国，与发达国家相比，发展中国家低廉的劳动力和饲料，使之出口的农畜产品在国际市场上具有较大的成本优势。而随着传统贸易壁垒的作用弱化，发达国家不得不寻求新的贸易壁垒，以保护国内农畜产品生产企业和加工企业的利益。因此，动物福利壁垒便成为发达国家保护本国农畜产品市场的最为有效的手段。

（4）WTO协议中的有关规则使动物福利壁垒有据可依。一些西方国家要求重视动物福利的呼声强烈。就国际范围而言，有关动物福利的内容已被列入WTO新一轮农业谈判方案草案。WTO《农业协议》对世界农产品贸易发展有着巨大的影响力。一些欧洲国家和欧洲动物保护协会督促欧盟设法使WTO考虑有关动物福利问题，这些国家不仅要求扩大动物福利的影响，而且力图使其理念和立法得到国际社会的认可，这就为发达国家进一步提出某些农产品国际贸易的动物福利规则创造了条件。

（三）动物福利壁垒的特点

1. 两面性

在观念上，人们对待动物的态度从仅把动物当作人类生存的资源发展到保护动物，最后提升到福利保护的地位，这是社会进步、观念进步的表现。在经济发展方面，发达国家对食品的安全与卫生有着越来越严格的要求。在WTO规定中，允许成员采用"为保障人民、动物、植物的生命或健康的措施"。因此，利用动物福利名义设置贸易壁垒，有其合法和合理的一面。

同时还应看到，各国国情不同，经济发展水平存在差异，若用发达国家制定的动物福利标准来要求发展中国家，后者在短期内很难达到标准，必然产生以动物福利之名、行贸易保护之实的不合法、不合理的负面影响，给国际贸易带来不必要的障碍。

2. 隐蔽性和可操作性

传统贸易壁垒无论是数量限制还是价格规范都较为透明，人们容易掌握和应对。而以动物福利名义设置的贸易壁垒不仅具有合法外衣，又涉及社会道德问题，容易获得社会舆论的同情和支持，使之更具有隐蔽性。

动物福利壁垒既可以归入技术壁垒的范畴，但又不等同于一般的技术壁垒，按照有关动物福利法及其细则的规定，界定比较清楚，不需要大量的技术检测设备，也不需许多专门技术人员，可操作性强。

3. 复杂性和争议性

动物福利是一个复杂的问题，既涉及动物保护，又涉及国际贸易，还与社会自身的发展及道德、伦理有关。动物福利问题有其合理的一面，但如果以动物福利的名义来设置贸易壁垒并用在对发展中国家的贸易上，那么将有可能使出口国人民本来就不高的生活条件日益恶化。这种在人类的基本需求没有得到满足之前，优先考虑满足动物的基本需求乃至"精神需求"的做法，对发展中国家而言不仅不公正，而且对其国民近乎一种嘲弄。这种变相的贸易保护可能会造成人道主义的灾难。因此，动物福利问题具有很大的争议。如果仅仅从其中一个方面孤立地看待这个问题，不仅无法解决问题，反而会引起诸多负面影响。

4. 实施领域广泛性

动物福利壁垒的实施客体目前主要针对活体动物的进口，但有向其他与动物和动物制品有关的领域和上下游产业施加影响的趋势。与动物制品有关的行业，如餐饮业、化妆品业、医药业、服装业等，都有可能受到冲击和波及。例如，由于目前有关动物福利的呼声越来越高，抗议活动越来越多，一些著名的跨国公司，如肯德基等快餐公司要求国际供货的养殖场采取措施、改善动物的养殖环境，不得采用强迫进食等虐待动物的措施，否则将停止进货。

三、蓝色壁垒

(一) 蓝色壁垒的概念

一般而言，将针对进出口商品所设置的劳工标准和社会责任标准称为蓝色条款，把符合此标准的商品称为蓝色产品。蓝色贸易制度则是体现和贯彻企业社会责任原则的贸易制度。有些国家打着保护劳动者劳动权益和生存权利的幌子而采取的贸易保护措施，则被称为蓝色壁垒，又称为劳工标准壁垒和社会责任标准壁垒。

(二) 蓝色壁垒的成因

早在19世纪上半叶，主要发达国家就对劳工标准做了规定，并在关税法中将贸易与劳工标准联系起来，对进口"低劣雇佣条件"下生产的产品征收特别关税，这就是较早的蓝色壁垒。20世纪80年代以来，随着劳工标准的完善和世界贸易发展，越来越多以劳工标准为核心的蓝色条款被纳入国际贸易中。蓝色壁垒的产生有其深刻的经济、政治、社会等多方面原因。

(1) 近年来，发达国家经济增速缓慢，而发展中国家经济增长态势始终保持良好，这引起了发达国家的不安。发达国家寻求一切可行途径来遏制发展中国家的迅速崛起，试图通过要求发展中国家实行与发达国家相同的"高劳工标准"，削弱发展中国家的廉价劳动力优势。近年来，发达国家劳动就业市场不活跃、失业率居高不下，某些发达国家将本国的高失业归结于发展中国家低成本劳动力的竞争。为保护本国就业，发达国家将矛头指向了发展中国家的低劳工标准，逐渐树立起蓝色壁垒。

(2) 劳工标准问题在多边贸易体制内被赋予了浓厚的政治色彩。发达国家"蓝领"工人的工资停滞不前，部分产业受到来自发展中国家低工资工人的竞争，工会认为问题出在发展中国家出口的劳动密集型产品上。政府迫于工会压力，势必要制定符合工会利益的政策，于是各种与劳工标准挂钩的多边贸易协定纷纷出台。发展中国家外贸依存度普遍较高，当发达国家推行蓝色贸易制度时，高劳工标准必然阻碍发展中国家的经济势头。贸易沦为发达国家推行霸权主义的工具，带有政治色彩的贸易保护壁垒由此产生。

(3) 当今社会经济科技快速发展，在基本的生存需要得到满足后，人们开始关注如何使人类社会更好发展。发达国家在发展中国家的劳工标准确实存在一些问题的情况下，开始以"人道主义"为幌子大做文章。消费者对产品道德需求的新变化使发达国家提高了商品进口时对生产该产品国家的劳工标准的审核，从而使社会条款的推行具有了广泛的消费基础和社会需求。

（三）SA 8000 标准

蓝色壁垒的实质就是通过设置劳工标准限制贸易。目前，欧美等发达国家在劳工标准的制定中占据主导地位，它们以现行的劳工公约类型及数量纷繁复杂、在执行过程中遇到很多障碍为由，主张在国际贸易中推行社会责任标准的认证——SA 8000 标准。当前 SA 8000 认证已成为蓝色壁垒的核心。

1997 年，由社会责任国际组织（SAI）发起并联合欧美跨国公司和美国"经济优先领域鉴定代理委员会"（CEPAA）等国际组织，制定了 SA 8000 标准。SA 8000 标准是社会责任国际标准体系（Social Accountability 8000 International Standard）的简称，主要的法律依据是《国际劳工组织宪章》《联合国儿童权利公约》和《世界人权宣言》等国际法律文件。该责任标准体系主要以保护劳动者工作环境、工作条件及劳工权益等为主要内容。SA 8000 标准随着 20 世纪末西方企业社会责任运动开展而出现，是全球现行的第一个用于第三方认证的社会责任国际标准。

SA 8000 标准对以下方面做出了规范性要求：在核心劳动标准方面，对童工、强迫性劳动、结社自由和集体谈判权、歧视、惩戒性措施等做出规定；在工时与工资方面，对工作时间和工资报酬做出规定；此外，对健康与安全、管理系统等也做出相应规定。

该标准自 1997 年公开发布后，立即受到欧美等发达国家的推崇，国际组织和跨国公司也逐渐重视供应商是否进行了劳工标准方面的认证，积极将劳工权利与贸易订单挂钩。例如，家乐福、沃尔玛等大型跨国公司纷纷采用 SA 8000 标准作为评估供应方的标准，未经认证的供应方一般很难拿到订单。

（四）蓝色壁垒的特点

1. 形式上的隐蔽性

蓝色壁垒涉及较多国际公约中劳工标准的相关规定，种类繁多、形式多样且变换频繁，让人难以把握。对未获 SA 8000 标准认证的企业及出口的产品，发达国家往往采取强制性贸易措施，如征收附加税、限制或禁止进口等，且实施时往往以反社会倾销之名，利用民间力量和公众舆论强制推行，形式上非常隐蔽。

2. 名义上的合法性

蓝色壁垒在名义上是合理合法的，它以保护劳动者利益为由，以改善工人工作条件和环境为目的。它是基于《国际劳工组织公约》《联合国福利公约》和《世界人权宣言》等国际法律文件提出来的，具有法律意义上的正当性和合理性。发达国家贸易保护主义者正是利用其合法外衣行贸易保护之实，主张制定统一的劳工标准，构建发达国家的贸易壁垒，全然不顾发展中国家与发达国家的经济发展差距。

3. 实质上的歧视性

发达国家主张在国际上推行统一的劳工标准来保障各国劳动工人的权益，表面上看保护了低劳工标准国家工人的权益，使各国在贸易中实现了"公平竞争"。但是，发达国家和发展中国家处于不同经济发展水平，发展中国家出口商品多为劳动密集型产品，其经济发展主要依靠劳动力优势。因此，受蓝色壁垒影响最大的是广大发展中国家。

4. 影响上的持久性

如果发展中国家出口产品遭遇发达国家实施的蓝色壁垒，被定性为社会倾销而受到贸易制裁，会给国际消费者留下不顾劳工权益、缺乏社会责任的企业和国家印象，将在较长时期内给发展中国家企业产品的出口带来不利影响。

不可否认，蓝色壁垒的实施在一定程度上保护了劳动工人的合法权益，体现了企业对员工的人文关怀，体现了经济发展与社会、环境和谐共赢，推动了人类社会和文明的进步。但在实施过程中，积极推行劳工标准的发达国家往往从自身利益出发，将蓝色条款作为设置贸易壁垒的工具，达到贸易保护的目的。

第四节 非关税壁垒的经济效应

非关税壁垒对贸易双方及整个世界贸易都有着深刻的影响。由于非关税措施种类繁多、涉及面较广，且不同类型的非关税措施影响有所不同，因此，非关税壁垒措施对国内外经济的影响比较难以估量。本节主要从以下几方面分析：

一、非关税壁垒对国际贸易发展的影响

1. 非关税壁垒成为国际贸易的巨大障碍

非关税壁垒对国际贸易的阻碍首先表现在受限商品范围的不断扩大上，已从对个别商品的限制发展到对诸多商品的限制。目前非关税壁垒对国际贸易发展的影响表现为以下规律：非关税壁垒的强度与国际贸易增速成反比。当非关税壁垒日趋加强时，国际贸易增长缓慢；反之，当非关税壁垒趋于缓和时，国际贸易增长加速。这一点已被战后国际贸易的发展所证实。

2. 非关税壁垒对农产品的影响超过工业制成品

农产品贸易约占世界贸易的 1/6，在多数发展中国家出口中占重要地位。在国际贸易中，农产品贸易引起的保护与反保护摩擦最为激烈，大多数国家都有明确的保护性政策，多以保障食品供应和支持农民的收入为基本目标，从而形成各种隐蔽的非关税措施，持续时间长。在 GATT 的几次谈判中，有关农产品贸易壁垒削减问题始终没有重大突破。发达国家对农产品的限制成为世界农产品出口的主要障碍。

3. 非关税壁垒对劳动密集型产品的保护超过资本密集型产品

从贸易保护对象来看，其保护的重点仍是纺织品等劳动密集型产品。发达国家已完成工业化进程，但对劳动密集型"夕阳产业"也不能轻易放弃和完全依赖进口。即使这些部门已失去比较优势，但出于国家经济、社会、就业等方面的考虑，仍采用各种类型非关税措施进行保护。

二、非关税壁垒对进口国的影响

非关税壁垒一般直接或间接限制进口数量，从而引起进口国国内市场价格上涨。下面以直接出口数量限制措施为例，与关税的经济效应做比较。

首先，关税只影响价格，而数量限制是政府强制决定的，超越了价格机制的保护。在保护关税下，进口关税虽提高了进口商品价格，但如果其具有很大的价格优势，征收关税后仍具有低价竞争力，则关税的实施效果不佳；但如果实行进口数量限制，无论进口商品具有多强的价格竞争力，超出限制数量的商品也不能进入进口国，因而保护作用更强。

其次，与关税相比，进口数量限制对生产效率和消费者利益的损害更为严重。政府在确

定限额时，并非考虑消费者的实际需要，而是倾向于国内厂商的利益，因此，进口数量限制的结果是消费者花高价购买商品或抑制消费。进口数量限制完全无视市场机制，失去了与进口商品相竞争的行业增进效率的动力。

再次，进口数量限制助长了进口国进口替代产品生产者的垄断程度。在征收关税的情况下，这种垄断程度不可超过国际价格与关税之和；而实施数量限制时，不受上述价格限制，进口替代产品生产者可规定较高的垄断价格，从而获得更大的垄断利润。

最后，进口数量限制造成的利益分配与关税有别。进口关税以财政收入形式归政府所有，体现为国民福利的净增长；而数量限制带来价格上涨的超额收入归进口商所有，成为其垄断利润。即使政府通过拍卖进口配额或许可证分得部分收入，进口商的垄断利润也十分惊人。

三、非关税壁垒对出口国的影响

进口国加强非关税壁垒措施，特别是实行直接的进口数量限制，固定了进口数量，将使出口国出口商品的数量和价格都受到严重影响，造成出口商品增长率的下降、数量的减少和价格的下跌。

一般来说，如果出口国出口商品的供给弹性较大（即价格受供给量变化的影响不大），则出口商品的价格受进口国非关税壁垒的影响而引起的价格下跌不大；反之，如果出口国出口商品的供给弹性较小（即价格受供给量变化的影响较大），则出口商品的价格受进口国非关税壁垒的影响而引起的价格下跌较大。由于大部分发展中国家出口商品的供给弹性较小，所以世界性非关税壁垒的加强使发展中国家受到严重的损害。

 本章思考题

1. 与关税壁垒相比，非关税壁垒具有哪些特点？
2. 简述绝对配额的含义及其种类。
3. 什么是"自愿"出口限制？它是否与 WTO 的基本原则相抵触？为什么？
4. 技术性贸易壁垒的表现形式有哪些？
5. 简述蓝色壁垒产生的原因。

第九章

出口贸易政策

对出口贸易的干预和管理是一国对外贸易政策的重要组成部分。从政策性质来说，一国的出口贸易政策可以分为鼓励出口和限制出口两类。

第一节　鼓励出口的政策与措施

鼓励出口是指出口国家的政府通过经济、行政和组织等方面的政策与措施，促进本国商品的出口，开拓和扩大国外市场。各国鼓励出口的做法很多，涉及经济、政治、法律等方面，既有宏观层面，又有微观层面。从国家宏观经济政策方面论述鼓励出口的措施，主要有以下几种：

一、出口信贷

大型机械设备制造业在西方国家的经济中占有重要地位，其产品价值和交易金额都十分巨大。为了加强本国设备的竞争力，削弱竞争对手，许多国家的银行竞相以低于市场的利率对外国进口商或该国出口商提供中长期款，即给予信贷支持，以扩大该国资本货物的国外销路。

（一）出口信贷的定义

出口信贷（export credit）是一种国际信贷方式。它是一国政府为支持和扩大本国大型设备等产品的出口，增强国际竞争力，对出口产品给予利息补贴、提供出口信用保险及信贷担保，鼓励本国的银行或非银行金融机构对本国的出口商或外国的进口商（或其银行）提供利率较低的贷款，以解决本国出口商资金周转的困难，或满足国外进口商对本国出口商支付货款需要的一种国际信贷方式。它是一国的出口商利用本国银行的贷款扩大产品出口的一种重要手段，特别是金额较大、期限较长的产品，如成套设备、船舶等。

（二）出口信贷的特点

（1）贷款指定用途。通过出口信贷所得资金只能用于购买贷款国出口的资本货物和技术以及有关劳务等。如果某资本物品由多个国家参与制造，则该国部件占50%以上是获得出口信贷的必要条件，有时该比例可高达85%。有的国家只对资本物品中属于本国制造的部分提供出口信贷支持。

（2）出口信贷利率低。出口信贷的利率一般低于相同条件国际金融市场贷款的利率，而银行提供的低利率与市场利率的差额由出口国政府给予补贴。

（3）出口信贷一般与信贷保险相结合。出口信贷的发放与出口信贷的担保或保险相结合，以避免或减少信贷风险。由于中长期对外贸易信贷的偿还期限长、金额大，发放贷款的银行存在较大的风险。为了消除出口国家银行的后顾之忧，保证其贷款资金的安全发放，国家一般设有信贷保险机构，对银行发放的中长期贷款给予担保。

（4）一般由专门的出口信贷机构管理。国家提供的对外贸易中长期信贷一般直接由商业银行发放，若金额巨大、商业银行资金不足，则由国家专设的出口信贷机构给予支持。不少国家还对一定类型的对外贸易提供长期贷款，直接由出口信贷机构承担发放的责任。它的好处是利用国家资金支持对外贸易中长期信贷，弥补私人商业银行资金的不足，改善该国的出口信贷条件。

（5）出口信贷的金额大。出口信贷金额通常只占买卖合同金额的85%左右，其余10%~15%由进口商先支付现汇。出口信贷的金额起点要求较高，如我国规定的起点相对较低，而国外的贷款金额起点有的甚至高达数百万美元。

（6）出口信贷的贷款期限是中长期的。现代资本货物的技术日益复杂，成本也不断上升。大型设备的建造投产往往需要数年，故出口信贷的贷款期限较长，一般为1~5年，也有的长达10年，通常每半年还本付息一次。

（三）出口信贷的主要类型

出口信贷对于出口国的出口贸易和国民经济的发展具有重要作用。它不仅具有支持和扩大商品出口的作用，而且还具有改善本国的出口商品结构的作用。

第二次世界大战前，出口信贷较多地采用向外贷款，向内贷款、票据贴现放款等方式，这些方式在战后仍被采用；在当代，最重要、最常见的方式即买方信贷，除此之外，还有卖方信贷、福费廷、混合信贷等。本章重点介绍买方信贷、卖方信贷和福费廷。

1. 买方信贷

买方信贷（buyer's credit）又称出口买方信贷，是出口国政府支持出口方银行直接向进口商或进口商银行提供信贷支持，以供进口商购买技术和设备，并支付有关费用。其附带条件就是贷款必须用于购买债权国的商品，这就是所谓的约束性贷款。出口买方信贷一般由出口国出口信用保险机构提供出口买方信贷保险。

出口买方信贷主要有两种形式：一是出口商银行将贷款发放给进口商银行，再由进口商银行转贷给进口商；二是由出口商银行直接贷款给进口商，由进口商银行出具担保。

买方信贷条件下，进口商先用本身的资金，以即期付款方式向出口商交纳合同金额15%~20%的定金。其中定金在合同签订时先付10%，第一次交货时再付5%，其余货款以即期付款的方式将银行提供的贷款付给出口商，然后按贷款协议所规定的条件，分期偿还出口方银行的货款及其利息，一般每半年一次，同时支付利息。当出口方贷款银行贷款给进口方银行时，进口方银行也以即期付款的方式代理进口商支付应付的货款，并按贷款协议规定的条件向贷款银行归还贷款和利息等。买方信贷不仅使出口商可以较快地得到货款和减少风险，而且使进口商对货价以外的费用比较清楚，便于其与出口商讨价还价。

2. 卖方信贷

卖方信贷（supplier's credit）又称出口卖方信贷，是出口方银行向本国出口商提供商业贷款，从而达到鼓励出口的目的。出口商（卖方）以此贷款为垫付资金，允许进口商（买方）赊购自己的产品和设备。出口商（卖方）一般将利息等资金成本费用计入出口货价中，将贷款成本转移给进口商（买方），特别是对那些金额较大、生命周期较长的大型机械设备、交通工具、工程项目等的出口。

在国际贸易中，出口商与进口商的谈判如果涉及金额较大的商品贸易（如机器、设备、船舶等的出口），进口商一般要求采用延期付款或长期分期付款的办法来支付货款，并经常把其作为成交的一个条件。但此类付款方式实际上在一定时间内占用了出口商的资金，从而会影响到出口商的资金周转乃至正常经营。在这种情况下，就需要出口方银行对出口商提供信贷资金，卖方信贷便应运而生。因此，卖方信贷实际是指出口地的信贷机构或商业银行直接资助本国出口商向外国进口商提供延期付款，以促进商品出口的一种方式。卖方信贷对进出口商有利也有弊。对出口商来说，卖方信贷使其获得了急需的周转资金，有利于其业务活动的正常开展。但是，在其资产负债表上会反映相应的负债和应收账款，这不利于出口商的形象建立和以后的筹资，同时需承担汇率风险和利率风险。对进口商来说，虽然这种做法比较简便，便利了进口贸易活动，但使支付的商品价格明显提高。因为出口商报价时，除出口商品的成本和利润外，还要把从银行借款的利息和费用以及外汇风险的补偿加在货价内。因此，利用卖方信贷进口的成本和费用较高。

3. 福费廷

福费廷（forfeiting）是一种较新的融资方式，主要用于延期付款的大型设备出口贸易。福费廷即未偿债务买卖，也称包买票据或票据买断，就是在延期付款的大型设备贸易中，出口商把经进口商承兑的或经第三方担保的，期限在半年至五六年的远期汇票，无追索权地售予出口商所在地的银行或大金融公司，提前取得现款的一种资金融通形式。它是出口信贷的一种类型。

福费廷方式能够使出口商立即回笼资金，使出口商在获得出口融资的同时，消除出口商因远期收汇风险及汇率和利率带来的潜在风险。我国也将这种方式称为包买票据业务，而融资商通常被称为包买商。

福费廷是一种以无追索权形式为出口商贴现大额远期票据提供融资并能防范信贷风险与汇价风险的金融服务。第二次世界大战后，瑞士苏黎世银行协会率先开办福费廷业务，自1965年以后西欧国家开始推行，近些年来，尤其在德国、瑞士、东欧国家及发展中国家的设备贸易中得到发展。据统计，全世界年均福费廷交易量占世界贸易额的2%。目前，这一在欧美国家被广泛使用的出口贸易融资手段已在我国流行。

二、出口信用保险

（一）出口信用保险的定义和发展

出口信用保险（export credit insurance）是信用机构对企业投保的出口货物、服务、技术和资本的出口应收账款提供的安全保障机制。它以出口贸易中国外买方信用风险为保险标的，保险人承保国内出口商在经营出口业务中因进口商方面的商业风险或进口国方面的政治风险而遭受的损失。

出口信用保险承担的风险特别巨大，且难以使用统计方法测算损失概率，一般商业性保险公司不愿意经营这种保险业务，所以大多数是靠政府支持经营的。

出口信用保险是世界贸易组织（WTO）《补贴与反补贴措施协议》原则上允许的支持出口的政策手段。全球贸易额的12%~15%是在出口信用保险的支持下实现的，有的国家的出口信用保险机构提供的各种出口信用保险保额甚至超过其本国当年出口总额的1/3。

出口信用保险诞生于19世纪末的欧洲，最早在英国和德国等地萌芽。1919年，英国建立了出口信用制度，成立了第一家官方支持的出口信贷担保机构——英国出口信用担保局

（ECGD）。紧随其后，比利时于 1921 年成立了出口信用保险局（ONDD），荷兰于 1925 年建立了国家出口信用担保机制，挪威于 1929 年建立了出口信用担保公司，西班牙、瑞典、美国、加拿大和法国分别于 1929 年、1933 年、1934 年、1944 年和 1946 年相继建立了以政府为背景的出口信用保险和担保机构，专门从事对本国的出口和海外投资的政策支持。

第二次世界大战后，世界各国政府普遍把扩大出口和资本输出作为本国经济发展的主要战略，而对作为支持出口和海外投资的出口信用保险也一直持官方支持的态度，将其作为国家政策性金融工具大力扶持。1950 年，日本政府在通产省设立贸易保险课，经营出口信用保险业务。20 世纪 60 年代以后，众多发展中国家纷纷建立了自己的出口信用保险机构。

（二）出口信用保险的对象和风险性质

出口信用保险保障的是买家信用，承保的对象是出口企业的应收账款。

按承保的性质，风险主要分为政治风险和商业风险。

1. 政治风险

政治风险是指在国际经济活动中发生的，与国家主权行为相关的，用权人所能控制的范围，并给其造成经济损失的风险。例如，债务人所在国由于政治原因、社会原因或经济与政策原因等，所造成的风险和损失。政治风险主要包括因买方所在国禁止或限制汇兑、实施进口管制、撤销进口许可证、发生战争或暴乱等卖方和买方均无法控制的情况，导致买方无法支付货款。而以上这些风险是无法预计、难以计算发生概率的，因此也是商业保险无法承受的。这种风险承保金额一般为合同金额的 85%～95%。

2. 商业风险

商业风险又称买家风险，是指在国际经济活动中发生的与买家行为相关的，给债权人造成的经济损失的风险。商业信用风险主要包括买方因破产而无力支付债务、买方拖欠货款、买方因自身原因而拒绝收货及付款等。担保金额一般为合同的 70%～80%。为了扩大出口，有时对某些出口项目的承保金额可达 100%。

（三）出口信用保险的对象

1. 对出口商的保险

出口商输出商品时提供的短期信贷或中、长期信贷可向国家担保机构申请担保。有些国家的担保机构并没有向出口商提供出口信贷，但可以为出口商取得出口信贷提供有利条件。

2. 对银行的直接保险

一般说来，只要出口国银行提供了出口信贷，就可以向国家担保机构申请担保。这种担保是担保机构直接对供款银行承担的一种责任。有些国家为了鼓励出口信贷业务的开展和提供贷款安全保障，给银行的担保待遇很优惠。

（四）出口信用保险的种类

1. 短期出口信用保险

短期出口信用保险适用于大批量、重复性出口的初级产品和消费性工业产品，信用期不超过 180 天的出口合同。这是国际上出口信用保险适用范围最广、承保量最大的险种。保险机构都制定了标准格式的保险单和统一的保险条款和费率。

各国的短期出口信用保险通常都有以下共同规定：

（1）被保险人在投保时，应以书面方式提出申请，向保险公司详细申报其出口的有关情况，包括以往一个时期出口的货物种类、国家或地区、金额、主要客户情况、收汇方式和发生过的收汇风险等情况。

（2）实行按全部营业额投保（whole turn over basis）的原则，即被保险人应按销售总额投保其全部，或保单规定适用范围的全部。信用期不超过180天的出口合同，不允许只选择一部分的合同投保，即保险公司要求全部投保非信用证方式收汇的出口。

（3）根据全部营业额投保的原则，被保险人随时或定期向保险公司申报每一年出口的有关情况，作为保险公司承担保险责任并计算保费的依据。未事先申报的出口，保险公司不予负责。

（4）被保险人在与买方签订合同并申请投保信用险时，须向保险公司申请该买方的信用限额。经保险公司审查批准的信用限额，即成为保险公司对被保险人在该买方名下发生损失承担的最高赔偿限额。

（5）保险公司为了促使被保险人谨慎从事，尽可能避免或减少损失，都要求被保险人自己承担一定比例的损失，不实行100%的赔偿。国外短期保险一般规定损失赔偿比例为80%~90%。同时，保险公司根据被保险人出口量的大小，规定每年保单的总赔偿限额，即对该被保险人每年累计的赔偿不能超过总赔偿限额。

（6）出口信用保险承保的收汇风险基本上都发生在国外，为使保险公司对损失进行核审和督促或协助被保险人采取有效措施减少损失，一般根据不同原因规定保险公司核定损失的期限，即通常所指的"等待期"。保险公司应在保单规定的等待期满后，定损核赔。

2. 延长期出口信用保险

延长期出口信用保险用于承保180天到两年之间的出口贸易风险，适用于诸如汽车、机械工具、生产线等货物的出口。此险种也可视为短期出口信用保险的延续。

3. 中长期出口信用保险

中长期出口信用保险用于承保两年以上、金额巨大、付款期长的信用风险，尤其是建筑工业、造船业等贸易，海外工程承保和技术服务项下的费用结算的收汇风险也可承保。

4. 特定的出口信用保险

特定的出口信用保险是指在特定情况下，承保特定合同项下的风险。其承保的对象一般是复杂的、大型的项目，如大型的转口贸易、军用设备、出口成套设备（包括土建工程等），以及其他保险公司认为风险较大、需单独出立保单承保的项目。

三、出口补贴

（一）出口补贴的含义

出口补贴（export subsidies）又称出口津贴，是一国政府为了降低出口商品的价格，增加其在国际市场的竞争力，在出口某商品时给予出口商的现金补贴或财政上的优惠待遇。发达国家主要对农产品和部分高科技产品实施出口补贴；大多数发展中国家主要对工业制成品实施出口补贴。

（二）出口补贴的形式

1. 直接补贴

直接补贴（direct subsidies）是指政府在商品出口时直接付给出口商的现金补贴，主要来自财政拨款。其目的是弥补出口商品的国际市场价格低于国内市场价格所带来的损失，或者补偿出口商所获利润率低于国内利润率所造成的损失。

直接补贴包括价格补贴和收入补贴两种形式。价格补贴是政府或其专门设立的机构根据出口商出口商品的数量或价值直接给予的现金补贴。价格补贴也可以采取补贴差价的方式。根据掌握的资料，差价补贴主要针对农产品出口，特别是欧美的补贴。收入补贴主要是指政府或专门设立的机构对出口亏损企业进行补贴或补偿。这种做法非常少见，我国改革开放前，政府曾对外贸企业发生的亏损全部承担。

2. 间接补贴

间接补贴（indirect subsidies）是指政府对某些商品的出口给予财政上的优惠，以降低出口商品的成本，提高出口商品的价格竞争力，从而更有力地打进国际市场。例如：退还或减免出口商品所缴纳的销售税、消费税、增值税、所得税等国内税；对进口原料或半制成品加工再出口给予暂时免税或退还已缴纳的进口税，免征出口税；对出口商品实行延期付税、减低运费、提供低息贷款，以及对企业开拓出口市场提供补贴；政府免费为出口商品的企业做推销宣传、提供海外市场信息、提供咨询服务等。

补贴在很大程度上可以作为实行贸易保护的工具，成为国际贸易中的非关税壁垒。在国际贸易中，对国内相关人的利益行为可能构成对其他成员方贸易商的不利。补贴可以影响国际市场的货物流向，因而经常被作为刺激出口或限制进口的一种手段。

（三）世界贸易组织关于出口补贴的协议

世界贸易组织的《补贴与反补贴措施协议》将出口补贴分为禁止性补贴、可申诉补贴和不可申诉补贴三种。禁止性补贴是指不允许成员政府实施的补贴，如果实施，有关利益方可以采取反补贴措施；可申诉补贴是指一成员所使用的各种补贴如果对其他成员的工业造成损害，或者使其他成员的利益受损时，该补贴行为可被诉诸争端解决；不可申诉补贴即补贴对国际贸易的影响不大，不可被诉诸争端解决，但需要及时通知其他成员。实施不可申诉补贴的主要目的是对某些地区的发展给予支持，或对研究与开发、环境保护及就业调整提供的援助等。

四、商品倾销

（一）商品倾销的含义

商品倾销（dumping）是指一个国家或地区的出口经营者以低于国内市场正常或平均价格甚至低于成本价格向另一国市场销售其商品的行为。其目的在于击败竞争对手、夺取市场，并因此给进口国相同或类似商品的生产商及产业带来损害。

商品倾销是一种低价销售商品的措施，是出口商根据不同的市场特征、现状、供求形态及竞争目的而自行压低其商品在另一国市场上销售价格的措施。倾销行为没有遵循市场正常供求关系和基本价格规律，倾销商品的价格也不能客观地反映其经济价值。倾销是国际贸易中的低价销售。从商品倾销的定义和性质可以看出，倾销仅指发生在一国（出口国）与另一国（进口国）贸易中的价格歧视。商品倾销是一种或是为了销售过剩商品，或是为了排挤乃至挤垮他国相同或类似商品生产者，以实现垄断市场、提高价格、获取超额垄断利润的不正当竞争行为。它不仅损害了进口国的产业利益，影响进口国的经济发展，还扰乱了国际贸易的正常竞争秩序。

（二）商品倾销的形式

按照倾销的具体目的和时间长短的不同，商品倾销可分为以下几种形式：

1. 偶然性倾销

偶然性倾销（sporadic dumping）通常是因为本国市场销售旺季已过或企业改营其他业务，将在国内市场上很难售出的积压库存以较低的价格在国外市场上抛售。由于此类倾销持续时间短、商品数量少，对进口国的同类产业没有特别大的不利影响，进口国消费者反而受益于获得廉价商品，因此进口国对偶然性倾销一般不会采取反倾销措施。

2. 间歇性倾销

间歇性倾销（intermittent dumping）又称掠夺性倾销，是以低于国内价格甚至低于成本的价格在国外市场销售，以达到打击竞争对手、形成垄断的目的，在打垮或摧毁所有或大部分竞争对手之后，再利用垄断力量抬高价格以获取高额利润。这种倾销违背了公平竞争原则，破坏了国际经贸秩序，故为各国反倾销法所限制。

3. 持续性倾销

持续性倾销（continuous dumping）是指企业长期以低于国内市场的价格在国外市场出售商品。这种倾销具有长期性，其出口价格至少应高于边际成本，否则商品出口，企业将长期亏损。在产品具有经济规模时，生产商可以通过扩大生产来降低成本。有的出口商还可以通过获取本国政府的出口补贴来进行这种倾销。

五、外汇倾销

（一）外汇倾销的定义

外汇倾销（exchange dumping）是指政府利用本国货币对外贬值的机会争夺国外市场的一种手段。

本国货币对外贬值，可以起到提高出口商品竞争能力和降低进口商品竞争能力的作用。因为货币贬值意味着本国货币兑换外国货币比率的降低，在价格不变的情况下，出口商品用外国货币表示的价格降低，故提高了商品竞争能力；反之，进口商品用本国货币表示的价格则提高，故降低了进口商品竞争能力。

（二）外汇倾销的条件

外汇倾销不能无限制和无条件地进行，只有在具备以下条件时，外汇倾销才可起到扩大出口的作用：

（1）货币贬值的程度大于国内物价上涨的程度。一国货币的对外贬值必然会引起货币对内也贬值，从而导致国内物价上涨。当国内物价上涨的程度赶上或超过货币贬值的程度时，出口商品的外销价格就会回升到甚至超过原先的价格，即货币贬值前的价格，因而使外汇倾销不能实行。

（2）其他国家不同时实行同等程度的货币贬值。当一国货币对外实行贬值时，如果其他国家也实行同等程度的货币贬值，就会使两国货币之间的汇率保持不变，从而使出口商品的外销价格也保持不变，以致外汇倾销不能实现。

（3）其他国家不同时采取其他的报复性措施。如果外国采取提高关税等报复性措施，那么也会提高出口商品在国外市场的价格，从而抵销外汇倾销的作用。

六、鼓励出口的行政组织措施

为了扩大出口，许多国家在行政组织方面采取了各种措施。

（一）设立专门机构或组织

一些国家和地区为鼓励出口，设立专门机构或组织，向政府提供政策咨询，向出口企业提供信息、情报方面的服务。例如，美国 1960 年成立扩大出口全国委员会，其任务是向美国总统和商务部部长提供关于改进出口促进措施的各类建议和相关数据信息。1978 年，美国成立出口委员会和出口扩张委员会，隶属美国总统国际政策委员会。为加强对贸易的管理，特别是加强出口促进，1979 年，美国成立总统贸易委员会，具体负责美国的对外贸易事务。英国相应的机构为海外贸易委员会，它通过与英国驻外机构，特别是海外商务机构保持密切联系，为本国商品出口企业提供商业信息，如特定国家或地区市场某些商品的供求状况、价格状况、潜在需求等，甚至为出口企业达成交易做免费中介。海外贸易委员会还为与出口有关的活动，如商品展出、谈判等提供经费帮助。

（二）组织贸易中心和贸易展览会

政府出资建设贸易中心，设立常年商品展示场所，或通过政府提供补贴组织、帮助出口企业到国外举办贸易展览或展销会。设立贸易中心、组织贸易展览会是对外宣传本国产品、扩大出口的一个重要途径。贸易中心是永久性设施，可以提供陈列展览场所、办公地点和咨询服务等。贸易展览会是流动性展出，有的集中在国内展出，吸引外商参加；有的则派代表团到国外宣传展览本国产品，如有的西方国家一年组织 20 多次国外展出。政府通常对这类展出提供多方面援助，如德国企业出国展览，政府一般负担展品运费、场地费和水电费等。我国近些年来也比较重视这方面的促销措施，国内以中国进出口商品交易会（简称广交会）为龙头的各类交易展览洽谈会为促进我国出口贸易做出了巨大的贡献。有些国家为了发展外贸或平衡外贸，常由政府出面组织贸易代表团出访。这类代表团既在国外采购商品，也推销本国商品。

（三）组织贸易代表团出访和接待来访

一些发达国家政府领导人出访会伴有庞大的工商代表团，或以政府的名义组织专门的贸易代表团出访，大部分出访费用由政府提供补贴。同时，政府还指定部门或机构，或者建立新的机构负责贸易代表团的出访，以及国外贸易代表团的接待工作事宜，提供贸易商之间的接触机会，帮助疏通信息，以最终达成交易。

（四）组织出口商的评奖活动

第二次世界大战结束后，各国对出口商给予精神奖励的做法日益盛行，经常组织出口商的评奖活动。对出口成绩显著的出口商，由国家授予奖章和奖状，并通过授奖活动宣传其扩大出口的经验。例如，日本政府把每年的 6 月 28 日定为贸易纪念日，每年的这一天由通产大臣向出口成绩卓著的厂商颁发奖状；另外，还采取由首相亲自写感谢信的办法表彰出口成绩卓越的厂商。美国、法国等国家对出口业绩卓著的企业授予各种奖章、证书，奖励它们对本国经济，特别是国际收支平衡做出的贡献。

七、经济特区措施

许多国家或地区为促进经济和对外贸易的发展，采取建立经济特区的措施。经济特区是一个国家或地区在其关境以外划出的一定范围内，建设或扩建码头、仓库、厂房等基础设施，实行免除关税、放松海关与外汇管制等优惠待遇，吸引外国企业从事贸易与出口加工工业等业务活动的区域。建立经济特区的目的是促进对外贸易发展，鼓励转口贸易和出口加工贸易，繁荣本国家或地区和邻近地区的经济，增加财政收入和外汇收入。

各国家或地区设置的经济特区名目繁多、规模不一，主要有以下几种形式：

（一）自由港或自由贸易区

自由港（free port）也称为自由口岸。自由贸易区（free trade zone）也称为对外贸易区、自由区、工商业自由贸易区等。无论是自由港或自由贸易区都划在关境以外，对进出口商品全部或大部分免征关税，并且准许在港内或区内开展商品自由储存、展览、拆散、改装、重新包装、整理、加工和制造等业务活动，以促进本地区的经济和对外贸易的发展，增加财政收入和外汇收入。

自由港或自由贸易区没有关税和其他贸易限制，奉行贸易、投资自由化原则，要素流动自由，资金融通便利，政府办事效率高、透明度高，基础设施完备，有发达的通信、运输设施和条件，海、陆、空运输发达，并与世界主要航线相通，物流体系完善。许多国家或地区对自由港或自由贸易区的规定大同小异，归纳起来，主要有以下几个方面：

1. 关税方面的规定

对允许自由进出自由港或自由贸易区的外国商品，不必办理报关手续，免征关税。少数已征收进口税的商品如烟、酒等如再出口，可退还进口税。

2. 业务活动的规定

对允许进入自由港或自由贸易区的外国商品，可以储存、展览、拆散、分类、分级、修理、改装、重新包装、重新贴标签、清洗、整理、加工和制造、销毁、与外国的原材料或所在国的原材料混合，再出口或向所在国国内市场出售。

3. 禁止和特别限制的规定

许多国家通常对武器、弹药、爆炸品、毒品和其他危险品，以及国家专卖品如烟草、酒、盐等禁止输入或凭特种进口许可证才能输入；有些国家对少数消费品的进口征收高关税；有些国家对某些生产资料在港内或区内的使用也征收关税，此外，还有些国家，如西班牙等，禁止在区内零售。

世界上的自由港、自由贸易区很多，我国拥有世界上最大的自由港——香港。1841年，香港开始成为自由港，这与其资源条件和地理位置有着紧密的关联，其生活、生产资料几乎全部依靠进口，甚至包括水资源。香港自由开放的政策吸引了大量外国资本的进入，促进了香港作为贸易转口、物流、金融中心地位的确立。

（二）保税区

保税区（bonded area）又称保税仓库区，是海关所设置的或经海关批准注册的、受海关监督的特定地区和仓库。外国商品存入保税区内，可以暂时不缴纳进口税；如再出口，不缴纳出口税；如要运进所在国的国内市场，则须办理报关手续，缴纳进口税。运入区内的外国商品可进行储存、改装、分类、混合、展览、加工和制造等。此外，有的保税区还允许在区内经营金融、保险、房地产、展销和旅游业务。因此，许多国家对保税区的规定与自由港、自由贸易区的规定基本相同，使其起到类似自由港或自由贸易区的作用。

（三）出口加工区

出口加工区（export processing zone）是指一个国家或地区为利用外资、发展出口导向工业、扩大对外贸易而设立的以制造、加工或装配出口商品为主的特殊区域。其建设目的在于吸引外国投资，引进先进技术与设备，促进本地区的生产技术和经济的发展，扩大加工工业和加工出口的发展，增加外汇收入。

世界上第一个出口加工区为 1956 年建于爱尔兰的香农国际机场。我国台湾高雄在 20 世纪 60 年代建立出口加工区。以后，世界上许多国家和地区也效法设置。我国在 20 世纪 80 年代实行改革开放政策后，在沿海一些城市开始兴建出口加工区。

出口加工区狭义是指某一国家或地区为利用外资，发展出口导向工业，扩大对外贸易，以实现开拓国际市场、发展外向型经济的目标，专为制造、加工、装配出口商品而开辟的特殊区域，其产品的全部或大部供出口。

广义的出口加工区还包括自由贸易区、工业自由区、投资促成区和对外开放区等，有单类产品出口加工区和多类产品出口加工区之分。其中后者除加工轻纺工业品外，还加工生产电子、钢铁、机械、化工等产品。

出口加工区由自由贸易区发展而来。为了发挥和提高出口加工区的经济效果，吸引外国企业投资设厂，许多国家或地区制定了具体的措施，主要包括以下方面：

（1）关税的优惠规定。对在区内投资设厂的企业，从境外进口生产设备、原料、燃料、零件、元件及半成品一律免征进口税，生产的产品出口时一律免征出口税。

（2）国内税的优惠规定。出口加工区为外国投资的企业提供减免所得税、营业税、贷款利息税等优惠待遇。

（3）放宽外国企业投资比率的规定。出口加工区放宽对外国企业的投资比率限制。例如，菲律宾规定，外资企业在区外的投资比率不得超过企业总资本的 40%，但在区内的投资比率不受此项法律的限制，投资比率可达 100%。

（4）放宽外汇管制的规定。在出口加工区，外国企业的资本、利润、股息可以全部自由汇回本国。

（5）投资保证规定。许多国家或地区不仅保证各项有关出口加工区的政策、规定长期稳定不变，而且保证对外国投资不予没收或征用。如因国家利益或国防需要而征用时，政府将给予合理的赔偿。此外，对于报关手续、土地仓库和厂房等的租金，贷款利息，外籍职工及其家属的居留权等，都给予优惠待遇。

当然，许多国家或地区虽然向外国投资者提供种种优惠待遇，但并不是任其自由投资随意作为，而是既有鼓励又有限制，引导外国企业按照本国的经济和对外贸易发展的需要投资设厂。

（四）自由边境区

自由边境区（free perimeter）过去也称为自由贸易区，一般设在本国的一个省或几个省的边境地区，对在区内使用的生产设备、原材料和消费品可以免税或减税进口。如从区内转运到本国其他地区出售，则须照章纳税。外国货物可在区内进行储存、展览、混合、包装、加工和制造等业务活动，其目的在于利用外国投资发展边区的经济。

自由边境区与出口加工区的主要区别在于，自由边境区的进口商品加工后大多是在区内使用，只有少数用于再出口，故建立自由边境区的目的是开发边区经济。因此，有些国家对优惠待遇规定了期限，当这些边区的生产能力发展后，就逐渐取消某些商品的优惠待遇，直至废除自由边境区。例如，墨西哥在美墨边境设立的一些自由边境区期限已满，就取消了原有的优惠待遇。我国在中俄边境、中越边境也设有自由边境区。

第二节　限制出口的政策与措施

出于政治军事和经济上的考虑，各国都有可能限制和禁止某些战略性商品和其他重要商品输往国外，主要是以限制出口的政策和出口管制的形式来达到限制出口的目的。国家通过法令和行政措施对本国出口贸易实行管理与控制。

一、出口限制政策

出口限制政策（export restriction policy）是指政府出于某种目的对出口进行限制的政策。

（一）出口限制政策的意义

1. 安全目的

所谓安全目的，是指若允许某类产品或技术的出口会损害国家或地区的安全，因此禁止此类产品或技术的出口。这在冷战时期尤为明显。冷战时期，为控制向社会主义国家的技术出口，欧、美、日成立了禁止技术出口的组织，因其总部设在巴黎，通常被称为巴黎统筹委员会，主要制定禁止技术出口的种类和对技术出口进行监督。目前美国政府以国家安全为借口，依然禁止有关核技术、计算机技术等向我国的出口。

2. 国家利益

当一类产品的出口会损害国家利益时，同样会被禁止或被限制。这个国家利益的概念不仅包括前述的安全利益，还包括政治利益和经济利益。

在政治利益方面，如美国为控制中东，利用出口限制政策阻止美国商人同伊朗的贸易；在经济利益方面，很多国家为保护自己的经济资源，防止过度开发和过度竞争，都制定了一系列出口限制政策，以确保国家经济利益不受损失。

3. 战略目的

很多国家制定出口战略的目的是对一些产品的出口进行限制。例如，我国对粮食出口进行限制就包含这种目的。我国是人口大国，必须保持一定的粮食库存，否则如果完全利用国际市场来调剂，当发生灾祸时，就会很被动。

4. 其他目的

限制出口政策还有其他目的，如防止技术流入竞争对手手中、防止资源被他国控制等。不过，这些目的也都不外乎以上述三者为核心。

（二）出口限制政策的具体措施

1. 绝对禁止出口

绝对禁止出口是指国家颁布有关法规，对某一类产品或技术的出口（有时是针对特定的出口国）绝对禁止。目前这种政策措施很少被使用。

2. 出口关税制度

出口关税制度曾经是各个国家普遍使用的出口商品征税制度。但在现今市场条件下，各国为鼓励出口，已很少使用出口关税手段了。

3. 出口许可证制度

出口许可证制度是目前世界各国广泛使用的一种出口限制措施。它是指只允许有许可证的公司出口，无许可证则禁止出口。出口许可证有以下几种：

（1）特种出口许可证。特种出口许可证是指针对特定国家和特定产品（或技术）设定的出口许可证。这种许可证较难申请，管制也很严格。例如，美国曾把其他国家分为八组，其中对 E 组国家输出控制最为严格，出口商需要领特种出口许可证方可出口。

（2）一般出口许可证。一般出口许可证是指针对所有国家的出口许可证。这种许可证往往只涉及很少种类的商品，国家对其出口进行控制。这种许可证的申领较容易，往往也被"市场化"了。例如，我国对一般出口许可证的管理采取的是拍卖制度，即首先为每种出口许可证管理的商品定出最高出口量，然后将其公开拍卖，并允许二次交易。这样许可证就成了一种特殊的"权力商品"。

（3）最低出口限价。最低出口限价是指国家对一些商品（一般是资源型商品）的出口规定最低限价，低于最低限价的则禁止出口。这种管制主要是为了保持市场有限性，使该出口商品有较好的贸易条件，避免因本国资源的过度开发、过度销售导致的损失和浪费。

二、出口管制

（一）出口管制的含义

出口管制（export control）是指国家通过法令和行政措施对本国出口贸易实行的管理和与控制。许多国家，特别是发达国家为了一定的政治、军事和经济的目的，往往对某些商品，尤其是战略物资与技术产品实行管制，限制或禁止出口。

（二）出口管制的商品

（1）战略物资和先进技术资料，如军事设备、武器、军舰、飞机、先进的电子计算机和通信设备、先进的机器设备及其技术资料等。对这类商品实行出口管制，主要是从国家安全和军事防务的需要出发，以及从保持科技领先地位和经济优势的需要考虑。

（2）国内生产和生活紧缺的物资。其目的是保证国内生产和生活需要，抑制国内该商品价格上涨，稳定国内市场。例如，西方国家往往对石油、煤炭等能源商品实行出口管制。

（3）需要"自愿"限制出口的商品。这是为了缓和与进口国的贸易摩擦，在进口国的要求下或迫于对方的压力，不得不对某些具有很强国际竞争力的商品实行出口管制。

（4）历史文物和艺术珍品。这是出于保护本国文化艺术遗产和弘扬民族精神的需要而采取的出口管制措施。

（5）本国在国际市场上占主导地位的重要商品和出口额大的商品。对一些出口商品单一、出口市场集中，且该商品的市场价格容易出现波动的发展中国家来讲，对这类商品的出口管制，目的是稳定国际市场价格，保证正常的经济收入。例如，欧佩克（OPEC）对其成员国的石油产量和出口量进行控制，以稳定石油价格。

（三）出口管制的形式

1. 单边出口管制

单边出口管制是指一国根据本国的出口管制法律，设立专门的执行机构，对本国某些商品的出口进行审批和发放许可证。单边出口管制完全由一国自主决定，不对他国承担义务与责任。

为有效地制定和实施出口管制政策，许多国家都设有专门的机构，颁布专门的法律。如美国，其出口管制法案是根据国内形势和其对外政策的变化而制定和修改的。早在 1917 年，美国国会就通过了《与敌对国家贸易法案》。第二次世界大战后，为加强对社会主义国家实行出口管制，美国国会又于 1949 年通过了《出口管制法》。该法经多次修改，至 1969 年 12 月被《出口管理法》所取代，后者在一定程度上放宽了对某些社会主义国家输出战略物资的出口管制，简化了出口许可证颁发手续。后来，美国国会又先后修订了《出口管理法》，逐渐放松了对某些国家和某些产品的出口管制。美国出口管制由国防部、国务院、商务部、能源部等部门以及跨部委机构联合负责管理。美国政府的不同部门在执行出口管制时会参照许多不同的法规和条例。美国的出口管制大约分为两个体系，即军品出口和军民两用品出口。前者由国务院管辖，后者属于商务部。2019 年 5 月 16 日，美国商务部工业和安全局将华为技术有限公司及其 68 个附属公司加入出口限制名单。2019 年 10 月 7 日，美国商务部将把包括海康威视、大华科技、科大讯飞、旷视科技、商汤科技、美亚柏科、颐信科技和依图科技等在内的 28 家中国机构和公司列入美国出口管制实体名单，限制这些机构从美国购买零部件。

2. 多边出口管制

多边出口管制是指几个国家的政府通过一定的方式建立国际性的多边出口管制机构，商讨和编制多边出口管制清单，规定出口管制办法，以协调彼此的出口管制政策与措施，达到共同的政治与经济目的。

1949 年 11 月成立的对共产党国家出口管制统筹委员会，即巴黎统筹委员会（简称巴统），就是一个典型的国际性多边出口管制机构。其目的是建立对苏联、东欧和中国等社会主义国家实行出口管制的国际网络，共同防止战略物资和先进技术输往社会主义国家，遏制社会主义的发展。轰动一时的"东芝事件"即为一例。1987 年 6 月，日本东芝公司违反巴统规定，向苏联出口了一种技术先进的大型铣床。这种铣床可用来改进苏联潜艇发动机的质量，使其噪声减小，而美国的通信卫星正是根据苏联潜艇的噪声进行跟踪的。美国参众两院大为恼火，向巴统提出申诉。结果巴统对东芝公司进行了制裁，除罚款外，5 年内不准东芝公司向苏联出口产品。

1994 年 3 月 31 日，因"冷战"的结束，巴统宣布解散。1996 年 7 月 12 日，原巴统成员国在维也纳宣布成立一个新的出口管制组织，定名为"瓦瑟纳尔协定"，全称为《关于常规武器与两用产品和技术出口控制的瓦瑟纳尔协定》（*The Wassenaar Arrangement on Export Controls for Conventional Arms and Dual-Use Good and Technologies*）。该组织的工作重点是打击国际恐怖主义，维护世界和平，共有包括美国、日本、英国、俄罗斯等 42 个成员国。它没有正式列举被管制的国家，只在口头上将伊朗、伊拉克、朝鲜和利比亚 4 国列为管制对象。瓦瑟纳尔协定是一个十分松散的组织，成员国可参照共同的管制原则和清单自行决定实施出口管制的措施和方式，自行批准本国的出口许可，即所谓的"各国自行处理"原则。

（四）出口管制的措施

1. 出口许可证制度

出口许可证制度（export license system）是出口管制的措施之一。在国际贸易中，国家为管理对外贸易，根据本国出口商品管制的法令规定，由有关当局签发准许出口的证件。出口许可证是国家管理货物出境的法律凭证。凡实行出口许可证管理的商品，各类进出口企业应在出口前按规定向指定的发证机关申领出口许可证，海关凭出口许可证接受申报。

这种制度可以直接控制出口。许多国家对国内生产所需要的原料、半成品，以及国内供应不足的一些商品、物资、文物、战略物资，都实行出口许可证制来加以管制。出口许可证通常分为一般出口许可证、出口配额许可证和特殊许可证三种。一般许可证是指国家对一般性限制商品或非特殊商品采用的普通许可证。该许可证常用于一般类型或临时展销性商品，该类商品的出口管理较松。出口配额许可证是指国家政府用以分配某种商品出口计划配额、自动配额而使用的许可证。特殊许可证用于一些特殊商品，国家重点限制这类商品的出口，如武器、核物资、国家先进技术资料等。该许可证的申请、审批程序较为复杂。

2. 进出口国家垄断

进出口国家垄断（state monopoly of import and export）是指在对外贸易中，对某些或全部商品的进出口规定由国家机构直接经营，或者把某些商品进口或出口的专营权给予某些垄断组织。其中，前一种情况称为对外贸易国家垄断，后一种情况称为进出口专营。通过国家垄断或专营，政府可以控制一些重要或敏感商品的进出口，寻求最佳的出口地理分布及商品生产结构。对进出口商品的国家专营主要集中在三种商品上：第一类是烟和酒，因为烟和酒的税负较重，政府从烟和酒的贸易中可以获取更多的财政收入；第二类是农产品，有些国家把对农产品的对外垄断作为国内农业政策措施的一部分；第三类是武器，其贸易一般都由国家垄断。

3. 出口关税

出口关税（export tax）是指出口国海关在本国货物和物品输往国外时对出口商或出境的个人征收的关税。出口关税的征税对象不限于作为商品流通而进出境的外贸货物，还可能包括旅客携带、托运或邮寄的物品。由于征收出口关税会提高本国产品在国外市场的销售价格、降低竞争力，因此各国很少征收出口关税。

与进口关税正好相反，为出口管制或出口限制而采取的出口关税是针对某些特殊商品出口征收的税赋。出口关税会影响商品的国内、国外价格和出口量。但这一政策的实效取决于国内外的供求状况。

4. "自愿"出口配额

出口配额是指政府在一定时期内对某些出口商品的出口数量或金额规定一个最高限额，限额内商品可以出口，限额外商品不准出口或者予以处罚。

有些出口配额是本国政府主动设立的，是出口国根据国内市场容量和某种情况而对某些商品的出口规定限额。有些配额是为适应进口国政府的要求而设立的，又称"自愿"出口限制或"自愿"出口限制，是出口国家或地区在进口国的要求或压力下，在一定时期内"自愿"限制本国的某些商品对该进口国的出口数额，超过规定的数额则禁止对该进口国出口。

5. 禁止出口与贸易禁运

禁止出口（export forbidden items）一般是一国对其战略物资或急需的国内短缺物资进行严格控制的主要手段。而贸易禁运（export embargo）则是贸易制裁的一种手段，是出口国为迫使被制裁国做出某种让步而禁止本国出口商向该国出口商品。

第三节　出口贸易政策的经济效应

一、限制进口的产业政策

这类产业政策主要是通过给予国内进口竞争工业直接或间接的生产补贴，以降低成本、提高产品竞争力,从而减少外国产品的进口,促进国内产业的发展。这些生产补贴包括现金补贴、税收减免、管理援助、提供研发基金、再培训计划、低息贷款或贷款担保等,还包括政府的直接采购或区域支持。另外,由政府资助的国防、空间技术及非军事研究支出的外溢效应也会影响企业的成本和产品特征,这类政府项目还有可能帮助企业建立起规模经济优势,从而使其更具竞争力。

这些国内产业政策都会对国际贸易流动产生影响。例如,美国木材生产商认为,加拿大一些地方政府以补贴性和不合理的低价将采伐权卖给加拿大厂商,导致了美国企业竞争上的劣势。美国政府曾向克莱斯勒公司提供低息的美国政府贷款,也被认为是一种产业政策,干扰了国际贸易。

进口部门生产补贴的经济效应如图9-1所示。

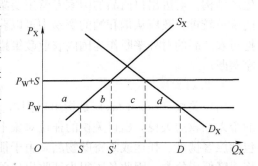

图中 D_X 和 S_X 分别代表该国对 X 产品的需求和供给曲线。在自由贸易价格 P_W 下,该国的国内生产为 OS,消费为 OD,进口量为 SD。现在假设政府对每单位 X 产品提供生产补贴 S,这意味着本国生产者仍按照市场价格 P_W 销售产品,但每单位产品实际获得的收入为 P_W+S。因此,生产者会将产量提高至 OS',市场价格并没有改变,消费者的消费量不变,进口量降至 $S'D$。

当政府提供生产补贴后,进口部门的生产和消费变动引起了整个社会的福利变动:生产者剩余增加了 a 部分;消费者剩余没有变动;政府对该产业的补贴成本为每单位补贴额乘以产量 OS',即 $a+b$ 部分。所以,整个社会的福利水平变化是损失了 b 的面积。这是因为产业政策也是对资源配置的一种干预,补贴扭曲了相对价格,导致生产资源向低效率部门转移。

图 9-1 进口部门生产补贴的经济效应

二、鼓励出口的产业政策

鼓励发展出口工业的产业政策是国家政府通过直接或间接的方式对本国的出口企业进行生产补贴,以降低其生产成本,提高其出口竞争力。直接的方式包括现金资助、税收减免、提供优惠贷款等;间接的方式有对出口工业生产集中地区的区域性支持、资助研发项目、减少公共品收费、降低经营标准等。

出口补贴的经济效应如图9-2所示。

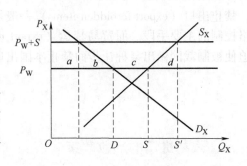

图中 D_X 和 S_X 分别表示该国 X 产品的需求和供给曲线。在自由贸易价格 P_W 下,该国国内生产为 OS,消费为 OD,从而出口量为 DS。现在如果政府对每单位 X 产品的生产提供补贴额 S,那么本国生产者每单位产品仍可按照不变的市场价格 P_W 销售,但所获得的实际收入为 P_W+S,因此国内厂商将其生产扩大至 OS'。

生产补贴与出口补贴不同,生产补贴是按

图 9-2 出口补贴的经济效应

照产量而不按照销售市场来进行补贴的，也就是说，厂商无论在国内市场销售还是出口到海外市场，都可以同样得到每单位 S 的补贴。因此，厂商不会尽量将产品销往海外市场，国内市场供给不会减少，价格也就不会发生变化。消费者也将不改变其消费量，那么增加的产量就变为增加的出口量，即生产补贴起到了促进出口的作用，使出口量增加到 DS'。

由于产品价格不变，消费者福利没有损失，国内生产者福利增加了 $a+b+c$，政府付出的补贴成本为 $a+b+c+d$，所以整个社会福利净损失为 d。与政府提供每单位 S 的出口补贴相比，生产补贴造成的社会福利损失更小（出口补贴的社会福利净损失为 $b+d$），因为生产补贴不影响价格，从而避免了消费扭曲（b 部分）。从整个国民福利的角度来说，生产补贴优于出口补贴；但对政府来说，生产补贴需要更多的财政支出。

 本章思考题

1. 简述出口信贷的特点。
2. 简述出口信用保险的种类。
3. 简述自由港或自由贸易区对出口贸易提供的优惠和便利。
4. 简述主要的出口管制商品。
5. 简述出口管制的主要措施。

第三篇
经济全球化与世界贸易组织

第十章

区域经济一体化

第一节 区域经济一体化概述

一、区域经济一体化的内涵和类型

(一) 区域经济一体化的内涵

1. 经济一体化

经济一体化的定义最早是由首届诺贝尔经济学奖获得者、荷兰计量经济学家简·丁伯根 (Jan Tinbergen) 于 1952 年在其著作《论经济政策理论》(On the Theory of Economic Policy) 中首次提出的。丁伯根认为:"经济一体化就是将有关阻碍经济最有效运行的人为因素加以消除,通过相互协调与统一,创造最适宜的国际经济结构。"1954 年,丁伯根在其论著《国际经济一体化》(International Economic Integration) 中更加详尽和系统地解释了世界经济一体化的现象,并将经济一体化区分为消极经济一体化 (negative economic integration) 和积极经济一体化 (positive economic integration)。[一] 其中,消极一体化是指消除贸易壁垒 (to remove trade barriers) 的各种努力;积极一体化可以导致"协调集中的政策制定的新制度" (new institutions for coordinated and centralized policy-making)[二]。

美国经济学家贝拉·巴拉萨 (Bela Balasa) 于 1961 年在其著作《经济一体化理论》(The Theory of Economic Integration) 中,从行为和手段的角度对经济一体化进行了描述,把经济一体化定义为"既是一个过程,又是一种状态。就过程而言,它包括旨在消除各国经济单位之间差别待遇的种种举措;就状态而言,则表现为各国间各种形式的差别待遇的消失"[三]。波兰经济学家查尔斯托斯基 (Chelstowski, 1972) 认为,经济一体化的本质是劳动分工,"即按国际劳动分工的要求来调整各国的经济结构"[四]。后来,美国经济学家维多利亚·柯森 (Victoria Curson, 1974) 指出,一体化过程是"成员国间生产要素再配置"的过程。[五]

可以看出,经济一体化 (economic integration,又称经济整合) 是指不同经济实体之间经济整合并最终形成一个统一整体的过程。

2. 区域经济一体化

区域经济一体化是指地理区域上比较接近的两个或两个以上的国家之间所实行的各种形

[一] Jan Tinbergen. International Economic Integration. Elsevier, 1954.

[二] Peter A. Cornelisse, Herman K. Van Dijk, Jan Tinbergen. Econometric Institute Report EI 2006—2009.

[三] Bela Balassa. The Theory of Economic Integration. Allen and Unwin, 1961.

[四] Chelstowski. CMEA and Integraton. Polish Perspectives, 1972 (XV).

[五] Victoria Curson. The Essentials of Economic Integration. St. Martins Press, 1974.

式的经济联合或组成的区域性经济组织。一般情况下，地区经济一体化需要建立超国家的决策和管理机构，制定共同的政策措施，实施共同的行为准则，规定较为具体的共同目标。它要求参加一体化的国家让渡部分国家主权，由一体化组织共同行使这一部分主权，进行经济的国际干预和调节。

区域经济一体化既可以描述为一种状态，又可以描述为一种过程。作为一种状态，它是指此前彼此相互独立的各国经济通过一体化而最终达到相互间的融合；作为一种过程，它是指国家之间的经济边界（商品、服务以及生产要素流动的界限）逐渐消失。

（二）区域经济一体化的类型

区域经济一体化根据不同的标准，可以划分为不同的类型。

1. 按照一体化程度划分

根据商品、生产要素自由流动程度的差别以及各成员国政策协调程度的不同进行分类，区域经济一体化按照自由化程度由低到高可以分为优惠贸易协定、自由贸易区、关税同盟、共同市场、经济同盟和完全经济一体化等形式，具体如表 10-1 所示。

表 10-1 区域经济一体化的主要类型

类型	降低区域内产品关税	削减关税和进口数量限制	统一对外关税	生产要素自由流动	经济和社会政策进一步协调	经济和社会政策全面统一
优惠贸易协定	√					
自由贸易区	√	√				
关税同盟	√	√	√			
共同市场	√	√	√	√		
经济同盟	√	√	√	√	√	
完全经济一体化	√	√	√	√	√	√

（1）优惠贸易协定（preferential trade arrangement，PTA）。它是指成员国之间通过协定或其他形式，对全部或部分商品规定特定的关税优惠，也可能包含小部分商品完全免税的情况。它是经济一体化中最低级和最松散的一种形式，典型代表如中国-东盟优惠贸易协定。

（2）自由贸易区（free trade area，FTA）。它是指各成员国之间相互取消关税及进口数量限制，使商品在区域内完全自由流动，但各成员国仍保持各自的关税结构，按照各自的标准对非成员国征收关税。自由贸易区是一种比较松散的经济一体化形式。自由贸易区用关税措施突出了成员国与非成员国之间的差别待遇，是当今世界区域经济一体化过程中最常见的组织形式之一。典型代表如中国-新加坡自由贸易区、北美自由贸易区等。

（3）关税同盟（customs union，CU）。它是指各成员国之间不仅取消了关税和其他壁垒，实现了内部的自由贸易，还制定了相同的对外贸易政策，建立起对非成员国的共同关税壁垒。关税同盟的一体化程度高于自由贸易区，除自由贸易区的基本内容外，成员国对同盟外的国家建立共同的、统一的关税税率。典型代表如早期的欧洲经济共同体。

（4）共同市场（common market，CM）。它是指除了在成员国内完全废除关税与数量限制并建立对非成员国的共同关税壁垒外，还取消了对生产要素流动的各种限制，允许劳动、资本等生产要素在成员国之间自由流动，甚至企业主可以享有投资开厂办企业的自由。典型代表如欧洲联盟（1993年成立）。

（5）经济同盟（economic union，EU）。它是指成员国之间不仅商品与生产要素可以完全自由流动，建立统一的对外关税，而且要求成员国制定并执行某些共同的经济政策和社会政策，逐步消除各国在政策方面的差异，使一体化程度从商品交换扩展到生产、分配乃至整个国家经济，形成一个庞大的经济实体。典型代表如欧洲联盟。

（6）完全经济一体化（complete economic integration，CEI）。它是区域经济一体化的最高级形式，具有经济同盟的全部特点，同时各成员国还统一所有重大的经济政策，如财政政策、货币政策、福利政策、农业政策，以及有关贸易及生产要素流动的政策，并由其他相应的机构（如统一的中央银行）执行共同的对外经济政策。目前还没有此类区域经济一体化组织，欧盟在为此目标而努力。

2. 按照一体化范围划分

按照一体化范围，区域经济一体化可以分为部门一体化和全盘一体化。

（1）部门一体化。它是指区域内各成员国的一种或几种产业（或商品）的一体化。例如，1952年建立的欧洲煤钢共同体与1958年建立的欧洲原子能共同体。

（2）全盘一体化。它是指区域内各成员国的所有经济部门的一体化。例如，1957年建立的欧洲经济共同体（现欧盟）。

3. 按照参加国的经济发展水平划分

按照参加国的经济发展水平，区域经济一体化可以分为水平一体化和垂直一体化。

（1）水平一体化。它又称横向一体化，是指由经济发展水平相同或接近的国家组成的经济一体化。从区域经济一体化发展的现实情况来看，现存的一体化大多属于水平一体化，如欧洲经济共同体（现欧盟）、中美洲共同市场等。

（2）垂直一体化。它又称纵向一体化，是指由经济发展水平不同的国家所组成的一体化。例如北美自由贸易区，由经济发展水平不同的发达国家美国和加拿大以及发展中国家墨西哥组成。垂直一体化使建立自由贸易区的国家之间在经济上具有更大的互补性。

二、区域经济一体化与经济全球化的关系

区域经济一体化（简称区域化）是一个地理地区内各国一致同意减少并最终消除关税和非关税壁垒，以便货物、服务和生产要素在区域内自由流动的过程。从动态上说，它是世界经济走向一体化的过渡形式和步骤。经济全球化（简称全球化）是指世界经济活动超越国界，通过对外贸易、资本流动、技术转移、提供服务、相互依存、相互联系而形成全球范围的有机经济整体的过程。

关于区域经济一体化与经济全球化的关系，主要有两种观点：障碍说与阶段说 ⊖。

（一）障碍说

障碍说主要认为，区域经济一体化是经济全球化的"绊脚石"，是经济全球化发展的障碍，而非推动力量。这种观点认为：从本质上来看，区域化是区域主义的表现，全球化是多边主义的表现；区域化同意或默认"歧视原则"，全球化则遵循"非歧视原则"；区域化和

全球化的过程与结果都是相冲突的。区域化的核心在于强化区域利益，强化区域内各国的全面合作与协调，通过建立区域性对外经贸合作的壁垒，增强与区域外国家或其他组织的谈判与对抗能力。因此，不管是从区域化的动机和内部协调机制分析，还是从区域化对全球化的影响程度分析，区域化对全球化的发展都不能具有多数人所想象的促进作用，其结果将是数量更多的、规模更大的、更加难以协调和处理的冲突[○]。并且，这种冲突是客观存在的。经济全球化通常以多边合作机制为基础，以统一的世界市场和国际经济规则为标志，促进的是全球生产要素和商品服务的自由流动；区域经济合作则以双边或多边合作机制为基础，以区域内的市场统一和规则统一为标志，促进的是区域内生产要素和商品服务的自由流动。[○]

（二）阶段说

阶段说主要认为，区域经济一体化是经济全球化的"垫脚石"，"经济区域化并不是贸易和生产全球化的障碍，而是推动力"。[○]这种观点认为，尽管区域一体化和经济全球化在覆盖范围、发动动因、遵循原则、合作方式等方面不尽相同，但其目标和方向是一致的，两者在本质上都是指生产要素、商品与服务交易跨越国界的流动与配置，最终都将推动世界经济的发展和各个地区经济之间的相互融合。区域经济一体化是经济全球化进程中的一个阶段、一个过程。就其作用来看，区域经济一体化是经济全球化的必要补充，而不是一种威胁；反过来，经济全球化的蓬勃发展，也为区域经济一体化的不断深化创造了外部环境、制度基础和发展方向。简言之，"区域经济一体化与经济全球化相辅相成，可以实现两种潮流互动，共同发展"。^四

（三）探讨两种关系遵循的原则

以上两种观点是从两个不同侧面对两者之间关系进行的分析，都有其合理性，但将其完全对立起来，也有失偏颇。在探讨两种关系时，应遵循以下原则：

1. 差异性原则

区域经济一体化和经济全球化在发展动因、合作方式、经济影响等方面的差异是客观存在的。一些封闭型区域经济集团实行的内外有别的贸易政策，与多边贸易体制所倡导的"非歧视原则"是相背离的。

2. 可协调性原则

尽管区域化和全球化之间存在差异，但这一差异并不占主导地位，它们之间的矛盾是可以协调的，其发展方向具有一致性。GATT 和 WTO 都设有专门条款，甚至专门机构对区域贸易协定进行规范、监督和评估，以确保在促进区域内贸易流动的同时不得提高对外部的壁垒。同时，近年来出现的开放式区域贸易协定已经开始从机制上解决上述问题。

3. 阶段性原则

要承认区域经济一体化对经济全球化的促进、补充作用。它是在特定阶段中，在多边经济合作机制不能满足部分成员对经济自由化的要求时的一种次优选择。某些区域经济一体化组织的市场开放程度已经超过了 WTO，起到了一定的带动和示范作用。

○ 薛誉华. 区域化：全球化的阻力. 世界经济，2003（2）：51-55.

○ 李向阳. 全球化时代的区域经济合作. 世界经济，2002（5）：3-9；80.

○ 戴维·赫尔德. 全球大变革：全球化时代的政治、经济与文化. 社会科学文献出版社，2001.

四 赵京霞. 东亚区域合作：经济全球化加速发展的结果. 国际贸易问题，2002（12）.

三、区域经济一体化发展的动因

区域经济一体化的形成和发展不是一蹴而就的，在经济全球化的背景下，其形成有深刻的经济原因、社会原因和政治原因。

（一）多边贸易体制面临的新挑战是区域经济一体化发展的诱因

随着经济全球化的发展和 WTO 成员的增加，WTO 体制在进一步推进多边合作上遇到一些障碍。例如，WTO 协调及谈判范围已从过去的关税减让、市场开放准入等，逐渐转向各种非关税措施如各种技术标准、环境要求等。由于受各成员经济发展水平和发展阶段的差异及不同利益诉求的制约，WTO 各成员难以就某项议题达成广泛共识，迫使许多国家和地区另辟蹊径，通过涉及国家少、见效快的区域经济一体化来寻求新的发展空间，增强本国和本地区的国际竞争力。加之地理区域内国家间经济政治文化联系较为紧密，经济发展水平较为相似，价值观和宗教信仰比较相近，易于形成较为合理的经济协作体系。贸易自由化的地理范围较小并易于推进，使区域经济一体化呈现快速发展的势头。WTO 西雅图会议的失败，促使各成员更倾向于通过区域贸易协定来推进贸易自由化进程。WTO 第五届部长会议在坎昆的无果而终对签署区域贸易协定（RTA）更是起了助推的作用。由于多边途径失败，出于各自利益或战略目标的考虑，许多成员已纷纷表示将努力通过双边或多边方式来达到在坎昆会议没有达到的目标。在亚太地区，对 APEC 的失望情绪是亚太地区次一级 RTA 加速发展的重要原因。正如 WTO 原总干事穆尔所说："自从 1993 年 GATT 多边贸易'乌拉圭回合'谈判结束后，至今未重新启动全球范围内卓有成效的多边贸易谈判，因此现在出现了很多国家热衷于双边自由贸易协定或区域自由贸易的倾向。"

（二）利益追求是区域经济一体化发展的直接驱动力

利益的追求既有经济利益，也有包括安全在内的政治利益。对这些利益的追求和强烈的合作愿望，是区域经济一体化得以启动和不断深化的动力。就经济利益的追求来说，所有合作成员都希望通过合作为本国或本地区带来经济利益的最大化，由于区域内各成员的经济结构和经济发展水平不一，加上所带来的利益结构也不尽相同，因此对合作的期望值也不一样。一般来说，发达国家希望通过合作实现一体化后，能给本国带来充足劳动力和广阔的产品消费市场；对发展中国家来说，其参与区域经济一体化，希望发达国家能提供本国经济发展所需要的技术、资金和先进的管理经验。

就政治利益的追求来说，安全保障可以说是第一要务。不论是欧洲经济一体化启动、东盟国家的合作，还是北美自由贸易区的建立，都把安全利益放在首要位置。安全包括主权安全、经济安全、文化安全等。第二次世界大战结束后，欧洲各国把重新获得安全保障、经济繁荣和政治稳定作为最重要目标，其中的安全保障就被当作第一要务。东盟的成立不是为了获得经济利益，而是为了减少或消除来自内外部环境的安全威胁。因此，东盟成立初期乃至相当一段时间里，其性质实际是一个国际性的区域政治合作组织。只是 20 世纪 90 年代以来，随着世界经济一体化的迅猛发展，东盟各国意识到加强区域经济合作的重要性并开始规划逐步走向一体化组织的进程。墨西哥加入北美自由贸易区其实也是为了本国的安全利益。所以，包括安全利益在内的政治利益追求也是实现区域经济一体化的动力之一。

（三）政府主导是区域经济一体化发展的保障

强烈的合作愿望是一体化得以启动和不断深化的动力，而它可能来自对合作收益的强烈预期，也可能来自内外部环境的挤压。在现有的一体化条件理论中，强烈的合作收益预期是一个暗含的前提条件，而这又是以社会多元化的发展为假定的。这就需要政府起主导作用，推动国家间的合作向纵深方向发展。在区域经济一体化进程中，不能单靠市场需求去推动，因为如果单靠市场发挥作用，经济合作和一体化进程缓慢，甚至合作得不到保障。因此，政府应该在其中发挥主导作用。欧洲一体化和北美自由贸易区的建立，就充分证明了政府主导的重要性。

（四）制度保障是区域经济一体化运行的前提

制度保障是指制度建设和运行机制，这是实现区域经济一体化的重要保障。这可以从欧洲一体化的实现、北美自由贸易区的建立以及东盟合作中得到进一步的启示。如果没有一套各国公认的共同遵守的一体化制度做保障，没有能保持这一超国家组织正常运转的机制，一体化是不可能实现的。此外，相同或相近的历史文化背景对一体化的实现也具有促进作用。

第二节　区域经济一体化的经济效应

首先，从理论层面分析区域经济一体化的经济效应，介绍关税同盟理论、自由贸易区理论，以及关于区域经济一体化的投资效应理论。其次，从实际运行来看，区域经济一体化的形成与发展促进了世界经济新格局的形成，有利于世界经济一体化的发展，促进区域经济发展，加速区域内成员生产经营的专业化，但同时也产生了一系列消极影响，如加大南北差距、产生对区外经济的排他性等。

一、区域经济一体化经济效应理论分析

本节从经济和政治两个视角对区域经济一体化的相关理论进行梳理，在经济视角下，本节主要介绍区域经济一体化贸易效应理论、投资效应理论、经济增长效应理论；在政治视角下，本节主要介绍新地区主义视角下的非传统收益理论、轮轴-辐条理论及霸权稳定论。

（一）区域经济一体化贸易效应理论

经济学家最早是从贸易创造和贸易转移的角度来分析自由贸易区带来的贸易效应的。美国经济学家瓦伊纳（Viner）率先提出关税同盟理论，由此拉开了区域经济一体化理论的序幕。此后，理论界基本上是以关税同盟理论为蓝本，对区域经济一体化所带来的经济效应进行研究。在此主要介绍关税同盟理论与自由贸易区理论。

1. 关税同盟理论

西方传统理论认为，贸易的自由化可以实现稀缺资源的有效配置，从而提高全世界的福利水平。建立关税同盟和自由贸易区将有助于减少贸易伙伴国之间的贸易壁垒，实现自由贸易，这就意味着世界福利的净增加。因此，他们认为建立关税同盟或自由贸易区总是能够提高福利水平的。而美国著名经济学家瓦伊纳对此发表了不同意见。1950 年，瓦伊纳首次提出"贸易创造"与"贸易转移"的概念，认为区域经济一体化安排能否增加成员国的福利水平是不确定的。"贸易创造"能够帮助成员国节约经济成本、提高资源配置效率，改善成员国的福利效应；而"贸易转移"将增加成员国经济成本、降低资源配置效率，从而降低成员国的福利水平。因此，区域经济一体化能否提高成员国福利水平，取决于二者的综合效

应。瓦伊纳将关税同盟理论从定性分析发展到定量分析，标志着区域经济一体化理论的形成。

该理论认为，完全形态的关税同盟应具备三个基本条件：①成员国之间取消关税壁垒限制；②成员国联合起来对区外非成员国设置统一的关税；③税收收入应该由成员国之间协商分配。因此，关税同盟一方面对内取消了区内贸易壁垒，实现了成员国之间的贸易自由；另一方面对外设置了贸易壁垒，实行贸易保护。在这种双重作用下，关税同盟将对区内成员国带来贸易创造与贸易转移效应[⊖]。

（1）贸易创造效应。贸易创造效应是指由于关税同盟之间取消了贸易壁垒，成员国之间的商品能够自由流动，那么同盟中成本较低的商品生产将代替国内成本较高的商品生产，即消费者对国内高成本的商品购买转移到对成员国成本较低的同类商品，原来由本国生产的商品转为从伙伴国进口，从而创造了新的贸易，并且由于资源配置得到了更加合理的分配，从而提高了成员国的福利水平。该效应主要表现为消费效应和生产效应。

消费效应（consumption effects）是指消费者由以前购买国内价格较高的商品转为购买成员国价格较低的商品，从而提高了消费者福利水平。生产效应（production effects）则是指贸易壁垒取消之后，国内减少成本较高的商品生产，而从成本较低的成员国进口，这样可以把本国资源由原来效率低的部门转移到效率高的部门，提高了资源利用效率和生产效率，减少了成本资源的浪费，从而提高了生产者福利水平。

（2）贸易转移效应。贸易转移效应是指由于关税同盟对外实行统一的关税，这样对区外成员就设置了进入壁垒，从而导致一部分商品进口由以前生产成本较低的非成员国转向区内生产成本较高的成员国，即因为同盟国设置了关税壁垒，导致成员国从以前与区外非成员国进行贸易转为与区内成员国进行贸易。从生产效应来看，商品进口由以前低成本的非成员国转向成本较高的同盟内成员国，这使得进口商成本增加，生产者剩余减少，造成资源浪费；从消费效应来看，消费者由以前对非成员国低成本的商品消费转向对区内成员国高成本的商品消费，从而导致消费者剩余的减少。因此，关税同盟对外实行贸易保护所引起的贸易转移效应，将导致资源浪费和世界福利水平下降。

所以，综合以上两种效应，瓦伊纳认为，贸易创造和贸易转移二者的综合效应决定了建立关税同盟能否增加世界福利水平。只有当贸易创造效应大于贸易转移效应时，才意味着资源利用效率的提升和世界福利的增长；否则，将导致资源的浪费与世界福利的减少。

下面通过图10-1具体对贸易创造效应和贸易转移效应以及各国福利的变化做进一步说明。

如图10-1所示，假设A、B、C三个国家生产同一种商品，但成本不同。图中横轴代表商品数量Q，纵轴代表商品价格P，S_A代表A国供给曲线，D_A代表A国的需求曲线，P_T代表A国价格，P_B、P_C分别代表A国从B国、C国进口该商品的价格，且$P_B>P_C$。在A国与B国未结成同盟之前，A国从价格较低的C国进口产品，且A国对C国征收的关税为T，那么$P_T=P_C+T$，此时国内生产供给为S_0，而国内需求为D_0，供需缺口为D_0-S_0，这部分缺口由从C国的进口来补充。假设A与B结成了关税同盟，下面具体分析贸易创造效应与贸易转移效应。

⊖ J. Viner. The customs union issue. Carnegie Endowment for International Peace Press, 1950.

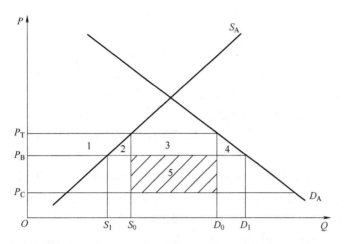

图 10-1 关税同盟的贸易创造与贸易转移效应

1）贸易创造效应。A 国与 B 国结成同盟之后，相互之间取消贸易壁垒，并实施共同对外关税（common extermal tariff, CET）。假设此时 $P_B<P_C+CET$，并且 $P_B<P_T$，那么 A 国就会由从 C 国进口转向从 B 国进口，并且国内价格水平由 P_T 下降到 P_B，在 P_B 价格水平下，国内需求由 D_0 增加到 D_1，而国内供给由 S_0 减少至 S_1。因此，与未结成关税同盟之前相比，进口贸易额增加了 $(S_0-S_1)+(D_1-D_0)$，即图中 2+4 部分，这部分增加的进口贸易即关税同盟带来的贸易创造效应。由于 A 国生产成本高于 B 国，因此，关税同盟的建立促使 A 国部分国内商品的生产转向由 B 国生产。从世界范围来看，资源得到了更加合理的配置，贸易创造带来了正向促进效应。

2）贸易转移效应。根据前面的分析，A 国原本从世界上生产成本最低的 C 国进口该类商品，但是 A 国与 B 国结成同盟之后，在共同对外关税（CET）的作用下，导致 A 国从 C 国进口商品的价格高于 B 国，因而 A 国转向从 B 国进口。从世界范围来看，这导致贸易进口由生产效率高的国家被生产效率低的国家所代替，带来了资源的浪费，降低了福利水平，关税同盟所导致的此种效应即为贸易转移效应。图中阴影部分 5 的面积便代表贸易转移效应。

3）综合福利分析。下面综合贸易创造效应与贸易转移效应，分析 A 国福利的变化情况。关税同盟达成之后，A 国的消费者福利增加了 1+2+3+4，而生产者剩余减少了 1，A 国政府损失了 3+5 的关税收入。因此，关税同盟建立之后，A 国的净福利是 (1+2+3+4)−1−(3+5)=(2+4)−5。其中，2+4 是关税同盟贸易创造效应所带来的福利增加；5 代表贸易转移效应所带来的福利减少。综合来看，关税同盟对一国福利的影响是正还是负取决于 2+4 与 5 的大小。所以，从局部均衡的角度来分析，关税同盟对一国带来的福利影响是不确定的。当 A 国加入关税同盟之后，面临以下情况时，会带来正向促进作用：

① 关税同盟建立之后，国内价格下降幅度足够大，能够带来净福利的增加。

② 关税同盟建立之前的关税水平越高，就意味着取消关税壁垒之后，国内价格下降幅度越大，从而净福利增加的可能性越大。

③ 国内供给与需求富有弹性，这样增加的消费者剩余能够弥补减少的生产者剩余，从而提高整体福利水平。

反之，关税同盟的建立则有可能降低 A 国的福利水平。

2. 自由贸易区理论

自由贸易区理论是以关税同盟理论为基础建立的，但又不同于关税同盟理论。二者的区别主要体现在两个方面：一是自由贸易区成员在对内取消关税壁垒的基础上，仍保留各自对外设置关税税率的自主权，而不是像关税同盟那样设置统一的关税水平；二是自由贸易区采用原产地规则，只有符合原产地规则的产品才能享受区内的优惠待遇。因此，自由贸易区的经济福利效应与关税同盟存在相似之处，同样会带来贸易创造效应与贸易转移效应，但是在实际运作中又存在明显差异。

1984 年，英国经济学家彼得·罗布森（Peter Robson）在其撰写的《国际一体化经济学》一书中分别建立了一国模型和两国模型，将关税同盟理论应用于自由贸易区，提出了专门的自由贸易区理论，并对自由贸易区的经济福利效应进行分析。

（1）一国模型。假设两个国家 Y 和 Z，对同一种商品设置不同的关税水平，Y 国设置较高的关税水平 T_Y，而 Z 国设置较低的关税水平 T_Z。假设两国达成自由贸易区之后，为了避免自贸区外的非成员国利用 Z 国与 Y 国之间的关税水平差异，即利用 Z 国关税低的优势向 Y 国出口，两国便在自由贸易协定中设置了原产地规则，这样就保证了只有原产于 Y 国和 Z 国的产品才能享受自由贸易区的优惠待遇。但是，这种待遇上的差别可能会造成区内、区外商品的价格差异。

假设 Y 国制定的关税壁垒能够排除对其他国家的进口。如图 10-2 所示，P_W 代表世界供给价格，S_Y 代表 Y 国的供给曲线，P_Y 和 T_Y 分别代表 Y 国的价格水平和对外关税，并且 $P_Y = P_W + T_Y$。此时，如果 D_Y 是 Y 国的需求曲线，那么 Y 国国内供给量是 OL；而 S_{Y+Z} 代表 Z 国的供给曲线与 Y 国的供给曲线相加所得到的两国总供给曲线。

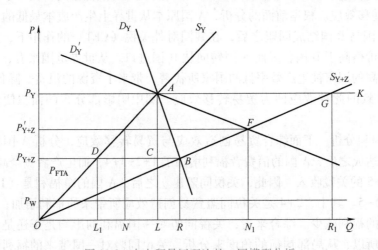

图 10-2　自由贸易区理论的一国模型分析

Y 国与 Z 国达成自由贸易区之后，如果区内国家仍需要进口产品，那么满足自由贸易区原产地规则的产品在 Y 国的价格将处于 P_{Y+Z} 与 P_Y 之间，即大于 P_{Y+Z}，小于 P_Y。此时，Y 国的有效供给曲线为折线 $P_{Y+Z}BGK$，Y 国由于国内需求大于国内供给，所以需要从 Z 国进口，Z 国对 Y 国的供给数量取决于价格水平，而价格水平决定于 Y 国的需求曲线。因此，根据图 10-2，在不同的需求曲线下，存在两种情况：

1）假设 Y 国此时的需求曲线是 D_Y，需求曲线与 Y 和 Z 两国总供给曲线 S_{Y+Z} 的交点决定了此时自由贸易区内的价格是 P_{Y+Z}。在 P_{Y+Z} 价格水平下，Y 国的国内供应量是 OL_1，从 Z 国的进口量为 L_1R，那么 $S_{\triangle ADB}$ 即自由贸易区带来的贸易创造效应。其中，$S_{\triangle ADC}$ 是生产者剩余，$S_{\triangle ACB}$ 为消费者剩余。

2）如果 Y 国的需求曲线是比 D_Y 更富有弹性的 D'_Y，需求曲线与两国总供给曲线 S_{Y+Z} 的交点决定了此时自由贸易区内的价格是 P'_{Y+Z}，那么 Y 国的国内供给量则是 ON，Y 国从 Z 国的进口量为 NN_1。此时，自由贸易区带来的贸易创造效应是由供给曲线 S_Y、需求曲线 D'_Y 及价格水平线 P'_{Y+Z} 围成的小三角形的面积。

总体来看，在 Y 国与 Z 国达成的自由贸易区内，根据 Y 国需求曲线的变化，自贸区内的价格也会随着变化，Z 国能够以高于 P_{Y+Z} 的价格满足 Y 国的进口需求，直到 Z 国提供全部供应能力为止，而 Z 国将通过从区外其他国家的进口来补偿国内供给不足。在这种情况下，无论 Y 国的最终产品价格是多少，Z 国的市场价格将在 P_{Y+Z} 以下。这种自由贸易区成员国以外的产品替代区内产品的贸易流动变化，被称为"间接贸易偏转"。自由贸易区的原产地规则不可能限制或者消除这种贸易偏转现象。下面将借助两国模型进一步分析间接贸易偏转对成员国福利的影响。

（2）两国模型。如图 10-3 与图 10-4 所示，P_W 代表商品 X 的世界价格水平，Y 国商品价格为 P_Y，对外征收较高关税 T_Y，则 $P_Y = P_W + T_Y$；Z 国商品价格为 P_Z，对外征收较低的关税 T_Z，则 $P_Z = P_W + T_Z$。根据 Y 国和 Z 国具体情况的不同，又可以分为两种情况。

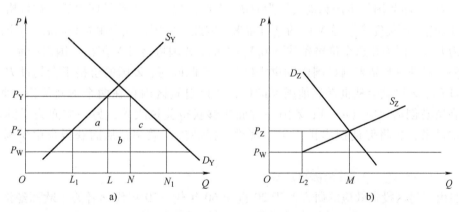

图 10-3　自由贸易区理论的两国模型单一均衡价格分析

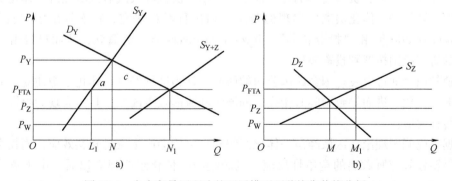

图 10-4　自由贸易区理论的两国模型两种均衡价格分析

1）单一均衡价格。假设 Y 国生产效率水平较低，Z 国供给曲线富有弹性和竞争力，Y 国和 Z 国需求状况相似。

如图 10-3a 所示，在没有达成自由贸易区之前，Y 国的供给曲线为 S_Y，需求曲线为 D_Y，而 Z 国的供给曲线和消费曲线分别是 S_Z 和 D_Z。在 P_Y 价格水平下，Y 国的需求量是 ON，国内供给量是 OL，供需缺口为 LN，则 Y 国需要从世界其他国家进口以满足国内需求。

而 Y 国与 Z 国达成自由贸易区之后，假设 Z 国的生产能力能够满足 Y 国的需求，则此时商品 X 的区内价格是 P_Z，Y 国对 X 产品的供需缺口全部由 Z 国来满足，此时，Y 国的需求量为 ON_1，国内供给量为 OL_1，从 Z 国的进口量为 L_1N_1。这就带来了贸易创造效应（$a+c$），其中 a 为增加的生产者剩余，c 为增加的消费者剩余，而 b 为由从低成本的世界其他国家进口转向从高成本的 Z 国进口所带来的贸易转移效应。而从 Z 国的角度来看，Z 国为了满足 Y 国的消费需求，向 Y 国出口了 $L_1N_1 = L_2M$；与此同时，Z 国的国内需求量为 OM，而国内供给是 OL_2，如图 10-3b 所示。因此，Z 国的需要以 P_W 的价格从世界进口 L_2M 的 X 商品。Z 国生产、消费的数量和价格水平都和以前一样，并且得到了关税收入，获得净福利的增加；而对于世界其他国家来说，出口量也得到了提升。此时自由贸易区只有一个均衡价格，它等于自由贸易区成立之前，两个成员国之中较低水平的价格。

2）两种均衡价格。与第一种情况不同，此处将考虑自由贸易区内产品价格的差异，假设 Z 国的供给曲线仍富有竞争力和弹性，但是 Z 国现在无法完全满足 Y 国的进口需求。

如图 10-4 所示，假设在建立自由贸易区之前，两国都实行禁止性关税，Y 国的生产和消费均为 ON，而 Z 国的生产和消费均为 OM。在两国建立自由贸易区之后，在价格水平 P_Z 下，Z 国的生产不能完全满足 Y 国的进口需求，因此，两国达成自由贸易区后，Y 国内的均衡价格为 P_{FTA}，因为在这个价格条件下 $L_1N_1 = OM_1$，Z 国将会对 Y 国出口国内产品，并且通过从区外国家进口产品来满足国内的供需缺口。与此同时，Z 国的价格不会超过 P_Z，因为一旦超过 P_Z，Z 国就会从世界其他国家进口，所以自贸区内存在两个均衡价格。此时，Y 国只存在贸易创造效应（$a+c$）；Z 国一方面能够获得关税收入，另一方面为了满足 Y 国对产品的需求，也将促使国内扩大生产规模、提高生产效率，从而获得自由贸易区的动态效应。

（二）区域经济一体化投资效应理论

对自由贸易区投资效应的研究源于 20 世纪 60 年代—70 年代学者关于欧洲经济一体化对跨国公司和直接投资的影响。1966 年，美国经济学家金德尔伯格（Kindleberger）运用关税同盟理论贸易创造、贸易转移的分析框架，对第二次世界大战后区域经济一体化的发展情况以及在区域经济一体化浪潮中出现的跨国公司进行考察研究，首次提出了"投资创造"（investment creation）和"投资转移"（investment diversion）的概念，从而将自由贸易区经济效应的研究范围拓展到投资领域。

金德尔伯格通过对发达国家跨国公司的研究，认为区域经济一体化组织建立之后会带来贸易流向的变化，进而导致国际直接投资的流量和流向发生改变，具体表现为投资创造效应与投资转移效应。

根据关税同盟理论，区域经济一体化组织建立之后会产生贸易转移效应，而投资创造便是对贸易转移效应所做出的竞争性反应。区域经济一体化组织建立以后，由于贸易转移效应，一国将产品由从区外非成员国进口转向从区内成员国进口，这样就会减少非成员国的出口市场份额。为了减少贸易转移效应带来的损失，非成员国将通过投资的方式规避区域经济一体化组织设置的贸易壁垒，维护其原来以出口方式占领的市场份额，从而导致投资的增加，即为投资创造效应。此外，区域经济一体化组织建立之后，市场规模进一步扩大，市场需求也随之增加，区内外各国为了占领更大的市场份额，追求规模经济效应，将增加对区内的直接投资，这也表现为投资创造效应。

投资转移效应是由贸易创造引起的。贸易创造意味着市场范围的扩大，生产要素能够更加自由地流动，这将激励跨国公司利用大市场统一的机会和自身优势，进行生产重组，由此引起区内资源的重新配置与区域内直接投资布局的重新调整，以及区外非成员国直接投资的增加，这表现为投资转移效应。

具体而言，根据区内、区外资本流动情况，投资创造与投资转移效应可细分为以下几个方面：

1. 区外对区内的投资创造

区外对区内的投资创造效应表现为两个方面：

（1）区外非成员国为了规避区域经济一体化设置的贸易壁垒，维持在该区域原有的市场份额，采取直接投资的方式代替出口，减少因贸易转移效应带来的市场损失。

（2）区域经济一体化组织的建立意味着市场容量的扩大，具有潜在的规模经济效应。区外跨国公司为了进入这个巨大的消费市场，也将加速在该区域内进行投资，建立生产基地，从而导致区外对区内投资流量的增加。

2. 区内对区内的投资创造

区内对区内的投资创造效应主要是由于区域经济一体化组织建立之后，阻碍各成员国之间投资的限制性壁垒得以消除，资本、劳动、技术等生产要素能够自由流动，从而为各成员国相互之间增加投资提供了便利。

3. 区外对区内的投资转移

区外对区内的投资转移是从世界范围内来考察的，如果世界其他国家增加对区域经济一体化组织的外国直接投资，那么就意味着该国在世界范围内对其他国家投资的减少，从而产生世界范围内的投资转移效应。

4. 区内对区内的投资转移

区内对区内的投资转移是指直接投资在区内成员国之间的重新调整。区域经济一体化组织的建立能够提高市场层次、扩大市场规模，使各成员国的区位优势格局也随之发生改变。在这种形势下，区域内的投资格局将发生改变，直接投资将由区位优势较小的成员国流向区位优势较大的成员国，产生投资转移效应。

总的来说，以上是区域经济一体化所产生的四种投资效应。除此之外，区域经济一体化还能通过以下因素带来投资效应：

（1）从自由贸易协定条款来看，投资自由化和便利化的条款将有利于增加外国直接投资，因为国民待遇和最惠国待遇等条款为外商提供了良好的投资环境，提高了该区域对外资的吸引力。

（2）区域经济一体化所带来的规模经济、技术外溢、促进竞争等动态效应也将影响成员国的市场结构和竞争力，使该区域更具投资潜力，吸引跨国公司在更有效率的市场上投资建厂，从而带来外国直接投资的增加。

（三）区域经济一体化的经济增长效应理论

根据经济增长理论，长期经济增长的路径主要表现在两个方面：

（1）劳动、资本、土地等生产要素投入对经济增长的拉动。

（2）技术进步、制度变革等引起的生产要素的发展。

就区域经济一体化组织而言，区域经济一体化主要通过三个方面促进各成员国的经济增长：

（1）区域经济一体化组织建立之后，有利于促进物质资本的积累，从而对经济增长产生刺激带动作用。

（2）区域经济一体化组织能产生技术外溢效应，便于各成员国之间引进、模仿、吸收区内其他国家的先进技术，从而有利于提高本国技术水平，提高要素使用效率，进而促进经济增长。

（3）区域经济一体化程度的提高以及相关条款的达成有助于提高一国的宏观经济政策质量和改善投资环境，从制度层面对经济增长产生正向带动作用。

下面从中期和长期两个方面梳理区域经济一体化对经济增长影响的相关理论。

1. 区域经济一体化中期经济增长效应

区域经济一体化通过生产要素积累和投资率对中期经济增长产生影响。

（1）对生产要素的积累效应。区域经济一体化能够促使厂商提高人均资本水平，从而产生中期积累效应。这是基于新古典经济增长理论得出的结论。

新古典增长理论以索洛（Solow，1956）模型为代表。该理论认为，经济增长率是由外生的技术进步率决定的，效率提高、制度变革、投资率变化只能在短期内影响经济增长率，转型期过之后，经济增长率还会回到均衡水平。因此，该理论认为区域经济一体化对长期经济增长率没有影响。但是，该理论支持中期经济增长效应，即区域经济一体化有利于降低贸易成本、加速企业之间的竞争、提高要素流动性，从而带来一次性的中期经济增长效应。这种效应有助于提高生产率和资源配置效率，从而使同样的投入带来更多的产出，由于投资率恒定，产出的增加会引致更多的资本存量和投资的提高，这样又会进一步导致第二轮产出的增加，逻辑思路如图10-5所示。

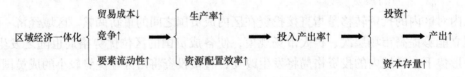

图 10-5　区域经济一体化对经济增长率中期积累效应

进一步地，我们知道资本的收益取决于经济活动的规模，那么与索洛模型无法解释的外生技术进步相比，规模经济可以更好地解释持续的经济增长。

假设存在规模经济效应，那么 $GDP = A(K)^{(a+b)} L^{(1-a)}$，为了考察增长率的变化，通过求导进一步得到 $\ln(GDP) = \ln(A) + (a+b)\ln(K) + (1-a)\ln(L)$。式中，$b$ 代表经济总规模，在索洛模型中 $b=0$，而在规模经济条件下 $b>0$；$(a+b)$ 代表给定劳动时，资本每提高 1%，GDP 增长的百分数；$1-a$ 则代表给定资本时，劳动每提高 1%，GDP 增长的百分数。因此，根据公式，当劳动 L 和资本 K 提高 1% 时，产出 GDP 会相应地增长 $(b+1)$%。接下来，通过

图 10-6 进一步分析在规模经济条件下，区域经济一体化通过提高劳动、资本、技术等要素的配置效率所带来的中期经济增长效应。

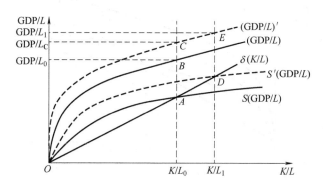

图 10-6　区域经济一体化的中期经济增长效应

资料来源：Baldwin & Wyplosz. The economics of European Integration. The McCraw-Hill Company，2004.

如前文分析，区域经济一体化将通过资源配置效应和引致资本积累效应带来经济增长。对此具体展开分析如下：

1）区域经济一体化通过促进劳动、资本、技术等生产要素的优化配置，提高要素利用率，从而提高单位投入产出率水平，促进 GDP 增长。如图 10-6 所示，最初的均衡点为 K/L_0，此时人均产出为 GDP/L_0。区域经济一体化组织建立之后，将对优化资源配置，提高要素利用率，从而使每单位要素投入能够获得更高的产出水平，因此 GDP/L 曲线向上移动至 $(GDP/L)'$。此时，在 K/L_0 下，人均产出水平为 GDP/L_C，那么 $GDP/L_C - GDP/L_0$ 就代表了区域经济一体化通过资源配置效应对经济增长的促进作用。

2）除了资源配置效应以外，区域经济一体化还将产生引致资本积累效应。如图 10-6 所示，GDP/L 的增加，也就意味着 $S(GDP/L)$ 的增加，因此 $S(GDP/L)$ 将向上移动至 $S'(GDP/L)$。此时 K/L_0 点不再是均衡点，因为 K/L_0 点资本流入量大于资本流出量，这将导致 K/L 的增加。因此，新的均衡点为 K/L_1，对应的人均产出水平为 GDP/L_1，那么 $GDP/L_1 - GDP/L_C$，即引致资本积累效应。在二者的合力作用下，人均产出水平由 GDP/L_0 增加至 GDP/L_1。这就是区域经济一体化产生的中期经济增长效应。由此也可以看出，中期经济增长效应的大小取决于资源配置效应以及规模经济的程度（在图中表现为人均产出水平曲线的弯曲程度）。

（2）对投资率的影响。除了对生产要素配置和积累效应外，区域经济一体化还将通过投资率对经济增长产生影响。

如图 10-7 所示，在索洛模型中，当投资率提高时，$S(GDP/L)$ 将向上移动至 $S'(GDP/L)$，此时在原来的均衡点 K/L_0，资本流入量超过资本流出量，因此 K/L 将增加至新的均衡点 K/L_1，对应的人均产出水平为 GDP/L_1，那么 $GDP/L_1 - GDP/L_0$ 带来的人均产出增加量，即是投资率的提高对经济增长的促进作用。

索洛模型为我们证明了投资率的提高对经济增长的促进作用，而我们通过前文区域经济一体化对投资效应的分析也证明了区域经济一体化对外商直接投资存在正向的带动作用。那么也就是说，区域经济一体化能够通过提高投资率进而促进经济增长。

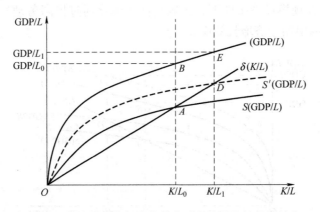

图 10-7 索洛模型中投资率提高对经济增长的促进效应

2. 区域经济一体化长期经济增长效应

区域经济一体化对经济增长的长期效应主要体现在对技术进步率的影响上。根据内生增长模型，我们知道技术进步率对经济增长起着至关重要的作用。技术进步依赖于对知识资本的积累，而知识资本的积累与物质投资有着本质区别：物质资本积累的边际收益是递减的，但知识资本的边际收益并不会随着知识资本存量的增加而下降。在这个前提下，内生增长理

论认为，即使不存在推动经济增长的外生力量，知识资本的积累也能带来无界限的长期经济增长效应。如图 10-8 所示，假设一个国家每年将国民收入按固定比例 S 投资于知识资本积累，并且知识资本积累的折旧率是常数 δ。那么，直线 GDP/L 代表人均产出水平，$S(\text{GDP}/L)$ 代表各个人均知识资本水平下每年新增的知识资本投资，而 $\delta(K/L)$ 则代表在各个人均知识资本水平下每年的知识资本折旧。

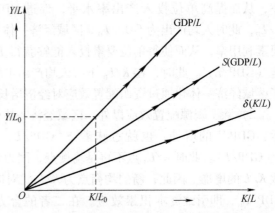

图 10-8 知识资本积累下的长期经济增长效应

通过图形可以清楚地看到，在任意一个 K/L 水平下，知识资本投资率都高于知识资本的折旧率。这也就意味着知识资本流入永远大于资本流出，人均产出将随着人均知识资本水平的提高而无限增长，并且随着知识资本流入量与资本知识流出的差距越来越大，即直线 $S(\text{GDP}/L)$ 与直线 $\delta(K/L)$ 之间的距离不断增加，也意味着人均知识资本的净增加值不断扩大，人均产出水平也将随之越来越高。这就是知识资本积累（技术进步）对经济增长的长期促进作用。

自由贸易区的建立打破了国家间的保护壁垒，能够促进人力资本、技术等要素的自然流动，提高各成员国的技术水平。这主要体现在以下两个方面：

（1）为各国提供了获得新技术的途径。自由贸易区建立之后，能够使本国企业和人员更多地接触到其他国家开发的新技术，使本国通过购买资本品、获得特许或者直接模仿得到和使用国外先进技术变得更加容易。

（2）对各国技术创新产生了推动力。自由贸易区建立之后，可以对一国企业产生附加的竞争力，这将促使它们研发使用更先进的技术以提高生产效率，以便获得国际竞争力。并且，自由贸易区为技术创新提供了更广阔的消费市场，因为更多的销售意味着更多的收益。因此，跨国公司技术创新的动力会更强，对研发的投入也将增加。

因此，自由贸易区通过促进成员国之间的技术外溢和推动本国技术研发，使成员国在互相学习与竞争中促进了区域内的整体技术进步，进而产生长期的经济增长效应。

二、区域经济一体化对世界经济的积极作用

（一）促进世界经济新格局的形成

区域经济一体化，特别是欧洲、北美、亚太三个经济集团的形成和发展，使世界经济日益呈现"块式"结构和"网络"状态的新格局。所谓"块式"，是指这个大区域一体化形成三个经济圈；这三个区域集团又与非洲、中南美、中欧、北欧、东南亚等其他大、小区域一体化组织组成一个既相互对峙、抗争，又联系、合作的世界经济网络。这种新的格局必然使各国对外经济关系的重点发生转移，即国与国的经济关系和对外贸易格局被区域经济合作及区域国际贸易所代替，各国必须更多地以自己所处区域的经济发展为依托，谋求共同发展。同时，这种格局也必然促使各国更加注重自身发展，经济发展成为各国的基本战略。

（二）有利于世界经济一体化的发展

世界经济一体化是世界各国经济日益增强的相互依存性和经济活动的国际化、全球化趋势和态势。目前区域经济一体化在世界各地发展起来，并呈现滚雪球似的发展势头，各大集团都在吸收更多的成员，加强彼此的沟通和联系。这种形势经过较长时期的发展，各区域集团融合在一起，可能会形成一个包括世界大多数国家在内的单一世界经济共同体，在共同体内实现贸易和投资自由化，以及生产要素的自由流动和优化配置。因此，区域经济一体化会推动世界经济一体化的发展。

（三）促进了区域经济的快速增长

区域经济一体化组织成员国之间进出口贸易额的增长，有力地促进了区域经济的快速增长。例如，1991年南美的巴西、阿根廷、乌拉圭及巴拉圭四国组成了南方共同市场。1993年，南方共同市场内部贸易额增加到80亿美元，几乎比该计划刚提出来时的1985年翻了三番。出口贸易的大幅度增加，不仅扩大了对区内产品的需求，而且增加了对区外产品的需求，即需求的不断扩大成为经济增长的"催化剂"，特别是在20世纪90年代初世界经济普遍不景气的情况下，区域经济一体化组织为成员国提供了较好的经济运行和经济发展条件，使区域内的各缔约国免受或少受经济周期波动的不利影响，促使成员国的经济持续稳定增长。例如，南美的巴西、阿根廷在1993年大多数邻国出现经济负增长时，经济增长率分别达到5%和7%。

（四）区域经济一体化使各国生产经营更加专业化

区域经济一体化在促进成员国进出口贸易急速扩大、经济不断增长的同时，使各国的生产经营更加专业化。在区域经济一体化组织成立之前，各国面对的是情况差异甚大的众多国家，各国要发展对外贸易，就必须生产各种各样的产品，以满足对各国出口贸易的需要，并从中获得比较利益。区域经济一体化组织成立之后，各国面临成员有限的贸易对象国，再加上区域内各成员国关税税率的下降和非关税贸易壁垒的减少，增强了区域内生产要素和产品

的自由流动，因此各国增加了对本国具有相对优势产品的生产和销售，形成了成员国之间新的国际分工和生产经营的专业化。另外，区域内成员国专业化的加强，也强化了整个区域经贸集团的生产专业化。联合国各成员国之间的生产专业化分工和经贸竞争在一定程度上已由区域经济一体化组织所替代，即形成了具有地域特征的区域专业化分工，由世界各国的生产专业化逐渐演变成区域经贸集团间的专业化分工。国际生产经营专业化分工的进一步强化和具体化，符合社会化大生产所要求的分工越来越细、越来越专的客观发展趋势。在经济活动日益国际化的条件下，区域经济一体化是国内社会分工超越国界、走向国际社会分工与专业化生产的表现与结果，它强化了成员国之间的相互依赖，推动了全球生产和资本一体化进程，因而有利于提高国际劳动生产率水平，增加世界各国的社会经济福利。

三、区域经济一体化对世界经济的消极影响

（一）拉大南北差距

区域经济一体化组织的出现，使发达国家的资金更多流向欧美经济圈，即使是对劳动密集型产业的投资，也转向其落后的成员国，如西班牙、葡萄牙、希腊和墨西哥等。再者，由于一体化组织的"排外"性，发达国家的市场更难进入。因此，经济一体化对发达国家经济发展的促进作用比较明显。而发展中国家在扩大对外贸易时面对的保护主义加强了，吸引外资的难度增加了，这使得区域经济一体化对发展中国家的积极作用非常有限。区域经济一体化对发达国家和发展中国家产生的积极作用不对称必然会导致南北之间经济差距的进一步扩大，而不断扩大的经济差距又会反作用于世界经济的增长。

（二）国际性区域经济一体化组织所固有的排他性抑制区外国家经济发展

国际性区域经济一体化组织的基础就是内部开放市场，相互提供优惠，这样在增加区内国家间贸易的同时，区外国家和地区由于不能享受区内的种种优惠，最终会因产品竞争力下降而被区内相关国家的相同产品或相似产品所取代。例如，欧洲以共同农业政策为支柱的农产品统一市场就是一个典型的排他性很强、贸易保护主义色彩很浓的市场。又如，在北美自由贸易区的运行中，随着墨西哥产品对美国输出的大幅增加，亚洲地区对美国的电子产品和纺织品出口遭受了巨大冲击。

第三节　主要的区域经济一体化组织

一、北美自由贸易区及其新发展

（一）北美自由贸易区概述

1. 北美自由贸易区的发展历程

1985 年 3 月，加拿大总理马尔罗尼在与美国总统里根会晤时，首次正式提出美、加两国加强经济合作、实行自由贸易的主张。由于两国经济发展水平及文化、生活习俗相近，交通运输便利，经济上的互相依赖程度很高，所以自 1986 年 5 月开始，经过一年多的协商与谈判，于 1987 年 10 月达成协议。次年 1 月 2 日，双方正式签署了《美加自由贸易协定》。经美国国会和加拿大联邦议会批准，该协定于 1989 年 1 月生效。

《美加自由贸易协定》规定，在 10 年内逐步取消商品进口（包括农产品）关税和非关

税壁垒，取消对服务业的关税限制和汽车进出口的管制，开展公平、自由的能源贸易。在投资方面，两国将提供国民待遇，并建立一套共同监督的有效程序和解决相互间贸易纠纷的机制。另外，为防止转口逃税，还确定了原产地原则。美加自由贸易区是一个类似共同市场的区域经济一体化组织，标志着北美自由贸易区的萌芽。

由于区域经济一体化的蓬勃发展和《美加自由贸易协定》的签署，墨西哥开始把与美国开展自由贸易区的问题列上议事日程。1986年8月，两国领导人提出双边的框架协定计划，并于1987年11月签订了一项有关磋商两国间贸易和投资的框架原则和程序的协议。在此基础上，两国进行多次谈判，于1990年7月正式达成了《美墨贸易与投资协定》（也称"谅解"协议）。同年9月，加拿大宣布将参与谈判，三国于1991年6月12日在加拿大的多伦多举行首轮谈判，经过14个月的磋商，最终于1992年8月12日达成了《北美自由贸易协定》（NAFTA）。该协定于1994年1月1日正式生效，北美自由贸易区宣告成立。

2. 《北美自由贸易协定》的主要内容

《北美自由贸易协定》的宗旨是：减少贸易壁垒，促进商品和劳务在缔约国间的流通；改善自由贸易区内公平竞争的环境；增加各成员国境内的投资机会；在各成员国境内有效保护知识产权；创造有效程序，以确保协定的履行和争端的解决；建立协调机制，扩展和加强协定利益。

《北美自由贸易协定》的总则规定，除墨西哥的石油业、加拿大的文化产业以及美国的航空与无线电通信外，取消绝大多数产业部门的投资限制；对白领工人的流动将予放宽，但移民仍将受到限制；任一成员国在6个月前通知其他成员国后，即可脱离该协定；还允许接纳附加成员国。总则还规定，各成员国政府的采购将在10年内实现全面开放。由于墨西哥为本国公司保留了一些合同，因此，该协定将对墨西哥产生主要影响。此外，协定还规定，由执行协定而产生的争执将交付由独立仲裁员组成的专门小组解决；如果大量进口损害一国国内的工业，将允许该国重新征收一定的关税。在产业方面，该协定规定，美、墨之间大部分农产品的关税将立即取消，其余6%的产品包括玉米、糖、某些水果和蔬菜的关税将在15年后全部取消，进口配额在10年内消除。对于加拿大，现有的与美国签订的协议全部适用，汽车工业10年后将取消关税，美、加在1998年之前取消相互之间的全部关税。在能源方面，墨西哥方面对私营部门进行勘探的限制继续有效，但国营石油公司的采购将向美国与加拿大开放。在金融服务方面，墨西哥将逐步对美国与加拿大投资开放其金融部门，最终到2007年取消壁垒。关于纺织品，将用10年时间取消美、墨、加之间的关税，在北美地区的纺织品制成的服装可免于征税。到2000年，北美地区的货车可行驶到三个国家中的任何地区。该协定还对环境、劳工等问题制定了附加协定。根据协定，美国与墨西哥将建立一个北美开发银行以帮助美国边境的财务税收获利。同时，美国将需要在协定生效后最初的18个月中花费9000万美元重新培训因协定而失业的工人。

3. 北美自由贸易区的特点

北美自由贸易区是典型的南北双方为共同发展与繁荣而组建的区域经济一体化组织，南北合作和大国主导是其最显著的特征。

（1）南北合作。北美自由贸易区既有经济实力强大的发达国家（如美国），也有经济发展水平较低的发展中国家，区内成员国的综合国力和市场成熟程度差距很大，经济上的互补性较强。各成员国在发挥各自比较优势的同时，通过自由的贸易和投资，推动区内产业结构的调整，促进区内发展中国家的经济发展，从而缩小与发达国家的差距。

（2）大国主导。北美自由贸易区是以美国为主导的自由贸易区。美国的经济运行在区域内占据主导和支配地位。由于美国在世界上经济发展水平最高、综合实力最强；加拿大虽是发达国家，但其国民生产总值仅为美国的 7.9%（1996 年数据），经济实力远不如美国；墨西哥是发展中国家，对美国经济的依赖性很强。因此，北美自由贸易区的运行方向与进程在很大程度上体现了美国的意愿。

（3）减免关税的不同步性。由于墨西哥与美国、加拿大的经济发展水平差距较大，而且在经济体制、经济结构和国家竞争力等方面存在较大的差别，因此，自《北美自由贸易协定》生效以来，美国对墨西哥的产品进口关税平均下降 84%，而墨西哥对美国的产品进口关税只下降 43%；墨西哥在肉、奶制品、玉米等竞争力较弱的产品方面有较长的过渡期。同时，一些缺乏竞争力的产业部门有 10~15 年的缓冲期。

（4）战略的过渡性。美国积极倡导建立的北美自由贸易区，实际上只是美国战略构想的一个前奏，其最终目的是在整个美洲建立自由贸易区。美国试图通过北美自由贸易区来主导整个美洲：一来为美国提供巨大的潜在市场，促进其经济的持续增长；二来为美国扩大其在亚太地区的势力，与欧洲争夺世界的主导权。1990 年 6 月 27 日，美国总统布什在国会提出了开创"美洲事业倡议"。随后，美国于 1994 年 9 月正式提出"美洲自由贸易区"计划。同年 12 月，在美国迈阿密举行了由北美、南美和加勒比海几乎所有国家（古巴除外，共 34 个国家）参加的"美洲首脑会议"，会议决定于 2005 年建成美洲自由贸易区。

北美自由贸易区成立之初就拥有 3.6 亿名消费者，其国民生产总值总计超过 6 万亿美元。可以说，北美自由贸易区是一个雄心勃勃的计划，它力图以自由贸易为理论基础，以自由贸易区的形式来实现贸易、投资等方面的全面自由化，进而带动整个北美地区的经济贸易发展。当时，许多国际经贸界人士视之为有史以来规模最大、措施最大胆的自由贸易区。尤其是对于墨西哥这样的发展中国家来说，加入这一协定包含了各方面的机遇和风险，对其国内政治、经济、社会等方面的影响非常深远。首先，对区域内经济贸易发展有积极影响。对美国而言，积极的影响是：①不仅工业制造业企业受益，高科技的各工业部门也将增加对加拿大、墨西哥的出口，美国同墨西哥的贸易顺差将会因此而增加；②美国西部投资扩大；③由于生产和贸易结构的调整结果，将会出现大量劳动力投入那些关键工业部门；④对墨西哥向美国的移民将起到制约作用。其次，消极影响的主要有：技术性不强的消费品工业对美国不利；为改善墨西哥与美国边境环境条件，美国要付出 60 亿~100 亿美元的经济和社会费用；关税削减使美国减少了大笔收入，加重了美国的负担。协定对加拿大、墨西哥两国同样有很大的影响。最后，对国际贸易和资本流动也会产生影响。北美自由贸易区的建立，一方面扩大了区域内贸易，另一方面使一些国家担心贸易保护主义抬头，对区域外国家和地区向美国出口构成威胁。

（二）NAFTA 的升级版——USMCA

特朗普上台以后，要求重新修订 NAFTA。2017 年 8 月，NAFTA 重谈进程正式开启。谈判伊始"以创纪录的速度"向前推进，三方的目标是在 2017 年年底完成谈判工作，以保证在 2018 年墨西哥总统大选和美国国会中期选举之前完成相关程序。然而，伴随谈判深入，争议性议题的展开，如汽车及零部件行业的原产地原则、争端解决机制改革、劳工工资、"落日条款"等，谈判陷入僵局，举步维艰，未能如约在 2017 年内达成协定。2018 年 4 月，为打破谈判僵局，特朗普明确表示要以征收钢铁和铝关税为砝码迫使加、墨在 NAFTA 谈判中让步，加拿大回应拒绝在关税压力下让步。随后美国改变策略，决定与加、墨两国分开谈判以推进谈判进程。8 月 27 日，美国单方面与墨西哥就更新 NAFTA 达成初步原则性协议。8 月 28 日，在美国多重强压之下，加拿大重新回到三方谈判桌上。9 月 30 日，三方达成协定，历时 13 个月的谈判告一段落。2018 年 10 月 1 日，加拿大政府网站公布的加拿大外长弗里兰和美国贸易代表莱特希泽的联合声明称，美国、加拿大和墨西哥达成三方贸易协议。

2018 年 12 月 1 日，美国总统特朗普表示，他很快就会正式通知国会，将终止《北美自由贸易协定》（NAFTA），并敦促国会批准他与墨西哥和加拿大两国首脑签署的《美墨加三国协议》（USMCA）。特朗普发出通知后，国会正式终止 NAFTA 前，将启动为期 6 个月的等待期。在这段等待期，白宫将要求国会批准特朗普与加拿大和墨西哥首脑于 11 月 30 日出席 G20 峰会期间签署的 USMCA。美、加、墨历经数月艰难谈判才签署了 USMCA。不过，USMCA 需要经美国国会以及加拿大与墨西哥两国立法委员批准后，才能正式生效。

特朗普政府要求重谈 NAFTA 主要基于两个问题。①美国与墨西哥、加拿大之间巨大的贸易逆差。美国认为，NAFTA 让墨西哥和加拿大受益更多，美国损失巨大。比如，墨西哥廉价的劳动力使得美国的制造业就业转移，造成了巨大的贸易逆差。因此，有必要通过重谈 NAFTA 改善本国贸易状况。②NAFTA 的原有条款不能满足目前三国的经贸需要。协定签订 20 多年之后，目前经贸领域的一些变化无法在 NAFTA 中找到对应条款。事实上，重谈 NAFTA 并不是特朗普的创新。在此之前，三国都已经认识到了 NAFTA 无法满足三国目前的经贸需要，部分条款已经不合时宜。比如，原协定规定加拿大 74% 的原油和 52% 的天然气需要优先供给美国。事实上，奥巴马政府时期已经派谈判代表与加、墨代表进行了三年磋商，并在开放加拿大乳品市场、推动墨西哥劳工方面陆续取得了一些进展。

相关案例

USMCA 是 NAFTA 2.0 版吗？

尽管特朗普总统自豪地表示，USMCA 并非 NAFTA 的翻版，而是一个全新的协定，但很多学者认为 USMCA 是 NAFTA 2.0 版，保留了原协议的主要框架，只是在部分章节上做了补充和调整。USMCA 协定共计 35 章，涵盖关税、农业、原产地原则、纺织品、海关与贸易便利化、投资、电信、金融服务、数字贸易、知识产权、竞争政策、国有企业、劳工、环境、中小企业、反腐等诸多内容。其调整的内容主要集中在原产地原则、市场准入、知识产权、劳工等条款中。

应当特别关注该协定的以下三点：

首先，汽车行业的原产地原则。USMCA 将汽车行业的原产地原则视为该协定最核心的议题之一。它将 NAFTA 现有原产地原则规定的汽车行业要求区内产值含量比例不低于 62.5% 提高到 75%。2017 年，中国汽车零配件出口额达到 496.6 亿美元，显然原产地原则规定对中国这样的汽车零部件出口大国而言非常不利。

其次，劳工条款。协议规定，到 2023 年，40%～45% 的汽车零部件必须由小时工资不低于 16 美元的工人制造。墨西哥同意通过法律保护工会对工人的代表权、移民的劳动保护和妇女免受歧视和不公平待遇。协定还专门指出，违反劳工条款将成为缔约方制裁的理由。

再次，与"非市场化经济体"签署自贸协定需要提前通告其他缔约国。根据新协议第32章"例外与一般规定"第10款，成员国如果与"非市场化经济体"签署自贸协定，不仅要提前3个月通知其他成员国，还要将缔约目标告知其他成员国，并提前至少30天将协议文本提交其他成员国审查，以确定是否会对USMCA产生影响。评论家都认为这一条款是专门为中国设置的，且不排除美国在与其他国家签订经贸协定时继续附加这一条款。

（资料来源：熊洁，万容. 学习时报，2018-10-29.）

二、欧洲经济一体化的发展

（一）欧洲联盟

1. 欧洲联盟的发展历程

欧洲联盟（The European Union，简称欧盟）的前身是欧洲共同体（简称欧共体）。1951年4月18日，法国、联邦德国、意大利、荷兰、比利时和卢森堡6国在法国首都巴黎签署《关于建立欧洲煤钢共同体条约》（又称《巴黎条约》）。1952年7月25日，欧洲煤钢共同体正式成立。1957年3月25日，法国、联邦德国、意大利、荷兰、比利时和卢森堡6国在意大利首都罗马签署《欧洲经济共同体条约》和《欧洲原子能共同体条约》（统称《罗马条约》）。1958年1月1日，欧洲经济共同体和欧洲原子能共同体正式组建。1965年4月8日，法国、联邦德国、意大利、荷兰、比利时和卢森堡6国在比利时首都布鲁塞尔签署《布鲁塞尔条约》，决定将欧洲煤钢共同体、欧洲经济共同体和欧洲原子能共同体合并，统称欧洲共同体。1967年7月1日，《布鲁塞尔条约》生效，欧共体正式诞生。1973年，英国、丹麦和爱尔兰加入欧共体。1981年，希腊加入欧共体。1986年，葡萄牙和西班牙加入欧共体，使欧共体成员国增至12个。1993年11月1日，根据内外发展的需要，欧共体正式易名为欧洲联盟。1995年，奥地利、瑞典和芬兰加入欧盟。2002年11月18日，欧盟15国外长在布鲁塞尔举行会议，决定邀请马耳他、塞浦路斯、波兰、匈牙利、捷克、斯洛伐克、斯洛文尼亚、爱沙尼亚、拉脱维亚、立陶宛等10个国家加入欧盟。2003年4月16日，在希腊首都雅典举行的欧盟首脑会议上，上述10国正式签署加入欧盟协议。2004年5月1日，10个新成员国正式加入欧盟。2007年1月1日，罗马尼亚和保加利亚加入欧盟。2007年12月13日，欧盟27个成员国的首脑在葡萄牙首都里斯本就《里斯本条约》的文本内容达成共识。2013年7月1日，克罗地亚加入欧盟。2020年1月31日，英国正式脱离欧盟。目前，阿尔巴尼亚、黑山、北马其顿、土耳其、塞尔维亚、乌克兰、摩尔多瓦、波黑是入盟候选国。

2. 欧洲联盟取得的成就

（1）实现关税同盟和共同外贸政策。1967年起，欧共体对外实行统一的关税率。1968年7月1日起，成员国之间取消商品的关税和限额，建立关税同盟（西班牙、葡萄牙1986年加入后，与其他成员国之间的关税需经过10年的过渡期才能完全取消）。1973年，欧共体实现了统一的外贸政策。《欧洲联盟条约》生效后，为进一步确立欧洲联盟单一市场的共同贸易制度，欧共体各国外长于1994年2月8日一致同意取消此前由各国实行的6400多种进口配额，而代之以一些旨在保护低科技产业的措施。1980年起，欧共体对中国实行普遍优惠制税率。进出口政策在1995年5月生效的《阿姆斯特丹条约》之前只包括货物贸易，

《阿姆斯特丹条约》将其覆盖范围扩展到大部分服务贸易，2003 年 2 月生效的《尼斯条约》又将其扩至所有服务贸易和与贸易有关的知识产权。2009 年 12 月生效的《里斯本条约》则重点在外国直接投资领域进一步扩大了欧盟权限。

（2）实行共同的农业政策。1962 年 7 月 1 日，欧共体开始实行共同农业政策。1968 年 8 月开始实行农产品统一价格；1969 年取消农产品内部关税；1971 年起对农产品贸易实施货币补贴制度；1992 年进行农业政策改革，其目标转向提高竞争力和降低成本；2004 年欧盟东扩后，因新成员大多数还是农业国家，共同农业政策面临新的改革。

（3）建立政治合作制度。1986 年签署、1987 年生效的《单一欧洲文件》，把在外交领域进行政治合作正式列入欧共体条约。为此，部长理事会设立了政治合作秘书处，定期召开由成员国外交部长参加的政治合作会议，讨论并决定欧共体对各种国际事务的立场。1993 年 11 月 1 日《欧洲联盟条约》生效后，政治合作制度被纳入欧洲政治联盟活动范围。

（4）基本建成内部统一大市场。1985 年 6 月，欧共体首脑会议批准了建设内部统一大市场的白皮书。1986 年 2 月，各成员国正式签署为建成大市场而对《罗马条约》进行修改的《单一欧洲文件》。统一大市场的目标是逐步取消各种非关税壁垒，包括有形障碍（海关关卡、过境手续、卫生检疫标准等）、技术障碍（法规、技术标准）和财政障碍（税别、税率差别），于 1993 年 1 月 1 日起实现商品、人员、资本和劳务自由流通。为此，欧共体委员会于 1990 年 4 月前提出了实现上述目标的 282 项指令。截至 1993 年 12 月 10 日，264 项已经理事会批准，尚有 18 项待批。在必须转化为 12 国国内法方可在整个联盟生效的 219 项法律中，已有 115 项被 12 国纳入国内法。需转化为成员国国内法的法律，平均已完成 87%。1993 年 1 月 1 日，欧共体宣布其统一大市场基本建成，并正式投入运行。

（5）建立政治联盟。1990 年 4 月，法国总统密特朗和联邦德国总理科尔联合倡议于当年年底召开关于政治联盟问题的政府间会议。同年 10 月，欧共体罗马特别首脑会议进一步明确了政治联盟的基本方向。同年 12 月，欧共体有关建立政治联盟问题的政府间会议开始举行。经过 1 年的谈判，12 国在 1991 年 12 月召开的马斯特里赫特首脑会议上通过了《政治联盟条约》，其主要内容是 12 国将实行共同的外交和安全政策，并将最终实行共同的防务政策。

此外，欧盟于 1999 年 1 月 1 日在实行欧元的欧盟国家中实行统一的货币政策。2002 年 7 月，欧元成为欧元区的合法货币。单一货币加速了区内的经济一体化，从 2022 年 1 月至 2017 年 8 月，欧元区不断扩大，成员国从 11 个增加到 19 个。

（二）欧洲自由贸易联盟

20 世纪 50 年代，西欧正致力于建立更快、更完善的经济统一体。有些欧洲国家还制订了计划，希望成立欧洲经济合作组织（OEEC）之外的政府间机构。它们建议各国间开展更紧密的经济合作，创建强大的中央机构，共同实现这一目标。欧洲煤钢共同体成立时，曾经希望英国加入组织。可是，由于英国自恃有英联邦国家及美国的贸易支持，加上认为加入会失去主权及控制国内经济的权力，最终拒绝加入。英国与葡萄牙、瑞士、奥地利、丹麦、瑞典及挪威共同成立欧洲自由贸易联盟，希望可以得到与欧洲经济共同体一样的成果，可是结果未如人意。

欧洲自由贸易联盟（European Free Trade Association，EFTA）又称"小自由贸易区"。1960 年 1 月 4 日，奥地利、丹麦、挪威、葡萄牙、瑞典、瑞士和英国在斯德哥尔摩签订

《建立欧洲自由贸易联盟公约》（又称《斯德哥尔摩公约》）。该公约经各国议会批准后于同年5月3日生效，欧洲自由贸易联盟正式成立（简称欧贸联）。欧洲自由贸易联盟现有成员国4个，即冰岛、挪威、瑞士和列支敦士登。1960年3月，列支敦士登成为准成员，1991年5月正式加入。1961年6月，芬兰成为准成员国，1986年1月正式加入。1970年3月，冰岛加入欧贸联。1973年1月，英国、丹麦退出。1985年12月31日，葡萄牙退出。1994年12月31日，奥地利、瑞典、芬兰退出后加入欧盟。欧贸联总部设在日内瓦，其宗旨是：在联盟区域内实现成员国之间工业品的自由贸易和扩大农产品贸易；保证成员国之间的贸易在公平竞争的条件下进行；发展和扩大世界贸易并逐步取消贸易壁垒。欧贸联的主要任务是：逐步取消成员国内部工业品的关税和其他贸易壁垒，以实现"自由贸易"；对其他国家的工业品仍各保持不同的关税税率；扩大农产品贸易；不谋求任何形式的欧洲政治一体化。

欧贸联主要由理事会、常设委员会以及秘书处组成。理事会是最高权力机构，由各成员国部长或常驻代表组成，每年开会2次，主席由成员国轮流担任，任期半年。有关承担新义务的决定须由全体一致同意通过，其他问题以多数同意通过。常设委员会下设原产地和关税专家、贸易专家、预算、经济、贸易技术壁垒、咨询委员会等委员会。咨询委员会由各国指定的雇主、工会代表和个人组成，在每次理事会前举行会议。秘书处负责处理日常事务，设秘书长、副秘书长各1人。此外，还在布鲁塞尔设置了监督局，1993年1月成立，1994年1月1日正式工作，负责监督欧贸联成员国遵守《欧洲经济区协议》，欧贸联国家企业遵守欧洲经济区竞争原则；法院，1994年1月24日各成员国签署了建立法院的协议，设在日内瓦，由5名法官组成，其职责和权限与欧洲法院相似。

（三）欧洲经济区

1990年10月，欧共体12国与欧洲自由贸易联盟7国签署了建立欧洲经济区（EEA）协议，计划于1993年在上述19国内实现货物、人员、资金和服务的四大自由流动。但瑞士在1992年年度的公决中否决了该协议。针对瑞士退出EEA协议的新形势，1993年3月，欧盟又与EFTA中除瑞士以外的6国签署了议定书，保证EEA于1994年年初开始生效。1994年1月1日，除瑞士、列支敦士登以外的欧洲自由贸易联盟5国与欧共体12国组成的EEA如期建成。EEA建立了一整套体制机构，包括理事会、联合委员会、联合议会委员会和一个协商委员会。它向欧洲自由贸易联盟5国提供欧共体统一市场的"四大"（商品、人员、劳务和资本）流通便利；同时，欧洲自由贸易联盟5国也将接受欧共体除农业和政治条例外的大约70%的条例。

应该指出，由欧共体和欧洲自由贸易联盟两大组织组成的EEA，其一体化程度大大低于欧共体以及后来的欧盟，区内既没有共同的外贸政策，也不要求共同农业政策和实行共同的货币政策。因此，EEA的本质是自由贸易区。也正因为如此，欧共体为了不因加入EEA而降低自己的一体化水平和延迟自己的一体化进程，在有关EEA建设的谈判中坚持以下原则：①坚持把欧共体深入摆在首位，先深入巩固后再扩大；②坚持欧共体决策自主权不能让步的原则，参加欧共体的国家只能接受欧共体目前的所有标准和准则；③周边国家在参与一体化的形式上可以灵活多样，根据不同国家不同情况采取不同的一体化形式。正是根据这些原则，1991年12月以来，欧共体同波兰、捷克、匈牙利、保加利亚、罗马尼亚、土耳其、塞浦路斯、马耳他等国签署了《联系国协定》。其主要内容包括以下几个方面：①逐步实现商品流动的自由化；②欧共体向联系国提供财政援助；③安排经常性对话，按欧共体现行法律调整联系国法律；④在交通和技术规范化等领域建立机构方面的合作；⑤进行文化合作与信息交流。1995 年 2 月 1 日，欧盟与捷克、斯洛伐克、罗马尼亚、保加利亚 4 国签订的《欧洲协定》正式生效。根据该协定，双方将在协定生效后 5~10 年内，逐步相互取消关税及其他贸易壁垒，同时在一定限度内实现人员及资本的自由流动。该协定将使中东欧国家完全融入欧洲一体化进程，为它们日后正式加入欧盟创造了条件。

欧盟委员会 2003 年 6 月 10 日发表公报宣布，EEA 已经完成了与即将加入欧盟的 10 个国家的谈判，这些国家将在加入欧盟的同时，成为 EEA 的正式成员。由于新加入的成员国在经济上远远落后于上述国家，按照 EEA 的有关协议，挪威等 3 个非欧盟国家因享受了区内市场一体化带来的好处而有义务对区内落后地区提供财政支持，以促进这些地区的经济发展。根据这次谈判达成的协议，挪威等 3 个非欧盟国家将在今后 5 年内向 EEA 的财政机制注入 6 亿欧元的资金，以减轻 10 个欧盟新成员国，如葡萄牙、西班牙和希腊等国的“社会和经济发展不平衡”状况。此外，挪威还将在今后 5 年内以双边财政协议的方式，向欧盟 10 个新成员国提供 5.67 亿欧元的财政支持。至此，一个横跨南北欧和西中东欧的大欧洲自由贸易区宣告成立。

相关案例

欧盟离心趋势？——英国公投“脱欧”

英国对欧盟的猜忌和不信任一直存在，英国保守党内部也有欧洲怀疑派。不仅如此，他们还认为欧盟内部的政策对欧盟有负面作用，未来一些政策趋势也可能损害到英国的利益。而欧债危机的蔓延，不仅使英国的“疑欧”之心快速发酵，也加快了“脱欧”脚步。

2013 年 1 月 23 日，英国首相卡梅伦首次提及“脱欧公投”。2015 年 1 月 4 日，英国首相卡梅伦表示，如果有可能，将原计划于 2017 年进行的公投提前举行。2015 年 5 月 28 日报道，英国政府向下议院提交并公布了有关“脱欧公投”的议案，包括公投问题的语句，并承诺将在 2017 年年底之前举行投票。2017 年 3 月 16 日，英国女王伊丽莎白二世批准“脱欧”法案，授权英国首相特雷莎·梅正式启动脱欧程序。

2018 年 3 月 19 日，欧盟与英国就 2019 年 3 月英国脱离欧盟后为期两年的过渡期条款达成广泛协议。6 月 20 日，英国议会表决通过了政府提出的《退出欧盟法案》，确立 2019 年 3 月 29 日正式退出欧盟后的法律框架。2018 年 6 月 26 日，批准英国首相特蕾莎·梅的“脱欧”法案，正式允许英国脱离欧盟。2018 年 7 月 12 日，英国已经发布“脱欧”白皮书。2018 年 11 月 25 日，欧盟除英国外的 27 国领导人一致通过了英国“脱欧”协议草案。2018 年 12 月 10 日，欧洲法院裁定英国可单方面撤销“脱欧”决定。2019 年 3 月 12 日，英国议会下议院就英国政府与欧盟协商修改后的“脱欧”协议进行投票表决，再次否决了“脱欧”协议。2019 年 3 月 14 日，英国议会下议院投票决定支持英国推迟“脱欧”，“脱欧”拉锯战持续。直至 2020 年 1 月 31 日，欧盟正式批准了英国“脱欧”。

（资料来源：根据英国“脱欧”相关报道和新闻整理。）

三、东南亚国家联盟

东南亚国家联盟于 1992 年提出，现包括原东盟六国（印度尼西亚、马来西亚、菲律宾、新加坡、泰国、文莱）和四个新成员国（越南、老挝、缅甸、柬埔寨），共 10 个国家，陆地总面积为 450 万平方千米，人口 5.3 亿人。经过 10 年的构建，原东盟六国于 2002 年正式启动自由贸易区，其他新成员国也将加快关税的削减速度。东盟建立自由贸易区的主要目标是：促进东盟成为一个具有竞争力的基地，以吸引外资；消除成员国之间的关税与非关税障碍，促进本地区贸易自由化；扩大成员国之间互惠贸易的范围，促进区域内贸易；建立内部市场。

东盟自由贸易区实现的重要措施包括以下方面：

1. 关税措施

实施"共同有效普惠关税"（CEPT）。该关税措施是一项东盟成员国间的合作协议，约定各成员国选定共同产品类别，具体排定减税的程序及时间表，并自 1993 年 1 月 1 日起，计划在 15 年内逐步将关税全面降低至 0~5%，以达成设立自由贸易区的目标。CEPT 减税计划分两种方式实施（自 1993 年 1 月 1 日开始实施）：①快速减税。产品税率在 20% 以上者，在 10 年内降至 0~5%，于 2003 年 1 月 1 日前完成；产品税率在 20% 及以下者，在 7 年内降至 0~5%，2000 年 1 月 1 日前完成。②正常减税。产品税率超过 20% 的，分为两个阶段实施，首先在前 5~8 年（2001 年 1 月 1 日前）降至 20%，再依照经同意的进度在 7 年内降至 0~5%（2008 年 1 月 1 日前）；产品税率在 20% 及以下者，在 10 年内降至 0~5%（2003 年 1 月 1 日前）。

2. 原产地规定

东盟为使区内成员国相较非成员国享有更多贸易优惠或较低关税，在 1977 年东盟各国签订的《东盟特惠贸易安排协定》基础上，1992 年 12 月 11 日，AFTA 理事会在雅加达研订"CEPT 原产地条规"。在 CEPT 协议下，成员国自另一成员国直接进口东盟国家产制成分比例不低于 40% 的产品，经出口国家主管机关（AFTA Units）核发产地证明者，可享有优惠关税。一些东盟区外国家认为，即便 AFTA 符合 WTO 的要求，但其原产地规定仍可能是一种贸易保护，因为该原产地规则是限定东盟自由区内国家，那么就等于对区外国家是变相贸易壁垒。在原产地规定的限制下，东盟各国保障了区域内国家利益，可吸引许多厂商前来生产。

3. 推进服务业自由化进程

1992 年东盟各国决定成立东盟自由贸易区时，对服务业贸易自由化并无具体决议，直到 1995 年 12 月在泰国召开的第五届东盟首脑会议，服务业自由化才有具体进展。在该会议期间，成员国完成了《东盟服务业框架协议》的签署，希望在 WTO《服务业贸易总协议》（GATS）外，另寻求加强彼此间服务业的合作，消除服务业贸易限制，以及扩大服务业自由化的深度和广度。1998 年 12 月在河内举行的第六届东协高峰会议中，成员国在特定承诺表上进行了较多次谈判，并达成了非 WTO 成员也享有与 WTO 成员在 GATS 规范下相同的待遇，成员国应将特定承诺表的优惠待遇扩及所有其他成员国等项决议。至此，东盟对未来区内服务业贸易发展已有了进一步的共识。

《东盟服务业架构协议》的主要内容仍以 WTO《服务业贸易总协议》（GATS）规范为主。由于发展中国家一般认为，服务贸易利益主要在于发达国家，发达国家应积极协助发展中国家。因此，GATS 在条文中对"增加发展中国家的参与"及"回合谈判中发展中国家的义务减轻"做了具体规定。该规范使得发展中国家可依法拒绝将较大范围的服务部门纳入市场开放承诺，因此相当多的发展中国家服务贸易承诺表所涵盖的范围极为有限，其开放速度也因此较为缓慢，所以东盟各国间服务业的开放速度显得较商品关税减让速度缓慢得多。目前，东盟中除越南、老挝及柬埔寨三国非 WTO 成员外，其余七国已成为 WTO 成员。现在，新加坡、马来西亚、菲律宾、泰国及文莱五国的服务业占各自国家 GDP 的比重已逐年增加，且都在 50% 以上，显示这些国家对服务业日趋开放和重视。根据调查，东盟目前存在的服务业贸易障碍，以限制外资股权比例为最多，且普遍存在于金融、保险及电信等行业。此外，行政程序繁杂（如申办工作准证、临时居住证等流程繁杂及申请延期困难等）、内陆运输不便、通信设备不足以及信息取得不易等也成为服务业贸易发展的瓶颈。

4. 设立投资区

为实现东盟自由贸易区目标以及吸引大量投资进入东盟地区，1995 年 12 月，第五届东盟首脑会议倡议成立东盟投资区（AIA）。1998 年 10 月，第三十届东盟经济部长会议签署了《东盟投资区框架协议》。该协议的适用范围为直接投资，至于投资的限制及股权规定，仍受各国国内投资相关法令的约束。为促进东盟区域内投资透明化和自由化，该协议规定自 2010 年起，对区域内所有成员国的投资者适用国民待遇，并对成员国投资者开放所有产业；2020 年起则适用于所有的投资者，并推动资本、熟练工、专家及技术的自由移动。成员国除为保护国家安全及公共道德、人类、动物、植物生命或健康以及保障个人隐私权等可提出全面例外清单外，也可提出暂时例外清单、敏感清单等。

5. 东盟工业合作计划

为在完成自由贸易区之前加速区域内的贸易自由化、吸引投资、促进零部件与制成品的分工互补以及提升整体国际竞争力，1996 年 4 月在新加坡召开东盟国家经济部长会议，签署了"东盟工业合作计划"（AICO），并于 1996 年 11 月 1 日开始实施。"东盟工业合作计划"（AICO）的主要宗旨是：①加强东盟在区域及全球市场上制造的竞争力；②增进效率与生产力，提高区内工业生产力；③提升市场占有率，提升东盟在制造工业中的竞争地位。合作主体必须为至少由两个不同东盟国家的公司共同申请该计划。

四、亚太经济合作组织

亚太经济合作组织（简称亚太经合组织，APEC）是亚太地区最具影响的经济合作官方论坛。1989 年 11 月 5 日至 7 日，澳大利亚、美国、加拿大、日本、韩国、新西兰和东盟 6 国在澳大利亚首都堪培拉举行亚太经济合作会议首届部长级会议，标志着亚太经济合作会议的成立。1993 年 6 月改名为亚太经济合作组织（APEC）。1991 年 11 月，中国以主权国家身份，我国的台湾和香港以地区经济体名义正式加入 APEC。

APEC 共有 21 个成员。根据 2018 年统计数据，APEC 地区人口约占世界人口的四成，GDP 总量和贸易总额分别约占全球总量的 60% 和 50%。APEC 在全球经济活动中占有举足轻重的地位。2012 年 9 月 5 日，APEC 第 24 届部长级会议在俄罗斯符拉迪沃斯托克（海参崴）开幕。APEC 的宗旨和目标是为该地区人民的共同利益保持经济的增长与发展，促进成员间经济的相互依存，加强开放的多边贸易体制，减少区域贸易和投资壁垒。APEC 主要讨论与全球及区域经济有关的议题，如促进全球多边贸易体制，实施亚太地区贸易投资自由化和便利化，推动金融稳定和改革，开展经济技术合作和能力建设等。广泛性、开放性、自愿性、松散性是 APEC 的特点。近年来，APEC 也开始介入一些与经济相关的其他议题，如人类安全

（包括反恐、卫生和能源）、反腐败、备灾和文化合作等。

APEC 的发展主要经历了初期阶段、快速阶段和调整阶段。初期阶段是 1989 年—1992 年。这一阶段 APEC 建立了它作为一个区域性经济组织的基本构架。快速发展阶段是 1993 年—1997 年。自 1993 年，APEC 从部长级会议升级到经济体领导人非正式会议，发展进程加快。1993 年—1997 年，每年都有新进展，解决了区域合作所面临的不同问题，是 APEC 进程的"五部曲"。其中，1993 年解决了"APEC 不应该做什么"，1994 年解决了"APEC 应该做什么"，1995 年解决了"APEC 应该怎么做"，1996 年制定了具体的合作蓝图，1997 年实现并加速。调整阶段是 1998 年至今，亚洲金融危机直接影响到 APEC 进程，危机的受害者开始对贸易投资自由化采取慎重态度。在 APEC 内部，始于 1997 年的部门自愿提前自由化（EVSL）在一定程度上超越了亚太地区的现实情况，难以按原有设想加以推进。经济技术合作得以保持发展势头，但因发达成员态度消极，要取得实质性进展仍需时日。1998 年和 1999 年，APEC 进入一个巩固、徘徊和再摸索的调整阶段。2000 年非正式领导人会议重申了应坚持茂物会议确定的贸易投资自由化目标，并加强人力、基础设施和市场等方面的能力建设活动。APEC 共有五个层次的运作机制，即领导人非正式会议、部长级会议（包括外交、外贸双部长会议以及专业部长会议，双部长会议每年在领导人会议前举行一次，专业部长会议不定期举行）、高官会、委员会和工作组、秘书处。

五、其他区域经济一体化组织

（一）中美洲共同市场

中美洲共同市场是中美洲五国组成的发展中国家区域性经济合作组织。1960 年 12 月 13 日，洪都拉斯、尼加拉瓜、萨尔瓦多和危地马拉在尼加拉瓜首都马那瓜签订了《中美洲经济一体化总条约》（通称《马那瓜条约》）。条约于 1961 年 6 月 3 日生效。1962 年 7 月，哥斯达黎加也签署了该条约。上述五国于 1962 年 8 月 2 日在哥斯达黎加首都圣何塞签订建立中美洲共同市场的协议，中美洲共同市场正式成立，总部设在危地马拉首都危地马拉城。该组织的宗旨是：取消成员国间制成品的关税壁垒，成立中美洲自由贸易区；对本组织外国家的产品实行统一税率，组成关税同盟；通过统一的工业鼓励协定调整各国的工业对策，同时争取农业的协调发展。中美洲经济理事会是该组织最高权力机构，由成员国经济部长组成，总负责成员国之间的经济协调与合作。执行理事会负责执行《马那瓜条约》的规定和经济理事会的决议。

中美洲共同市场建立后，各成员国之间逐步取消关税壁垒，实行统一的对外关税。到 1969 年，区域内已给予 95% 的关税项目以自由贸易地位，其余的 5% 都是由国际性协议或其他专门协议所安排的商品。因此，各成员国之间现已实现关税互免。在对外贸易方面，对进入该地区的 98.4% 的商品实行统一关税。1969 年，洪都拉斯和萨尔瓦多发生武装冲突，两国中断外交和贸易关系。洪都拉斯还关闭了连接五国的泛美公路，并宣布退出共同市场，使该组织面临严重危机。1973 年，洪都拉斯回到中美洲共同市场。同年 8 月，五国成立了"重建共同市场高级委员会"。1975 年 10 月，五国总统和巴拿马首脑共同研究制定了《中美洲社会和经济共同体方案》。1980 年，五国和巴拿马外长又发表《圣何塞宣言》，决定加紧研究恢复中美洲共同市场。但是，由于政治动乱和外债负担沉重，成员国为维持各自贸易平衡，节省有限的外汇，破坏了共同关税制度，使地区间贸易逐年大幅度下降。因受国际市场影响，又无力采取共同的保护措施，一体化进程缓慢。20 世纪 80 年代以来，为了振兴共同市场、促进各国经济发展，五国副总统和经济部长等官员举行了一系列会议和磋商，并呼吁国际社会支持中美洲的发展计划和为实现经济一体化所做的努力。欧共体是中美洲共同市场的第二大出口市场和投资者。自 1984 年至 1993 年欧盟成立，欧共体、中美洲和孔塔多拉集团⊖国家外长就加强与中美洲的政治和经济合作问题举行了五次会议，达成了一些协议。美国是中美洲共同市场的最大出口市场和投资者，美国国际开发署向共同市场总部提供部分经费。

（二）南方共同市场

南方共同市场简称南共市，是南美地区最大的经济一体化组织，也是世界上第一个完全由发展中国家组成的共同市场。1991 年 3 月 26 日，阿根廷、巴西、乌拉圭和巴拉圭四国总统在巴拉圭首都亚松森签署《亚松森条约》（于同年 11 月 29 日生效），试运转三年后，南共市于 1995 年 1 月 1 日正式运行。此后，南共市先后接纳智利（1996 年 10 月）、玻利维亚（1997 年）、秘鲁（2003 年）、厄瓜多尔（2004 年 12 月）和哥伦比亚（2004 年 12 月）等国为其联系国。南方共同市场的宗旨是通过有效利用资源、保护环境、协调宏观经济政策、加强经济互补，促进成员国科技进步，最终实现经济、政治一体化。

南方共同市场的组织机构包括：①共同市场理事会。它是南方共同市场的最高决策机构，由成员国外交部长和经济部长组成。理事会主席以阿根廷、巴西、巴拉圭、乌拉圭为序轮流担任，任期半年。一般每年举行 2 次成员国首脑会议，理事会负责首脑会议的筹备和组织工作。②共同市场小组。它是南方共同市场的执行机构，负责实施条约和理事会做出的决议，就贸易开放计划、协调宏观经济政策、与第三国商签经贸协定等提出建议。它由各成员国派出的 4 名正式成员和 4 名候补成员组成，代表本国外交部、经济部和中央银行。下设贸易事务、海关事务、技术标准、税收和金融政策、陆路运输、海上运输、工业和技术政策、农业政策、能源政策和宏观经济政策协调等 10 个工作组。③南共市贸易委员会。它是南方共同市场的区内贸易事务机构，下设税务和商品名录、海关事务、贸易规则、保护竞争力等 8 个分委会。④南共市议会。它是南方共同市场的立法机构，实行一院制，由各成员国各 18 名议员组成，总部设在乌拉圭首都蒙得维的亚。⑤南共市秘书处。它是南方共同市场的行政机构，设在乌拉圭首都蒙得维的亚。⑥南共市常设仲裁法院。它是南方共同市场的司法机构，主要解决成员国间的争端。

截至 2023 年 12 月，南共市举行了 63 届首脑会议。此外，南共市积极发展同世界主要国家或集团的关系，已同中国、欧盟、日本、俄罗斯和韩国等建立了对话或合作机制。1995 年 12 月，南共市与欧盟签署了《区域性合作框架协议》，决定 2005 年建成跨洲自由贸易区。1998 年 7 月 22 日，欧盟委员会决定启动与南共市四国和智利建立自由贸易区的谈判。南共市第 14 次首脑会议对欧盟提出的谈判倡议予以积极回应，在第 16 次首脑会议上协调了与欧盟谈判的共同立场。至 2002 年 11 月，南共市与欧盟共进行了八轮贸易谈判，并取得了重大进展。2004 年，因在农产品和工业产品市场准入问题上分歧严重，南共市与欧盟中止自贸谈判；2010 年 5 月，双方宣布重启自贸协定谈判。2003 年 12 月，南共市第 25 届首脑

⊖ 孔塔多拉集团是 1983 年 1 月，墨西哥、委内瑞拉、哥伦比亚、巴拿马四国处长在巴拿马的孔塔多拉举行会议，表示联合起来，为调解冲突、和平解决中美洲问题做出努力。此后，国际上称这四个国家为孔塔多拉集团。

会议上，南共市与安第斯共同体（简称安共体）正式签署自由贸易协议，商定在未来10~15年内逐步取消关税，并自2004年4月开始制定减免关税产品清单。此外，1998年7月，南共市及其联系国首脑与南非总统曼德拉共同签署了关于扩大南共市与"南部非洲发展共同体"14个成员国间贸易的谅解备忘录。2002年11月和2003年4月，南共市分别与泰国和印度举行了首轮自由贸易谈判。2002年年底，南共市与秘鲁达成了签订自由贸易协议的意向，并于2003年3月开始就协议细节进行谈判。2010年12月，南共市与澳大利亚就签署自贸协定达成一致，同印度、印尼、埃及、摩洛哥等国签署贸易优惠协定，同叙利亚和巴勒斯坦签署自贸框架协议。2011年12月，南共市同巴勒斯坦正式签署自贸协定。2017年12月，南共市第51届首脑会议在巴西利亚举行，会议就促进区内贸易投资便利化、扩大对外合作、推动与欧盟签署自贸协定、加强同太平洋联盟联系、敦促委内瑞拉尊重民主人权等议题展开讨论，签署了《南共市公共采购议定书》。2018年6月，南方共同市场第52届首脑会议在巴拉圭举行，会议就推进南共市对外自贸谈判进程、委内瑞拉和尼加拉瓜局势等进行讨论。2018年12月，南方共同市场第53届首脑会议在乌拉圭举行，会议讨论了地区经济融合和民主政治等议题。2019年7月，南方共同市场第54届首脑会议在阿根廷举行，会议讨论了推进地区一体化、捍卫民主人权、打击腐败、促进可持续发展和委内瑞拉等议题。2019年12月，南方共同市场第55届首脑会议在巴西举行，会议讨论了南共市对外合作、打击边境犯罪、委内瑞拉形势等议题。2021年12月，南方共同市场第59届首脑会议以视频会议形式举行。会议发表联合公报和联合声明，就加强抗疫、数字一体化、防务等领域务实合作达成共识。2022年7月，南方共同市场第60届首脑会议在巴拉圭举行。会议讨论了卫生和疫后复苏、应对乌克兰问题负面影响、原产地规则等议题，宣布将共同对外关税降低10%。会议发表联合公报，并就粮食安全和农牧业可持续发展、地区经济社会复苏等发表特别声明。2022年12月，南方共同市场第61届首脑会议在乌拉圭举行。会议主要围绕区域一体化、粮食安全、气候变化、可持续发展等议题展开讨论，发表联合公报，并就文化、网络犯罪发表特别声明。会议未发表联合声明。2023年7月，南方共同市场第62届首脑会议在阿根廷举行。会议主要讨论内部机制建设、区域经济一体化、对外贸易谈判等议题。巴西、阿根廷、巴拉圭发表联合公报。2023年12月，南方共同市场第63届首脑会议在巴西举行。玻利维亚成为南共市正式成员国。会议主要讨论扩员、区域一体化、对外合作等议题，发表联合公报，强调将加强南共市内部团结及协商一致，共同致力于地区一体化建设。

（三）安第斯共同体

安第斯共同体（简称安共体）成立于1969年5月，是拉美地区一个重要的区域经济一体化组织，总部设在秘鲁首都利马。其成员国为安第斯山麓国家玻利维亚、哥伦比亚、厄瓜多尔、秘鲁和委内瑞拉（2006年4月，委内瑞拉因秘鲁和哥伦比亚与美国签订自由贸易协定而退出该组织），故原称安第斯集团。1995年9月5日建成安第斯一体化体系，1996年3月改为现名，2007年6月接受智利为安共体联系国。

安共体的宗旨是充分利用本地区的资源，促进成员国之间的协调发展，取消各国之间的关税壁垒，组成共同市场，加速经济一体化。2000年6月，在利马举行的第12届安第斯共同体国家首脑会议上发表了旨在加快本地区一体化进程的《利马声明》，争取在2005年12月31日前建成安第斯共同市场。2010年2月，通过了安第斯地区一体化进程指导方针及加强地区合作的战略议程，战略议程涉及地区一体化和边境地区发展、环境保护、旅游、文化、能源和自然资源一体化及安共体体制建设等内容。2013 年 9 月，安共体在利马举行了第 37 届外长理事会，会议决定取消安第斯会议，并将未来安共体的工作重点放在区内贸易一体化和人员流动等务实合作领域。2018 年，安第斯共同体成员国间贸易呈上涨趋势，在成员国双边贸易中，哥伦比亚排名第一。2019 年 5 月，国家元首出席安共体总统理事会第 19 次会议，并发表纪念安共体成立 50 周年宣言。2022 年 8 月，各国元首就推进阿根廷、智利、委内瑞拉加入安共体进程达成共识。

安第斯共同体的最高决策机构是总统理事会，确定共同体一体化进程的方向，每年举行一次会议。外长理事会由成员国外长组成，负责协调成员国的对外政策，每年至少举行两次会议。总秘书处是安第斯共同体的执行机构，有权代表安共体同其他一体化组织对话。委员会由各成员国总统任命的全权代表组成，同外长理事会一同负责制定一体化政策，协调和监督该政策的落实。安第斯共同体的咨询机构是安第斯议会。

 本章思考题

1. 什么是区域经济一体化？区域经济一体化的主要类型有哪些？
2. 试述区域经济一体化的动因。
3. 目前世界上主要的区域经济一体化组织有哪些？
4. 试述区域经济一体化的积极影响。
5. 试述区域经济一体化的消极影响。

第十一章 ||||

生产要素流动与国际贸易

第一节 国际贸易发展与生产要素流动

国家之间不仅可以借助国际商品贸易方式进行经济联系，而且还可以通过生产要素跨国流动予以联系。其中，生产要素流动是指资本、技术、劳动等要素的国际流动。在经济全球化趋势凸显的今天，生产要素流动的发展十分迅速，在国际经济中占有极为重要的地位和影响，已经与商品贸易密切融合，共同推动各国和整个世界经济的发展。就经济原理而言，生产要素流动与国际商品贸易是相同的，但是生产要素流动涉及的内容、部门比国际商品贸易多。

前几章的贸易理论都假定生产要素在国家间不流动，但现实中，在经济日益全球化的当今世界，不仅存在着大量的商品贸易，也存在着大量生产要素的国际流动，即资本、劳动和技术等生产要素的国际流动，从而对世界经济产生广泛而深刻的影响。在某种意义上，国际商品贸易与生产要素流动可看作一种相互替代。一个资本相对丰裕、劳动相对稀缺的国家，可以出口资本密集型商品或直接出口资本本身。就国际贸易而言，生产资源从相对充裕、低报酬的国家向生产资源相对稀缺、高收入的国家流动会使得国际要素报酬趋于一致，有助于增进各国的福利。

生产要素流动主要包括资本流动和劳动流动。其流动的基本原理同商品国际流动在本质上没有什么差别，但是它比商品国际流动受到更多因素的制约，尤其是要受到一些政治因素的制约。尽管世界经济一体化的步伐在不断加快，但移民限制是很普遍的，资本流动在一些国家或地区受到严格控制。

一、生产要素流动的理论基础

生产要素禀赋理论（H-O 理论）着重说明的是各国生产要素的相对充裕程度是造成国家间相对价格差异和存在比较优势的最主要的决定因素，其一系列假设条件都是静态的。事实上，资本的积累、人口的增长、自然资源的开发等都会使一个国家拥有的要素数量发生变化。因此，该理论忽视了国际国内经济因素的动态变化，难免存在缺陷。学者开始就生产要素流动情况下的国际贸易模式展开研究。

（一）雷布津斯基定理

H-O 定理是建立在要素禀赋基础上的，所有的分析都假定每个国家拥有的要素数量是不变的。然而，事实上，资本的积累、人口的增长、自然资源的开发等都会使一个国家拥有的要素数量发生变化。经济学家塔德乌什·雷布津斯基（Tadeusz Rybczynski）在《要素禀赋与相对商品价格》（1955）中提出了雷布津斯基定理，分析了一个国家拥有的要素数量变化对国际贸易的影响。以资本为例，资本的数量增长后，资本的成本降低，并且资本密集型商品的成本降低幅度大于劳动密集型商品，利润的增加使资本密集型商品的生产扩张；同时，资本密集型商品的生产同样需要使用劳动，这将使劳动密集型商品的部分劳动转移到资本密集型商品的生产中，造成劳动密集型商品的生产减少。如果密集使用增加要素的商品属于这个国家的比较优势商品（出口商品），那么随着要素数量的增加，其商品的出口量也会增加，由于其他非比较优势商品的国内生产减少，非比较优势商品的进口量也增加了；如果密集使用增加要素的商品不属于这个国家的比较优势商品（进口商品），那么随着这种要素数量的增加，需要进口的份额被国内生产替代，进口量减少；由于要素从其他商品（比较优势商品）的生产中转移过来，比较优势商品的生产减少了，于是进一步使出口减少。总之，当一种生产要素的供给增加时，若密集使用这种要素的商品是比较优势商品，那么该国的对外贸易量（进出口量）会增加；如果密集使用这种要素的商品不是比较优势商品，那么该国的对外贸易量（进出口量）会减少。

（二）理论模型分析

在一个国家两种商品、两种生产要素的模型中，假定要素禀赋发生变化，其他假设条件不变。为使分析简化，假定该国是小国，生产和消费商品的相对价格和要素的相对价格不变。如果这个国家的劳动增加了10%，资本的数量不变，两种商品产量不可能都增加10%，因为这样需要额外的资本。但是，如果两种商品的产量增加不到10%，增加的劳动就不能被完全使用。在两种商品的相对价格不变、两种要素的相对价格不变时，生产两种商品使用的两种要素比例也不变。因此，只有一种商品的产量增加10%以上，而且必须是生产中密集使用劳动的那种商品的产量增加。劳动密集型商品的产量增加10%以上，相应增加的资本必然来自生产资本密集型商品的产业，从而使资本密集商品的产量减少。

由以上要素模型分析得出，在商品和要素的相对价格不变的条件下，生产要素不平衡的增长将导致商品产量更大的不对称变化。一种要素数量的增加将导致密集使用这种要素生产的商品产量增加，而使另一种商品的产量减少。计算公式表示如下：

$$k_{\mathrm{X}} = \frac{K_{\mathrm{X}}}{L_{\mathrm{X}}} = \frac{K_{\mathrm{X}} + \Delta K + \Delta K_{\mathrm{Y}}}{L_{\mathrm{X}} + \Delta L_{\mathrm{Y}}} \tag{11-1}$$

$$k_{\mathrm{Y}} = \frac{K_{\mathrm{Y}}}{L_{\mathrm{Y}}} = \frac{K_{\mathrm{Y}} - \Delta K_{\mathrm{Y}}}{L_{\mathrm{Y}} - \Delta L_{\mathrm{Y}}} \tag{11-2}$$

假设资本供给增加 ΔK，在商品相对价格保持不变的前提下，为了使新增加的资本（ΔK）能全部被利用，以保证充分就业，则需要资本密集型部门（X）吸收新增的资本，但要保证 X 部门将新增的资本全部吸收，还需要一定的劳动来与其搭配，所以 Y 部门不得不缩小生产规模，以便释放出一定的劳动（ΔL_{Y}）。但 Y 部门在释放出劳动的同时，还会释放出一定的资本（ΔK_{Y}），这部分资本也需要 X 部门来吸收。结果 X 部门的生产扩大，而 Y 部门的生产则下降。如果是劳动总量增加，资本总量不变，则同样的道理，Y 部门的生产将扩大，X 部门的生产将下降。

（1）在封闭条件下：要素禀赋增加之后，生产可能性边界的两个端点所分别对应的 X、Y 的最大产出都会增加。因此，整条边界线将向外移动。但生产边界外移的方向性则取决于要素禀赋变化的类型。

在图 11-1 中，对应一个不变的相对价格 P，资本增加前，相对价格线 pw 与生产可能性边界相切于 Q 点；资本增加后，相对价格线 p^*w 与新的生产可能性边界相切于 Q' 点。根据雷布津斯基定理，新的生产均衡点 Q' 应位于原来的生产均衡点 Q 的右下方。这里，通过 Q 与 Q' 两点的直线 R 称为雷布津斯基线（Rybczynski line）。由于相对价格 P 可任意取值，因而，对应于任一相同的商品相对价格，资本增加后，资本密集型商品（X）的产出增加，而劳动密集型商品（Y）的产出则减少。这意味着生产可能性边界的外移相对偏向于 X 坐标轴。图 11-1 中，在横坐标上 X 产出增加的比例要大于纵坐标上 Y 产出增加的比例。

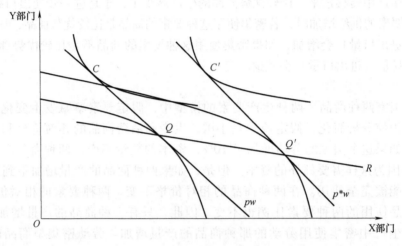

图 11-1 雷布津斯基定理：贸易条件恶化

（2）在开放条件下：如果一国的某一要素增加，对方国家一切保持不变，那么要素增加后，在国际市场上密集使用该要素的商品相对价格会下降。若该商品是要素增加国家的出口商品，则该国的贸易条件恶化，相应地，对方国家的贸易条件则改善；若该商品是要素增加国家的进口商品，则该国的贸易条件改善，而对方国家的贸易条件则恶化。

进一步的经济增长对增长国的福利会产生两种截然不同的影响效果：一方面，经济增长意味着国民收入水平的提高、国民福利的改善；另一方面，经济增长又可能恶化本国的贸易条件，对本国福利产生不利影响。在这种情况下，经济增长的净福利效应取决于上述两种影响效应的对比。

如图 11-2 所示，偏向出口的经济增长的福利效果可分解为两部分。经济增长前，生产和消费均衡点分别为 Q 和 C；增长后，新的生产和消费均衡点分别为 Q' 和 C'。增长前后，一国的贸易条件分别为 pw、p^*w，其中 p^*w 比 pw 更平坦，表示该国贸易条件恶化。

经济增长前，该国的福利水平由通过 C 点的社会无差异曲线所代表的效用水平衡量；增长后，该国的通过 C' 点的社会无差异曲线表示增长后该国的福利水平。通过 C 点的社会无差异曲线位于通过 C' 的社会无差异曲线之下，所以贸易条件恶化，抵消了部分经济增长利益。那么损失的部分增长利益去向何处？事实上，这部分利益以"转移支付"的形式为他国所享有。

如果转移至他国的利益部分超出了增长利益，那么该国的福利水平将低于增长前，这种情形就称为"悲惨增长"（immiserising growth），如图 11-2 所示。由于贸易条件急剧恶化，增长后新的消费点 C' 位于原消费点 C 之下，所以，通过 C' 点的社会无差异曲线所代表的福利水平低于增长前的福利水平。

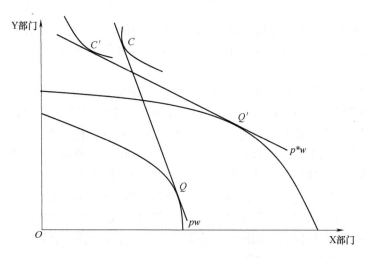

图 11-2　雷布津斯基定理：悲惨增长

如果生产可能性边界的外移偏向出口部门，则称之为偏向出口的增长（export-biased growth）；如果生产可能性边界的外移偏向进口替代部门，则称之为偏向进口的增长（import-biased growth）。

"悲惨增长"的前提条件：①经济增长偏向增长国的出口部门；②增长国在世界市场上是一个大国，即其出口供给的变动足以影响世界价格；③增长国进口边际倾向较高，即增长国对进口的需求会因经济增长而显著增加；④增长国出口产品在世界市场上的需求价格弹性非常低。

在现实中，一国的要素数量经常在发生变化。依据雷布津斯基定理，在商品相对价格不变的前提下，某一要素的增加会导致密集使用该要素部门的生产增加，而另一部门的生产则下降。

结论：（1）对资本存量相对增加的国家，可以预期它们的劳动密集型工业的规模会趋于萎缩；对劳动要素供给趋于增加的发展中国家，不合时宜地发展资本密集型工业则可能导致比较利益的丧失。一个国家的比较利益并不是一成不变的。

（2）生产可进口商品生产要素的增加，将会减少对进口商品的需求，从而使其贸易条件得到改善；生产出口商品所需的生产要素的增加，将会增加出口商品的供给，从而导致其贸易条件恶化。这一点对出口导向型企业显得尤为重要。在增加出口的同时，更要关注可能对贸易条件产生的负面影响，趋利避害。

（三）案例分析：雷布津斯基定理的政治经济分析——"荷兰病"

虽然丰裕的自然资源禀赋是经济发展的一大笔财富，但有时候它也会成为导致经济停滞的陷阱。20 世纪 70 年代石油繁荣期间，荷兰因在北海发现了丰富的天然气储量而导致了经济停滞，因而人们把这种现象称为"荷兰病"。这种新资源的开发为荷兰的贸易平衡带来了很大的改善，但竟然因失业增加而导致了国内工业的下降。贸易剩余的增加造成本币真实汇率的增值，损害了农业和工业的国际竞争力（Coridon & Neary，1982）。总之，在资源丰裕的国家，因资源出口突然增加引起的农业和制造业附加价值的减少是足以从资源部门的收入增长中得到补偿的。然而，由于天然气、石油以及矿物具有高资本密集的特征（Bairoch，1795），所以矿业部门的就业增加不足以吸纳农业和工业部门解雇的工人。这种就业损失的一部分可以从非贸易品生产（如建筑业和服务业）中的就业增加得到补偿，对它们的扩张性需求是由迅速发展的资源部门派生出来的。然而，这种部门间的劳动力再配置通常有一个很长的时间延迟。

资源丰富国家的危险是资源出口的快速发展。就像分别经历了1973年—1975年的第一次石油危机和1979年—1981年的第二次石油危机的那些国家那样，出口品价格和收益的增长是巨大的，但也是突发的和短命的。在繁荣期，外币对本币兑换率的显著下降，往往会严重地影响国内的农业和工业，导致非资源贸易品生产中的固定设备、劳动和管理技能不可避免地损失。其结果是，这些部门的恢复是困难的。同时，随着资源繁荣的衰退，派生出的非贸易品需求将猛然下降。一个伴随着高失业率的严重的经济衰退将变得不可避免。如果一个国家的与其他产业具有战略互补性的主要制造业部门（或农业）遭到自然资源迅速发展的打击，它可能不仅不能返回到以前的发展道路上，甚至有可能跌入低水平均衡之中（Krugman，1987；1991；Matsuyama，1991）。

在尼日利亚可以观察到"荷兰病"的现象。作为一个主要的石油出口国，尼日利亚在两次石油危机之间的石油繁荣中获益颇丰。同其他发展中国家一样，其官方汇率是固定的。然而，由于其增加的石油收入绝大部分都用在了不切实际的发展项目和政府消费上，由此造成的过量有效需求导致了通货膨胀。由于国内价格水平比国际价格水平增长得快，真实的汇率明显高于官方的固定汇率，因而，生产非石油贸易品的部门，尤其是农业，遭到了严重的损害。在农村，农田荒芜了，城市贫民窟里挤满了想在服务业部门寻找就业机会的迁移者。政府建设现代大规模的资本密集型产业使这个过程更加恶化——这些产业是以大量的石油收入和在石油价格继续高涨的预期下被尼日利亚的高偿还能力所吸引的外国投资为基础的。1981年第二次石油繁荣衰退之后，留给尼日利亚的是农村里荒芜的农田、城市里大量的失业者。

许多其他石油出口国，如墨西哥，其情形同尼日利亚相似（Gelb，1988；Lite 等，1993）。印度尼西亚是一个规避了"荷兰病"的例外。同尼日利亚一样，印度尼西亚的政府收入和出口收益以高度依赖石油为特征。然而，在两次石油繁荣期间，印度尼西亚政府通过向灌溉和农业研究投资以及对肥料和其他农业投入发放补贴，加大了对农业的扶持，使国内农业的生产基础得到加强。其实现的水稻自给就显示了这一点。而且，有序的财政政策抑制了恶性通货膨胀。本币的数次升值同国际贸易和外国直接投资自由化结合在一起，成功地支持了劳动密集型制造业的发展，而这正是印度尼西亚的比较优势所在（Koguro & Kohana，1995）。

尼日利亚和印度尼西亚之间的鲜明对照并不是唯一的，这种情形在撒哈拉以南非洲和东亚之间是相对普遍的。它们的显著差异表明：①自然资源禀赋丰富不一定是支持经济发展的必要条件，还可能反过来成为发展的障碍；②只有采用合适的政策才能使资源丰富的国家避免落入"荷兰病"的陷阱。

第二节　国际劳动要素流动

一、国际劳动要素流动概况

劳动要素流动是指劳动力在不同区域之间的位移。据历史学家考察，世界人口迁移大约开始于4万年前，15世纪哥伦布发现美洲大陆后，世界人口迁移的数量开始迅速增加。此后，世界人口主要经历了三次大规模的迁移浪潮。

第一次浪潮是15世纪末地理大发现后，欧洲新航线的开辟和早期殖民扩张掀起的人口从"旧大陆"迁往"新大陆"的迁移高潮。其中，"旧大陆"是指欧洲、非洲和亚洲；"新大陆"是指美洲和大洋洲。这场大规模人口迁移主要由于资本主义国家的发展和发达国家的殖民主义扩张而发生，大批欧洲人向美洲移民，非洲黑人被贩运到美洲。其中，仅在18世纪后50年里，从欧洲移出近100万人，使得美利坚民族诞生和拉丁美洲形成，故而拉丁语系的英语、西班牙语、葡萄牙语（以及加拿大魁北克省的法语）成为通用语言。此外，据估计被拐运到南、北美洲的非洲人口有3500万~4000万人，不过实际到达目的地的只有大约1000万人，大部分人在途中死亡。这些非洲奴隶主要分布在巴西（365万人），加勒比海的英国、法国、荷兰、丹麦的殖民地（380万人），西属美洲（155万人），以及英属北美洲（40万人）。殖民者通过罪恶的"三角贸易"将几百万人（包括死亡者几千万人）黑人从非洲运往美洲，致使18世纪非洲人口的绝对数量明显下降，减少了将近一亿人。这次人口迁移浪潮使西欧各国的商业地图遽然扩大，各大洲连接在一起，初步形成了世界市场，国际贸易的规模也随之急剧扩大。西欧各国为争夺有利的贸易条件展开了激烈的竞争。这一时期国际贸易的商品除传统的奢侈品外，工业原料和食品的比重开始增大。在贸易组织方式上，出现了由政府授权并承担部分行政职能的垄断贸易公司。其中最"有名"的有1600年成立的英属东印度公司和1602年成立的荷属东印度公司。此外，随着商品流通的扩大，银行的货币和信用业务得到了相应的发展，为国际贸易提供了方便，从而促进了各国经济贸易的进一步扩大。

第二次浪潮发生在19世纪下半叶到20世纪初。这一时期主要由于高出生率和较低的死亡率，当时欧洲人口迅速膨胀，同时由于农业技术进步，形成大量农业剩余劳动力，即生产率增长和医学进步导致欧洲人口急剧增加。迫于人口压力，欧洲人口大规模向新殖民国家（人口规模低于适度人口）迁移。19世纪20年代，仅有14.5万人离开欧洲，而1900年—1910年，移民人数已多达900万人，每年有近100万名移民。随着科技改革的深入，19世纪末20世纪初，人类进入电气时代，世界被列强瓜分，形成了被资本主义列强支配的世界体系，资本主义"全球化"趋势增强，世界形成一个整体。这一时期国际贸易的商品发生了很大的变化，传统贸易的奢侈品所占份额下降了，而以纺织品、钢铁、机器为代表的工业品和以煤炭、棉花、粮食为代表的原料等大宗商品在国际贸易中占主流地位。随着贸易规模的进一步扩大，国际贸易的组织形式也有了新的发展，以商品交易所为代表的世界市场开始形成，私人经营的贸易公司取代了政府特许的对外贸易垄断企业。

第二次世界大战前后发生了人口迁移的第三次浪潮。躲避战争的难民、战败国被遣返的战俘和平民，以及许多民族国家的新建与独立，在欧洲和亚洲引发了两个庞大的人口迁移流。主要由于国际难民的流动和发展中国家向发达国家迁移导致的大规模移民运动，使当地得到开发，推动了美国、加拿大和澳大利亚等国家的经济发展，资本主义世界市场朝着制度化、体系化的方向发展。战后发达国家兴起了第三次工业革命，推动了社会生产力的快速发展，并带动了国际直接投资的大幅增加。在凯恩斯理论指导下，战后发达国家政府加强了对经济的宏观调控，在政府的干预下，国际经济协调能力得到提升，促进了关贸总协定（GATT）和世界贸易组织（WTO）的成立。这些因素综合作用，促使国际贸易的发展呈现出两个特点：①国际贸易增长迅速，增速高于世界经济的增长速度；②国际贸易商品结构转变，服务贸易比重攀升。

从 20 世纪后半叶至今，世界人口的迁移仍保持着较快速度的增长。国际移民组织于 2019 年发布的一份报告指出，现在全世界的移民总计约 2 亿 700 万人，达到人类有史以来的最高峰，比 10 年前增加了 5000 万人。这份有关全球移民趋势的综合性报告详细分析了移民大量增长的原因，主要是经济全球化、内战频繁和贫富差距导致穷国人口大批外移。统计显示，北美洲、欧洲和亚洲是合法移民和部分非合法移民的主要目的地。

二、国际劳动要素流动的成因和形式

（一）国际劳动要素流动的成因

劳动要素流动的原因是复杂的，既有经济方面的原因，也有非经济方面的原因。19 世纪以及更早时期的国际移民很多是为了逃避欧洲政治、宗教上的迫害。当今社会，如果某个国家的政治制度发生较大的变动，也可能导致出现较大数量的国际移民。然而，大多数劳动力的国际流动，特别是第二次世界大战后的劳动力跨国流动，主要是由于经济方面的原因：①劳动力流动的收益与成本比较。劳动力流动的直接收益表现为流动后实际收入的增加和生活环境的改善等。劳动力流动的成本是指为迁移而付出的全部代价。其主要包括交通运输费用和其他货币支出，迁移期间的工资和其他收入损失，为迁移而付出的其他非货币支出或牺牲，如社会、历史、文化、语言等方面的不适应等。如果劳动力流动的收益明显大于成本，就构成了劳动力流动的现实基础。②经济周期的变化是劳动力流动的重要促进因素。处在经济周期不同阶段的国家对劳动力的需求程度存在明显差异。劳动力需求强烈，实际工资率将上升，因而吸引国外劳动力流入；反之，将推动国内劳动力外流。③劳动力禀赋状况是劳动力流动的深层原因。劳动力资源丰富的国家，实际工资率相对较低，将引起国内劳动力外流；反之，将吸引国外劳动力迁入。由于劳动力禀赋状况难以在短期内改变，因此形成了劳动力流动的基本走向，如地广人稀的中东国家是劳动力资源丰富的其他亚洲国家的劳动力流入的集中地之一。

非经济因素，如政治压力、民族传统、宗教信仰、自然灾害及战争等也会在不同程度上作用于劳动力的国际流动。但是，劳动力的国际流动也存在许多阻碍因素，如移民流入国政府的移民限额和苛刻的入境管制制度、原籍政府的人才保护政策和出境限制等。这些因素使劳动力的国际流动的方向、规模和速度受到人为管制。因此，现实的劳动力国际流动绝不是自由流动。

（二）国际劳动力流动的形式

劳动力流动的主要形式有移民和外籍劳工两种。不同的流动方式会对流入国和流出国产生不同的影响。一般来说，"移民"是指到别的国家定居，最终成为该国居民；而"外籍劳工"只是在别国临时工作。从流动的性质来看，到美国、加拿大、澳大利亚等地的多数是永久性移民，到日本、欧洲或者中东国家的多是外籍劳工；从流动的方向来看，基本上是从人口多的国家流向人口相对少的国家，从经济落后、工资低的发展中国家流向工资高的经济发达国家。

劳动力流动的形式也可以分为短期和长期两种。短期流动是指国外需求职业所产生的劳动力流动，主要表现为各国劳动力市场上外籍工人数量的变动。长期流动是指移居所产生的劳动力流动，主要表现为各国移民数量的变动。

三、国际劳动要素流动的经济影响

（一）国际劳动要素流动的福利变动

1. 基本假设

假定世界上只存在两个国家，即国家 1 和国家 2；每个国家拥有两种生产要素，即土地（T）和劳动（L）；每个国家都只生产一种商品，且产品同质；劳动要素可以跨越国界自由流动；两国的劳动/土地比率存在差异；分析工具为边际劳动产出率。一国的生产函数如图 11-3 所示。

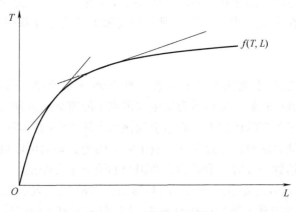

图 11-3　一国的生产函数

一国的产出水平是由投入的生产要素数量决定，用生产函数可以表示为 $Q=f(T,L)$。在土地供给总量不变的情况下，总产出的数量取决于劳动投入的多少，但单位劳动的边际产出会随着劳动投入的增加而下降，呈现要素边际报酬递减的特征。这也可以从图 11-3 中生产函数曲线斜率的下降看出，其斜率表示劳动的边际产出（MPL）。随着劳动投入数量的增加，生产函数曲线的切线变得越来越平缓。切线的斜率代表边际产出的数量，因此总产出的增长会逐渐放慢，总产出曲线变得越来越平缓。与图 11-3 相对应，图 11-4 也反映了劳动要素产出变化的基本趋势，更直接地表明了劳动投入数量是如何决定边际劳动产出的。在完全竞争的劳动市场上，企业会按照工资等于劳动边际产出的原则决定雇用劳动力的数量，即实际工资（OC）必须等于劳动的边际产出，这可以保证企业实现利润最大化。否则，企业会通过调整劳动投入的数量来实现更高利润或减少损失。在图 11-4 中还可以看出，一国经济的总产出为 $OBAL_0$ 的面积所代表的规模；OL_0 表示雇用劳动力的数量；$ACOL_0$ 的面积是支付给工人的工资，它等于实际工资 OC 与雇用劳动力数量 OL_0 的乘积；而另一块面积 ABC 则表示支付给土地的租金。

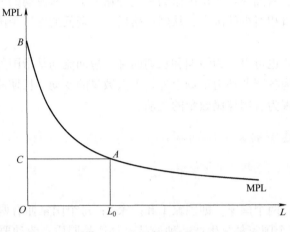

图 11-4 边际劳动产出率

国家1和国家2在技术水平相同的条件下，劳动/土地比率的差异意味着在劳动市场均衡条件下，两国边际劳动产品存在差异，从而实际工资也不同。在劳动的边际产出中，两国实际工资的位置会存在高低差别。这样，国家间实际工资的差异将引起劳动力在国家间的流动。

2. 福利变动分析

如果令国家2的劳动/土地比率大于国家1的劳动/土地比率，则国家2的劳动相对丰裕，实际工资水平也就比较低，劳动力会发生向国家1的流动。劳动力的流出减少了国家2的劳动力供给，在需求不变的情况下，必将引起该国实际工资的提高；相反，劳动力的流入则增加了国家1的劳动力供给，导致实际工资下降。因为劳动力可以自由流动，所以只有当两国的实际工资水平达到一致时，劳动力在两国间的流动才会停止。

图 11-5 表示了国际劳动要素流动的原因和影响。横轴 O_1O_2 表示全世界的劳动力，从 O_1 向右到 L_1 表示国家1的劳动力数量；从 O_2 向左到 L_1 表示国家2的劳动力数量，左边的纵轴表示国家1的劳动边际产出，右边的纵轴表示国家2的劳动边际产出。在封闭条件下，可以看出国家1的实际工资 AL_1 明显高于国家2的实际工资 BL_1。如果允许国家间劳动力可以自由移动，两国之间的工资差异会导致国家2的劳动力向国家1移动。这样两国的实际工资会趋同，劳动力的流动在两国实际工资达到相同时就会停止，这时整个世界的劳动力分配点为 L_0，实际工资水平为 EL_0，劳动力的流动数量为 L_1L_0。

劳动要素国际流动对各方产生的福利影响分析如下：在劳动力国际流动前，国家1的总产出为 O_1FAL_1，其中 O_1CAL_1 为劳动力的工资收入，CFA 为其他要素收入；国家2的总产出为 O_2GBL_1，其中 O_2DBL_1 为劳动力的工资收入，CGB 为其他要素收入。世界总产出为国家1和国家2的产出之和。而在劳动力国际流动以后，世界实际工资水平为 EL_0。此时，国家1的总产出为 O_1FEL_0，其中 O_1NEL_0 为劳动力的工资收入，NFE 为其他要素收入；国家2的总产出为 O_2GEL_0，其中 O_2NEL_0 为劳动力的工资收入，NGE 为其他要素收入。则整个世界的总产出增加了 ABE 的面积。因此，不管增加的福利在国家1和国家2之间如何进行分配，但

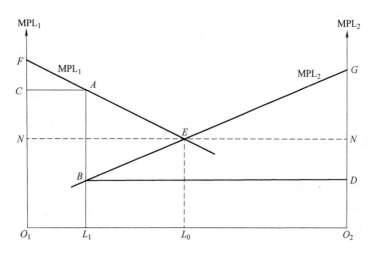

图 11-5　国际劳动要素流动的福利效应

总的来看，世界整体福利提高了。

从国家 1 的角度来看，由于劳动力的流入，工资率下降了。劳动力流入前国家 1 的总产出为 O_1FAL_1 的面积，劳动力流入后其总产出为 O_1FEL_0 的面积，增加了 L_1AEL_0 的面积。

从国家 2 的角度来看，由于劳动力的流出，工资率上升了。劳动力流出前国家 2 的总产出为 O_2GBL_1 的面积，劳动力流出后其总产出为 O_2GEL_0 的面积，减少了 L_1BEL_0 的面积。

值得注意的是，劳动力从国家 2 流出，其国民收入朝着有利于劳动力的方向进行再分配；而劳动力流入国家 1，则其国民收入朝着非劳动力资源的方向再分配。同时，国家 2 也可能从其侨居者那里收到一些汇款。

另外，如果假设国家 2 在劳动力流出前有 L_1L_0 数量的劳动力没有被雇用，不管有无流动，国家 2 的工资率都是 O_2N，而总产量为 O_2GEL_0。随着劳动力流出，世界总产出将净增加 L_1AEL_0，且全部增加在国家 1。

综合上述分析可得出如下结论：①劳动力的国际流动将引起世界资源的有效配置，会带来世界净福利水平的增加。对于劳动力资源稀缺的国家来说，国外劳动力的迁入使其获得了意外收获。而且，从国外迁入的劳动力往往技术水平和熟练程度较高，这更是让劳动力输入国喜上加喜。②劳动力流出国的总收入减少，但留在本国的劳动力人均收入增加；劳动力流入国的总收入增加，但本国劳动力的人均收入减少。因此，工会常常反对移民的迁入。③劳动力国际流动使得劳动要素价格趋于均等。如果满足劳动要素自由流动的政策或制度条件，那么在各国存在实际工资率差别的情况下，工资率低的国家的劳动要素将向工资率高的国家移动，其结果使各国劳动要素禀赋状况都向相反的方向改变，因此，各国工资趋于一致，即劳动要素价格趋于均等。

（二）劳动要素流动与国际贸易

劳动要素流动会影响国家间资源的配置状况。从劳动力输出国来看，劳动力输出不仅表现为本国劳动要素资源供给量的绝对减少，有时还会改变本国原有劳动力的构成和熟练程度；从劳动力输入国来看，劳动力的输入不仅轻易地增加了本国劳动要素资源的供给，而且常常能够提高劳动力整体的素质，因而有利于本国资源的合理配置和充分利用，强化了本国产品的比较优势地位。

同时，在其他资源不变的情况下，劳动力的流出会使国家2的劳动力减少而使其他资源变得相对丰富；而国家1的情况则相反，劳动力的流入使国家1的其他资源变得相对稀缺，而劳动力相对丰富。这会对国际贸易产生一定的影响。国家2作为劳动力丰富的国家，劳动力的大规模流出会造成劳动密集型出口产业的相对萎缩，使其生产和出口也出现收缩；而国家1作为劳动力的接收国，劳动力供给的增加会使其劳动密集型部门生产能力扩大，造成其进口替代的劳动密集型部门产量增加，从而对这些产品的进口下降。因此，劳动要素国际流动对劳动密集型产品的进出口产生了一定程度的替代效应。

当然，现实地分析，随着劳动力的流动，也会发生与流出劳动力相关的产品贸易。因为受消费习惯、文化传统和宗教信仰等因素的影响，流出劳动力的消费偏好无法在短时期内发生根本性改变，因此，劳动要素国际流动也会引起一定规模国际贸易的增加。

四、移民的其他外在成本和收益

移民作为生产要素本身和所有者的统一，不仅会通过流出国和流入国劳动力市场供求的变化对不同国家的贸易和福利产生影响，还会给流入国和流出国带来很多外在收益和成本，包括对技术、文化和社会等方面的影响。

（一）外在收益

1. 知识收益

新移民的到来带来了知识，无论是商业关系、食品烹饪方法、艺术才能、务农经验还是专门技术，都具有相当的价值。以美国为例，如"美国工业革命之父"塞缪尔·斯莱特（Samuel Slater）、工业巨富和慈善家安德鲁·卡内基（Andrew Carnegie）、科学奇才阿尔伯特·爱因斯坦（Albert Einstein）以及许多古典音乐方面的艺术名家均为移民，给美国的社会进步和科技发展做出了巨大贡献。又如，美国的黑人运动员为美国的田径、篮球等体育项目争得了霸主地位，罗马尼亚的体操教练为美国培养了许多明星，美国的芭蕾舞剧团里不乏俄罗斯的杰出演员，美国信息产业的发展离不开硅谷里的中国人和印度人，美国商界的犹太人在美国经济中举足轻重。此外，遍布各地的中餐馆、墨西哥餐馆、意大利餐馆等，使美国人不用远行就可品尝到世界各地的美味佳肴。移民所具有的知识带来的经济收益不仅为移民自身及其劳务购买者所分享，同时也会传播给移民流入国的其他居民，从而直接或间接地帮助他们提高收入水平。

2. 增长效应

人口稠密国家的人口向人口稀少的国家流动，不仅有利于保持世界人口平衡，也有利于经济增长。相比之下，发达国家资本充裕，而人口相对不足；发展中国家则是人口过剩，资本不足。国际移民显然有助于缓解这种资本与劳动要素的不对称。在人口的国际流动过程中，闲置的生产要素得以利用，促进了经济增长。对于流入国，移民流入在相当程度上可以弥补人口和劳动力不足，例如，正是源源不断的国际移民向美国提供了大量人力资本；相反，移民流出国的人口减少，在一定程度上减少了人口分母，使人均GDP有所增加，而移民汇款会增强这种增长效应。显然，把发达国家的资本和技术与发展中国家的劳动力资源结合起来，会给双方带来互惠的经济利益。

3. 反哺效应

对于流出国来说，移民汇款是国民收入的一项重要来源。2022 年，东亚太平洋地区汇款流入额增长 0.7%，达到 1300 亿美元；欧洲中亚地区的汇款流入额创下了历史纪录，达到 790 亿美元，同比增长 19%；拉美加勒比地区收到的汇款增加了 11.3%，总计达到 1450 亿美元；南亚地区汇款达到 1760 亿美元。某些国家外来汇款占了 GDP 的很大份额，凸显了移民汇款对弥补经常账户和财政短缺的重要性。这些国家包括塔吉克斯坦（汇款占 GDP 的 51%）、汤加（汇款占 GDP 的 44%）、黎巴嫩（汇款占 GDP 的 36%）。

4. 结构效用

大量移民会改变一个国家的人口结构和社会结构。例如，美国现在已经演变为一个以移民为主体的社会，其人口构成也在不断多样化。目前，国外移民及其后代已经占美国人口总数的 99%，土著居民不到 1%。在美国人口的增加中，国际移民因素占 33%。

5. 交流效应

不同国家之间的文化交流具有决定性影响。以中国为例，在过去 20 年里（除疫情期间），中国到国外求学的学生人数呈稳定上升趋势，2004 年出国留学人数为 11.47 万人，2014 年为 45.98 万人，2018 年为 66.21 万人，2019 年上涨至 70.35 万人。从全世界来看，多数学生在发达国家之间流动，但从发展中国家到发达国家求学的人数正迅速增长。如今，美国授予的博士学位有 30% 被外国学生获得，英国的这个比例为 38%。国家之间商品、服务、信息，尤其是人员的交流，使大学成为促进全球一体化、相互理解和地缘政治稳定的强大力量。

（二）外在成本

1. 拥挤成本

同任何其他人口增长一样，移民可能会带来与人口拥挤相关的种种外在成本——过多的噪声、冲突与犯罪。1975 年美国从越南撤军后，60 多万名越南南方以及老挝、柬埔寨的难民涌向美国，在美国加利福尼亚州迅速形成了一个新移民区。此外，每年有大量的墨西哥移民进入加利福尼亚州，使加利福尼亚州的人口增长速度过快。如今，加利福尼亚、佛罗里达、新泽西等移民较多的州不时起诉美国联邦政府没有有效控制移民人口而造成这些地方的拥挤和过大的财政负担。

2. 人才流失

对于发展中国家来说，向外移民往往伴随着人才流失。这些移居国外的人员不仅仅只是普通的劳动力，其中很大一部分是这些发展中国家需要的人才，如菲律宾、印度、巴基斯坦、中国等国家留学和定居到美国人口中，受过高等教育的移民占了相当大的比例，甚至高达 60%（如印度）。这种高级专门人才在国内完成学业或奠定学业基础之后迁移到其他国家的国际性迁移活动被称为智力外流。由于这些人才是其原居住国花费大量基础教育投资而培养出来的，这种智力外流显然使得原居住国的教育投资效益下降甚至丧失。对于移民流出国来说，作为重要的生产要素之一，高级专门人才或企业家移居他国，还会对本国的经济发展造成较大损失。仍然留在国内的一些劳动力和其他自然资源有可能会因为缺乏高级专门人才和企业家而无法充分发挥作用。

当然，人才外流对发展中国家并不全是损失。由于种族、文化、语言及血缘等关系，这些人才与本国的关系并不会完全割断。从长远来看，发展中国家也存在着人才回流的可能性。一旦发展中国家的经济和政治体制有利于发挥高级专门人才和企业家的才能，或者这些国家的经济发展出现很多机会，许多移居国外的人才就会回到自己的祖国，成为这些国家经济增长和科技发展的重要力量。例如，20世纪五六十年代，根据国家建设的需要，我国有很多留学生去往苏联、东欧国家等国留学和移居国外，80年代以后则大量回归。从80年代开始，每年出现大量留学生和移民，但从90年代中期起，逐渐形成了大批科学技术人才回国创业和从事科研教学的热潮，成为我国走向世界和赶超发达国家进程中不可缺少的人力资源。

3. 社会摩擦

对移民来说，在陌生的国家生活，除了背井离乡、远别亲朋，也许还不得不忍受当地人的敌视、偏见和刁难。接受移民较多的国家往往存在种族歧视和种族冲突问题。对移民自由的各种限制，比如，19世纪末20世纪初美国对亚洲移民的歧视，20世纪20年代初美国出于政治原因对移民入境的全面限制，以及20世纪60年代以来英国对许多英联邦国家入境免签特权的撤销，主要就是由于对移居入境民族的一些偏见造成的，也反映了新移民与本国原有主要民族之间的社会摩擦问题。

由于移民可能会增加社会成本，政治家必须在决定批准多少移民入境和哪些移民可以入境时，对这些可能发生的社会摩擦与成本加以权衡，这也往往使移民问题染上政治的色彩。这一点在欧洲表现得很突出。

第二次世界大战结束前期，欧洲的劳动力严重不足，移民受到欢迎，出现了欧洲近代史上的第一个移民潮。苏联和东欧剧变后，欧盟接收了大量的政治难民，同时其他移民也由于美国、加拿大等国对非洲移民打击力度的加大而不断涌向欧洲，导致欧盟国家的移民数量大大增加。移民与政治难民数量的剧增使欧盟各国对移民的态度开始变化。近年来，"反移民"成为欧洲各国极右势力争取选民支持的有力武器，荷兰、法国、奥地利等国的极右翼势力都利用这一武器在政治上频频得手。随着地中海偷渡潮愈演愈烈，意大利国内反对接收非法移民的呼声日益高涨，包括意大利在内的一些地中海国家指责其他欧盟国家未能依照承诺分摊接纳非法移民的负担。2023年2月，在欧盟峰会上，欧盟各领导人同意就非法移民问题出台更严格的政策，包括加强对外部边界的监视等。

五、国际劳动要素流动的趋势

目前有几个趋势正在影响国际劳动力市场，其中之一是劳动力的流动性加剧。这一趋势的驱动因素包括：各国国民经济的关联性日益增强；跨国公司迅猛扩张；国际性合作企业作为国际化战略之一而崛起，为完成组织任务而越发重视跨国团队。

许多国家正致力于处理移民潮问题。在这些移民中，有合法移民也有非法移民，他们通过提供低成本劳动而同原有的劳动力竞争工作岗位。一些国家，尤其是那些劳动力短缺或迅速增长的经济体，往往通过鼓励移民来扩充劳动力储备。例如，加拿大和美国通过鼓励移民，以达到壮大自己的技术工人队伍的目的。在欧洲，欧盟东扩引发了劳务移民的猛增。例如，自从波兰成为欧盟一员，数百万名波兰工人涌入英国，寻求就业机会。波斯湾国家也有从海外大规模积蓄劳动力的传统。相比而言，日本则对鼓励劳务移民持顽固态度。这种政策加上日本的低出生率，造成日本如今劳动力短缺的问题。

近年凸显的另一个趋势是，各国工会组成了全球性联盟。为了对抗工会力量弱化的问题，劳工组织已经说服一些超国家组织，如国际劳工组织（International Labor Office，联合国的一个机构），要求跨国公司遵守世界通行的劳动力标准与实践。一些国家的工会正与其他国家的工会协同合作，组建全球性功能工会，目的是使世界不同地区的劳动力能够在薪酬和工作条件上实现平等。欧洲企业位于美国的子公司已经签署了工会组织协议，这些全球性协议将会对无数跨国公司的子公司产生影响。2021 年组建的阿尔法全球（Alpha Global）由13 个不同的工会组成，代表了包括美国、英国和瑞士在内的 10 个国家的谷歌员工。阿尔法全球隶属于全球工会联盟，后者是一个代表全球 2000 万人的工会联合会，包括谷歌、亚马逊的员工等。

第三节　对外直接投资与国际资本流动

一、对外直接投资

（一）对外直接投资的概念

对外直接投资（foreign direct investment，FDI）又称国际直接投资，是指投资者到国外直接开办工厂企业或经营其他企业，将其资本直接投放到生产经营中的经济活动。它不是单纯的资金外投，而是资金、技术、经营管理知识的综合体由投资国的特定产业部门向东道国的特定产业部门的转移。对外直接投资可以分为三种类型：①创办新企业，是指投资者直接在国外建立新的属于自己控制的企业，包括创办独资企业、创办合资经营企业、设立分支机构或附属机构、参加跨国公司等。②控股权投资，是指投资者购买外国企业股票达到一定比例，从而拥有对外国企业的实质性所有权和经营管理权。③利润再投资，是指投资者在其国外企业获得的利润并不汇回本国，而是作为保留利润额对该企业进行在投资。虽然这种对外投资实际上并无资本流出流入，但也是一种直接投资。

对外直接投资的核心是取得或掌握对企业经营管理的控制权。在许多情况下，对外直接投资的投资形式不限于货币资本，机器设备、存货，甚至经营管理技术、专利都可以作为投资资本。例如，母公司对子公司提供管理技能、商业秘密、技术、商标和市场销售指导，这些都没有实际货币资本的流动。

（二）对外直接投资的特点

跨国并购是对外直接投资的主导方式。对外直接投资的方式一般有两种：一种是新建；另一种是通过对多数股权的兼并和收购实现扩张。对外直接投资是经济全球化的一个重要纽带，其载体是跨国公司。2022 年，全球外国直接投资下降了 12%，为 1.3 万亿美元。下降的主要原因是发达国家的资金流动和交易量减少。实际投资趋势更为积极，大多数地区和部门宣布的新投资项目均有所增长。发展中国家的外国直接投资略有增长，但增长主要集中在少数几个大型新兴经济体。流向许多较小发展中国家的资金陷入停滞，流向最不发达国家的外国直接投资有所下降。

行业趋势显示，基础设施和面临供应链重组压力的行业（包括电子、汽车和机械行业）的投资项目数量不断增加。为应对全球芯片短缺，宣布的五个最大的投资项目中，有三个在半导体领域。数字经济部门的投资在经历了 2020 年和 2021 年的热潮后有所放缓。

能源领域的投资项目数量保持稳定，暂时缓解了人们对能源危机导致化石燃料投资下降趋势出现逆转的担忧。石油巨头正逐步将化石燃料资产出售给对信息披露要求较低的私募股权公司和小型运营商，这需要新的交易模式来确保负责任的资产管理。

发展中国家相关的对外直接投资越来越重要。2022年在发展中国家的外国直接投资增长了4%，达到9160亿美元，占全球流量的70%以上，创历史新高。发展中国家新宣布的绿地项目数量增长了37%，国际项目融资交易量增长了5%。这对工业和基础设施的投资前景而言是一个积极信号。

非洲的外国直接投资在2021年达到异常高的水平后，回落至2019年450亿美元的水平，但新宣布的绿地项目和国际项目融资有所增加。亚洲发展中国家的外国直接投资流入量持平，为6620亿美元，占全球外国直接投资的一半以上。流向拉丁美洲和加勒比地区的外国直接投资增长了51%，达到2080亿美元，创历史新高。流向结构薄弱、易受冲击的小型经济体的外国直接投资有所下降。流向46个最不发达国家的外国直接投资下降了16%，为220亿美元，不到全球外国直接投资的2%。

（三）对外直接投资理论发展

对外直接投资是指投资者在另一国新建生产经营实体，或者把资本投入另一国的工商企业，以控制国外企业经营管理权为核心、以获取利润为目的的对外投资活动。

1. 内部化理论

科斯（R. H. Coase）在1937年提出，把市场建立在公司内部，以公司内部市场取代公司外部市场。20世纪70年代中期，英国的巴克利（P. J. Buckley）和卡森（M. Casson）对科恩的理论进行了发展和完善，此后又经加拿大学者拉格曼（A. M. Rugman）补充，系统地提出了内部化理论。

这一理论的出发点是探讨世界市场的不完全性，从国外市场的不完全性与跨国公司分配其内部资源的关系来说明国际直接投资的决定因素。该理论认为，战后科技革命改变了中间产品的性质和内容，将它由传统的原材料、半制成品变为知识含量很高的信息产品。外部市场缺乏这些产品的定价机制与交易机制，导致市场交易成本上升，公司经营效率降低，因而不得不对外部市场实行内在化，即通过对外直接投资，建立公司内部的资源配置系统，来解决公司内部资源配置效率与外部市场的矛盾。也就是说，公司在扩展其内部空间，而超越国界就意味着国际直接投资的目的在于防止国外市场的不完全性对其管理效能产生不利影响，以保证其垄断高额利润。内部化理论解释了跨国公司国际直接投资的决定因素，并强调了市场不完全性的一般形式。

2. 垄断优势理论

垄断优势理论是国际投资的独立理论，由美国经济学家海默（S. H. Hymer）在1960年提出。约翰逊（H. G. Johnson）、凯夫斯（R. E. Caves）和金德尔伯格（C. P. Kindleberger）进一步完善了该理论。

这一理论打破了传统国际资本流动理论在完全竞争假设条件下进行分析的观念，提出跨国公司和直接投资产生于非完全竞争。它强调决定国际直接投资的原因是利润差异，而非利息差异。跨国公司对外直接投资利润的大小，取决于某些垄断优势的程度。这些优势包括某种专门技术优势、管理优势和经济规模优势等。一个企业到国外投资要具备两个条件：它在国外投资的收益要高于在国内的收益，因而要向海外扩张；它在国外子公司的收益要高于当地企业，这是子公司具有竞争力并在国外得以生存的条件。

跨国公司利用商品市场或要素市场的某种垄断地位来追求利润最大化，是对外直接投资的根本原因。该理论引进了垄断竞争和寡头垄断概念，不仅具有重要的现实意义，而且丰富了跨国公司理论，形成了寡头垄断模式这一完整的理论体系。

3. 产品生命周期理论

维农（R. Vernon）以美国的情况为例，提出了产品生命周期理论（product cycle theory）。他将产品生命周期分为三个阶段。

（1）第一阶段是新产品开发。维农认为，美国在发展新产品和新生产过程方面具有优势。美国平均收入水平高，不断产生新需求，国内市场大。美国企业家对一个只限很高收入的消费者进入的特殊市场非常熟悉，发明者总是能提供适合其所在市场的产品。当新产品刚开始生产时，需要有高技能的劳动力，而美国的研究与开发资金雄厚。当新产品开发出来以后，应当首先在美国生产。这是因为新产品还不太成熟，需要改进和完善，而设计的改进要求靠近消费者和供应者。一方面，只有接近潜在市场，才能尽快获得消费者的反馈信息，以便改进产品设计，使之更加适合消费者需要；另一方面，新产品的开发依赖于市场提供的服务，因为设计一经改变，就要求原材料等方面的供应者能够根据新的要求迅速供应物资。当新产品在美国开发并生产以后，美国厂商就获得了出口新产品的垄断优势。这时，成本的高低并不太妨碍出口。最初是那些富有的外国人和在外国的美国侨民开始向美国购买这种产品，此后出口量不断增加。

（2）第二阶段是产品成熟。此时新产品的样型和性能都已经稳定，竞争优势由技术密集型国家（美国）向资本密集型国家（西欧）转移。美国的新产品吸引了其他发达国家的大量消费者，出口量与日俱增。由于国内外市场都在扩大，新产品的价格弹性很大，迫切需要降低成本。由于出口产品导致了技术扩散，美国以外的发达国家的厂商开始仿制新产品，供应本国市场需求。这些国家的厂商接近本国市场，仿制品不含国际运费、关税，也不需要推销、研究与开发费用，加上本国劳动力成本较低，这些因素导致创新国（美国）的厂商日益受到外国仿制者的威胁。为了维持国外市场，预先阻止外国竞争者，创新国就要到海外建立分公司或子公司，在靠近市场的地方进行生产与销售，以期达到"以自己投资阻止别人投资"的目的。美国厂商选择发达国家如西欧进行投资，是因为这些国家收入水平较高、技术水平较高、需求类型与美国相似，但劳动成本较低。模仿者之所以出现在这样的国家，也与这些因素相关。在这一阶段，虽然美国的出口量在增加，但是出口增长率减缓。这是由于在模仿国（西欧）市场上遭遇了仿制品的竞争，这些国家的进口有所减少，但产品在第三国的市场上仍然保持着竞争优势。因为此时的美国厂商已经实现了大规模生产、成本比较低、竞争力较强；而模仿者才开始生产，规模较小、成本较高。

（3）第三阶段是产品标准化。此时产品已经实现标准化生产，生产技术广为扩散，变得普遍、简单，差别产品的竞争优势被成本优势所取代，因而更适合在劳动力价格低廉的发展中国家生产，产品生产由资本密集型国家向劳动密集型国家转移，最后这些国家甚至成为这种产品的主要生产国，反过来向创新国出口。此时创新国的生产完全停止。

4. 国际生产折中理论

国际生产折中理论是英国经济学家约翰·邓宁（John Dunning）在 1977 年提出的。它是从西方传统国际贸易理论发展而来的，并把生产要素论、比较利益论和生产区位论结合起来，对国际直接投资问题做出一般解释。该理论认为，国际直接投资是由三种特殊优势综合决定的，这三种优势是所有权优势、区位优势和内在化优势。所有权优势是指企业所独享的利益，如技术、管理和推销技巧、发明创造能力；区位优势是指地区的特殊禀赋，包括交通便利、资源丰富、政策使跨国公司能够利用所有权优势优惠等；内在化优势主要包括多国体系、组织结构和市场机制等方面，使跨国公司能够利用所有权优势直接到国外投资生产，使之内在化。这种内在优势决定着跨国公司进行海外投资的目的与对外投资的形式，从而实现企业全球化经营，以便带来较好的经济效益。

国际生产折中理论克服了过去国际投资理论只重视资本流动方面研究的局限性，认为直接投资并不取决于资金、技术和经济发展水平的绝对优势，而是取决于相对优势，并以三种优势来解释跨国公司的对外直接投资。

（四）对外直接投资的影响

1. 对外直接投资对资本输入国（东道国）的影响

（1）积极影响：①解决了资金短缺的问题，扩大了本国投资的能力，加快了经济建设的步伐。②随着外国企业的直接投资而输入的经济资源使本国的经济技术水平得到提高。③技术水平和劳动生产率的提高，增强了出口商品的竞争能力，从而有利于本国开拓国际市场、增加出口、改善国际收支状况。④建立新企业、增加新产品，从而开辟了新的就业领域，增加了新的就业机会。⑤外资企业生产的产品往往质量较高或品种新颖，可以弥补本国原有消费品的一些缺陷；外资企业还可以生产一些进口替代品，以减少本国外汇的支付。

（2）消极影响：①大量外国资本渗透到国民经济的重要部门，有可能损害本国经济发展的自主性。②外资企业的进入会挤占当地的销售市场，可能会造成本国国民收入的大量流失。③外资企业可能会对自然资源进行掠夺性的开采，导致本国工业布局和工业结构难以合理化。

2. 对外直接投资对资本输出国（投资国）的影响

（1）积极影响：①资本输出国国内资金充裕，投资场所日渐萎缩，大量剩余资本使用效率低下。对资本稀缺的东道国进行直接投资，能提高资本的使用效率。②有利于克服贸易保护。资本输出国企业如果通过出口商品来开拓东道国市场，会遭遇关税壁垒等限制措施；如果在东道国直接投资设厂，则可以绕过关税壁垒，克服贸易保护的影响。③对外直接投资表明该国经济实力雄厚，能够提高其国际经济地位。④可以带动商品和劳务的出口。

（2）消极影响：①丧失国内部分经济效益。如果在本国投资发展生产，往往意味着本国企业改进产品质量，改善劳动条件，采用先进生产方法和生产技术，采取更好的生产组织形式等，从而使本国获得经济效益。如果在外国投资，这些经济效益就部分转移到了资本输入国。另外，大量的资本输出可能会削弱国内资金的供给能力，减缓国内经济发展。②本国政府税收减少。由于对外直接投资获得的利润被资本输入国征收了一部分税收，本国的税收则相应减少。③资本输出的同时，把先进技术装备和现代管理方法带入东道国，使投资国企业潜在的竞争对手增加。④对外直接投资面临着一定的风险。除了经营风险外，资本输入国也可能实施某些对外直接投资不利的法令条例，使投资国遭受利润损失。⑤对外直接投资减少了本国的就业机会。

二、国际资本流动

（一）国际资本流动概述

资本最初是指游牧部落的主要财富牲口的头数，后来是指在耕种土地或制造方面所使用的奴隶人数。古典经济学家认为，资本就是积累劳动，资金就是土地产品和工业劳动产品的积累。

国际资本流动是资本超越民族国家的界限而在国际范围内运动的过程，是资本要素在不同主权国家和法律体系管辖范围之间的输入与输出。资本的本质决定了资本跨国流动的本质，是居民的一部分储蓄或社会剩余劳动积累在不同社会再生产体系、不同社会经济分配体系、不同政府宏观决策管理体系之间的运动。国际资本流动的历史是从 14 世纪开始的，最初常常伴随着国际贸易发展而进行。意大利佛罗伦萨大商号对欧洲有关国家的贷款是国内资本国际化、资本跨国界流动的历史起点。

国际资本流动共有三次流动高潮，分别为：①1870 年—1914 年金本位时期是国际资本流动史上的第一次高潮。②1918 年—1929 年，即第一次世界大战结束至世界经济大危机前夕，是国际资本流动史上的第二次高潮。③1973 年—1982 年国际私人资本的大规模流动掀起了国际资本流动史上第三次高潮。

（二）国际资本流动的方式

国际资本流动是一个国家或地区的政府、企业或个人与另一个国家或地区的政府、企业或个人之间，以及与国际金融组织之间资本的流出和流入，可以分为长期资本流动和短期资本流动两种形式。其中，长期资本流动包括直接投资和间接投资。间接投资主要是单纯的货币资本流动或者称资产组合投资，具体可分为国际借贷和国际证券投资。在西方文献中，往往把国际投资分为对外直接投资和证券投资。短期资本流动根据性质的不同可分为贸易资本、银行资本、保值性资本和投机性资本。

（三）影响国际资本流动的重要因素

（1）各国的经济发展水平、发展能力及其国别差异。经济发展与国际资本流动两者是有一定联系的。一般认为，国际资本流动的正面效应是促进国际资本流入国经济发展，实现国际资源优势互补，增进世界各国的福利水平。在各国的经济发展过程中，各国经济发展水平并不是并驾齐驱的，客观上存在着一定的国别差异。正是这种经济发展的国别差异，才使得经济发展水平和发展能力对国际资本流动产生影响，而且使其更加有效。

（2）各国的利率水平及其国别利差。世界各国经济发展水平的进程是不一致的，各国都会从本国的经济实际情况出发，制定适合自己的宏观经济政策、财政政策和货币政策。如果国内利率高于国际利率，投资者会更倾向于将资金投资到该国以获取更高的收益。这将导致国际资本流入国内，并对该国的金融市场和经济产生积极影响。然而，如果加息过快或过度，可能会导致资本流入过热，引发金融市场泡沫甚至经济危机；如果国内利率低于国际利率，将导致国际资本撤离该国，并对该国的金融市场和经济构成一定的风险。

（3）各国的汇率制度和汇率变化。汇率制度在不断变迁，世界各国大都实行的是金本位制度基础上的固定汇率制度。这种制度下，各国汇率是以黄金输送点为界限的，围绕着货币的黄金平价上下波动。汇率制度对国际资本流动有着重要的影响。当一国的汇率上升时，即本国货币升值、外国货币贬值，本国的出口产品价格上升、出口减少，从而导致国际资本外流；相反，当一国的汇率下降时，即本国货币贬值、外国货币升值，本国出口产品价格下降，出口增加，将导致国际资本内流。

（4）资本管制和资本自由化程度。对一国经济而言，资本至关重要，因此，世界各国都很重视资本及资本监管。正如西方国家对宏观经济的管理，有的奉行自由经营，有的奉行政府干预，有的奉行二者相结合但时而调整其监管策略，世界各国对资本的监管策略并不是一成不变的。所处时期不同、所面临的情况不同，各国选择资本监管策略也有所不同。理论上而言，如果一个国家有国内储蓄剩余，而且国内并没有比较好的投资项目，那么这个国家就会鼓励国内资本跨国界输出。目前世界上储蓄有剩余的国家一般都具有雄厚的经济发展基础，大多属于发达国家，这些发达国家会制定相对宽松的资本监管策略，鼓励资本自由化，从而会分享高度发展、经济成长性较强的发展中国家的经济成果。客观上，这种资本自由化的实施在一定程度上会促进国际资本流动，并对国际资本流动的方式、结构和规模产生重大影响。如果一个国家的国内储蓄不足或严重不足，面临着必须加快经济发展的压力，国内投资不足，那么这个国家就会鼓励引进外资，从国外输入资本，相对地减少国内资本输出，减少资本外逃，因而就要对资本流出进行适当的控制。资本管制与国际资本流动具有负相关关系，资本自由化与国际资本流动具有正相关关系。

（5）国际市场融资变化和跨国公司发展。正如没有资金剩余和资金需求就没有银行业的产生和发展，也就没有国内资本市场的直接融资一样，对国际市场而言，如果没有一国的资金剩余和另一国的资金需求，就不可能有国际市场融资业务的发展，进而也就不可能有国际资本流动的出现和发展。

（6）金融创新能力和金融监管水平。金融创新和金融监管是经常被联系在一起的一组概念，两者具有辩证统一的关系。金融创新是金融机构为了追求盈利或规避监管而进行的创造性变革，它自然会带来竞争，有时甚至会导致过度竞争。金融监管则是金融管理当局为了金融体系的安全和稳定，按照有关法律和法规、方针和政策等采取的各种管理措施，目的是防止过度竞争。金融创新与金融监管有对立面，即金融监管是金融创新的障碍；金融创新与金融监管也有统一面，即金融监管是金融创新的诱发因素。就一般理论而言，金融创新是金融机构在金融业务、金融市场、金融工具和金融制度等方面的创新，通过这些方面的创新，特别是金融市场创新、金融工具创新，直接对国际资本流动方式规模和速度产生影响，并有利于促进国际资本流动。金融监管是指政府通过特定的机构（如中央银行）对金融交易行为主体进行的某种限制或规定，有利于更好地规避系统性风险，减少损害新市场发展的过度竞争，甚至可以促进金融创新的产生。

（7）国际政治和经济关系格局和重大政治经济事件。国际局势是影响国际资金流动的一个重要因素。当国际局势不稳定时，如发生战争、恐怖袭击、政治动荡等，会造成国际资本市场的震荡和不确定性。此时，投资者会将资金撤离高风险国家和地区，流入风险低的国家和地区，导致国际资金流动方向的改变。

（四）国际资本流动的福利效应

资本的国际流动对输出国和输入国都会产生一定的福利效应，但对不同国家及不同利益集团的影响是不同的，下面借助图11-6来分析这种福利效应。

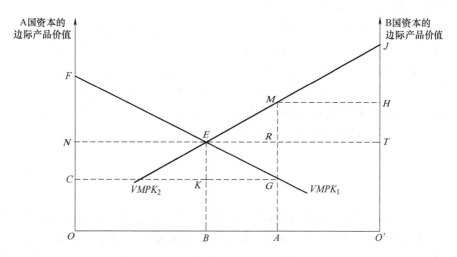

图 11-6　国际资本流动的福利效应

在图 11-6 中，分析一个只有两个国家（A 国和 B 国）的情况。假设两国的资本总量为 OO'。其中，OA 属于 A 国，$O'A$ 属于 B 国。纵轴表示资本的边际产品价值，$VMPK_1$ 和 $VMPK_2$ 是根据不同水平的投资分别给出的 A 国和 B 国资本边际产品价值曲线。在完全竞争条件下，资本边际产品价值代表资本的报酬或收益。

根据克拉克的收入分配原理，价值线（即 MH、NT、CG）以下的部分为不断变动的生产要素的总收入；而价值线以上、边际产品价值线以下的部分则是保持不变的生产要素的总收入。在发生国际资本流动前，A 国将它的全部资本都投于本国，可获得 OC 的收益，总产出是 $OFGA$。其中，$OCGA$ 部分是由 A 国资本所有者的投资带来的，其余的 CFG 部分是由其他要素如劳动和土地带来的。同样，B 国也将其全部资本 $O'A$ 投入国内，获得收益 $O'H$，总产出为 $O'JMA$。其中，$O'HMA$ 部分属于 B 国的资本所有者，其余的 HJM 部分是其他要素的收入。

由于 $O'H>OC$，在资本能够自由流动的情况下，资本将从 A 国流向 B 国，图中的 AB 段表示资本从 A 国流向 B 国的数量。资本的流动使得 A 国的资本数量变为 OB，B 国的资本数量变为 $O'B$，由于 A 国的资本输出于 B 国的资本输入，使两国资本的报酬最终趋于均衡状态，即 $ON=O'T$。A 国的国内产出现在为 $OFEB$，加上对外投资的总报酬 $ABER$，于是得到国家总收益 $OFERA$（其中 ERG 部分是比对外投资之前多的收益部分）。由于资本的自由流动，A 国资本的总报酬增加到 $ONRA$，而其他要素的总报酬下降到 NFE。

资本从 A 国输出到 B 国，使得 B 国的资本收益由 $O'H$ 减少到 $O'T$。B 国的国内总产出由 $O'JMA$ 增长到 $O'JEB$。在增长部分 $ABEM$ 中，$ABER$ 归外国的投资者所有，剩下的 ERM 部分是 B 国总产出的净增长部分，国内资本所有者的总报酬从 $O'HMA$ 降为 $O'TRA$，而其他要素的总报酬则从 HJM 上升到 THE。

从将整个世界（两个国家）作为一个整体的角度来看，总产出 $OFGA+O'JMA$ 增加到 $OFEB+O'JEB$，增加了 $ERG+EGM=EGM$，因此，国际资本流动提高了国际资源配置的效率，从而增加了世界的产出和福利。

（五）国际资本流动的类型

1）国际资本流动使资本流出国的进口和流入国的出口同时增加，有促进国际贸易发展的作用，因而被称为"顺贸易型"国际资本流动。

2）国际资本流动使资本流出国的进口增加、资本流入国的进口减少，会引起资本流出国和资本流入国直接贸易不平衡，因而被称为"贸易摩擦型"国际资本流动。

3）国际资本流动使资本流出国的出口减少、资本流入国的出口增加，资本流出国和资本流入国直接贸易不平衡，因而也是一种"贸易摩擦型"国际资本流动。

4）国际资本流动使资本流出国出口和资本流入国的进口同时减少，有减少国际贸易的作用，因而被称为"逆贸易型"国际资本流动。

三、国际贸易与资本流动、对外直接投资

（一）资本流动与国际贸易

最早分析对外直接投资与国际贸易的关系是在国家层面，从资本跨国流动的角度提出的资本流动理论。蒙代尔（Mundell）在赫克歇尔—俄林要素禀赋理论的基本框架上提出了投资替代贸易的模型。蒙代尔模型假定的经济环境与赫克歇尔—俄林模型大体一致：两个国家的技术水平相同、消费偏好、需求结构一致，生产要素在一个国家内部可以完全流动，但不能跨国界流动；同质产品的生产中不存在规模经济；市场是完全竞争的；不考虑运输成本、关税和其他贸易障碍。两个国家中，假定本国是劳动相对丰裕的国家，外国是资本相对丰裕的国家，根据要素禀赋理论，本国将出口劳动密集型产品，外国出口资本密集型产品。在贸易平衡的状态下，两国资本和劳动的报酬率趋同，这时即便允许生产要素跨国流动，也不会发生生产要素流动。

如果存在贸易壁垒，情况则有所不同。比如，本国征收进口关税，外国的资本密集型产品进入本国市场后，在本国的价格被抬高。由于进口产品与国产产品的价格差异，本国市场将出现对国产产品的超额需求，国产资本密集型产品的价格也被推高，进而刺激本国资本密集型产品的生产。本国资本密集型部门生产规模扩大，势必增加对资本的需求，导致本国资本价格上升。

本国更高的资本价格将吸引外国资本流入。如果允许资本跨国流动，外国资本就会进入本国，本国的资本数量增加，资本相对稀缺的状况有所缓解；外国则因资本流出，资本供给减少，资本价格上涨，资本相对丰裕的比较优势削弱，其资本密集型产品相对本国资本密集型产品的优势弱化；两国比较优势的弱化使两国的贸易规模缩小。总之，资本跨国流动的结果是：本国进一步增加比较劣势的资本密集型产品的生产，减少其比较优势的劳动密集型产品的生产；外国由于资本价格上涨而减少了其比较优势的资本密集型产品的生产，同时增加其比较劣势的劳动密集型产品的生产，因而贸易规模缩小了。可见，要素跨国流动导致双方的贸易规模缩小，所以要素跨国流动替代了商品跨国流动。

（二）对外直接投资与国际贸易

日本经济学家小岛清把传统模型中的劳动和资本要素用劳动和经营资源来替代，因此国际直接投资已不再是简单的资本流动，而是包括资本、技术、经营管理和人力资本的总体转移。小岛清认为，投资国的对外直接投资应从本国处于比较劣势的边际产业开始依次进行。边际产业是指按照比较优势原则，投资国已经处于或即将处于比较劣势的产业，而对投资东道国来说，可能正是其具有或即将具有比较优势的产业。对外投资产业的技术与东道国技术的差距越小，技术就越容易为东道国所吸收和普及，进而提升东道国的优势。同时，投资国

可以集中精力创造和开发新的技术和比较优势，从而使两国间的比较成本差距扩大，为更大规模的贸易创造条件。

第四节 国际技术流动

一、国际技术流动的概念和特点

（一）国际技术流动概述

国际技术流动是国家间技术的供求双方按照一定的商业规则买卖技术的行为。真正意义上的国际技术流动是在产业革命之后出现和发展的，但是直到20世纪40年代以前，其规模一般都比较小，发展速度也比较慢。国际技术流动对国际经济和贸易产生的影响比较有限。20世纪40年代以来，在第三次工业革命的推动下，国际技术流动有了飞速发展，技术流动的速度和规模都远超出之前的任何时期，国际技术流动在世界经济、贸易中的地位日益重要。国际技术流动产生和发展的直接原因是不同国家技术水平的差异，而根本原因则是经济利益的驱动。因为无论是对技术输入国还是输出国，技术的输入或输出，其根本目的都在于获得转移技术所带来的经济利益。

（二）国际技术流动的特点

科技革命蓬勃发展，科学技术日新月异，国际技术流动也呈现出新特点。

（1）技术流动速度加快，规模不断扩大。目前，国际技术贸易与商品贸易已经成为最重要的两种贸易方式。其中，国际技术贸易在以更快的速度增长，世界技术贸易额的增长速度高达15%，大大超过商品贸易3%的年增长率。2016年—2019年我国技术贸易额由542.28亿美元提高至673.38亿美元的历史最高水平，年均增速7.48%，其中出口增速11%，进口增速4.63%。

（2）国际技术流动发展不平衡，发达国家技术流动居主导地位。科学技术发展的不均衡导致国际技术流动发展的不平衡。发达国家拥有雄厚的经济实力和科技实力，其科研开发能力比较强，在国际技术的进出口中都居于主导地位，世界上超过80%的技术贸易都发生在这些国家之间。发展中国家之间以及发展中国家和发达国家之间的技术贸易所占比重则相对比较小，尚不足20%。

（3）跨国公司是技术流动的主体。当今的跨国公司不仅拥有雄厚的资本，而且也是科研开发、国际技术流动中最活跃、最重要的媒介之一。对外直接投资是跨国公司影响世界经济的最主要形式。跨国公司对外直接投资占世界对外投资的90%，而跨国公司正是通过对外直接投资在内部进行技术流动。以英美跨国公司为例，两国跨国公司向海外子公司转让技术大约分别占其技术出口额的80%和85%。

（4）国际技术流动的政府干预性比较强。由于技术流动涉及的问题比较复杂，不仅关系到转移企业自身的利益，而且可能还会影响到一国的经济安全或者政府的政治目的，因此各国政府对技术流动的干预一般比较多，一些发达国家甚至通过立法对本国向外的技术流动进行管理和控制。

二、国际技术流动的产生和发展

现代意义上的技术贸易是伴随着资本主义商品经济的发展而逐步发展起来的。进入

18 世纪以后，随着工业革命的开始，资本主义大机器生产逐步替代了封建社会的小农经济。这为科学技术提供了广阔的空间，并出现了以许可合同为形式的技术贸易。19 世纪以来，随着西方各国技术发展加快和技术发明数量增多，绝大多数国家都建立了以鼓励发明创造为宗旨的保护发明者权利的专利制度。专利制度的诞生是国际技术贸易产生的重要前提。

第二次世界大战以后，科学技术在经济发展中的作用日益重要。国际经济竞争实际上主要表现为技术上的竞争。因此，技术作为一种特殊的商品，成为贸易的重要对象，国际技术贸易额不断增加。20 世纪 60 年代中期，国际技术贸易额每年约为 30 亿美元，70 年代中期增至 100 多亿美元，80 年代中期增至 500 多亿美元，1990 年已达 1000 多亿美元，1995 年达到 2500 亿美元。1965 年—1995 年，国际技术贸易的增长率为 15.82%，大大高于同期国际商品贸易 6.3% 的增长率。近年来，中国的技术贸易也有了巨大的发展。2021 年，全球逐渐摆脱疫情的负面影响，国际技术合作热度逐步回升。2022 年，中国技术进出口总额为 1510.49 亿美元，较 2021 年增长了 0.85%。

三、国际技术贸易的内容及方式

（一）国际技术贸易的内容

1. 专利

专利是指由政府主管部门根据发明人的申请，认为其发明符合法律规定的条件，而在一定时期内授予发明人的一种权利，并予以法律保护。专利是一种无形的财产权，具有与其他财产权不同的特征，即专利具有独占性、无形性、地域性、时间性和实施性。

2. 商标

商标是指工商企业为使本企业生产或经营的商品受到法律保护，用有色泽的文字、图形、记号或其相结合而构成的标在商品上面的一种特定标志。商标权是商标的使用者向主管部门依法申请、经主管部门核准所授予的商标专用权，也称商标专利权，受法律保护。商标权也是一种工业产权，他人未经许可不得在同种或同类商品上使用与注册商标相同或近似的商标，否则就是侵权行为。商标权具有独占性、时间性、地域性的特点。

3. 专有技术

专有技术是指从事生产活动所必需的、未向社会公开的秘密技术知识、工艺流程、设计方案和实践经验等。专有技术不像专利技术那样经过法律的认可而得到保护，它是一种非法定的权利。其特征如下：①实用性。由于专有技术具有商品的属性、价值和使用价值，因而它具有实用性。人们可以把专有技术用于实践中，并获得经济效益。专有技术可以在国际市场上有偿转让和许可使用。②秘密性。专有技术是不公开的、未经法律授权的秘密技术。其所有者只能依靠自身的保护措施来维持其技术的专有权。专有技术一旦为公众所知，便成为公开的技术，从而丧失其商业价值。③可传授性。专有技术作为一种技术，必须能以言传身教或以图样、配方、数据等形式传授给他人。不可传授的生理性技能不属于专有技术。④非专有性。在特定的时期、国家或地区内，同一专有技术的所有人可能不止一个，因为法律并不排斥他人对自己开发出来的相同技术的所有权，即只要是自己的智力成果，并以合理的措施予以保密，同一项专有技术可能有两个或两个以上的所有人。⑤无时效性。专有技术无法律限定的有效期限，只要其所有人愿意并实施保密，便可长期地拥有该项专有技术。⑥无地域性。专有技术无法定的地域限制。

（二）国际技术流动的方式

国际技术流动的方式多种多样。最基本的方式主要包括许可证贸易、特许专营、技术咨询、合作生产等。

1. 许可证贸易

许可证贸易（licensing）又称许可贸易，是指技术许可方将其拥有的专利、商标、专有技术或其他知识产权的使用权通过许可证协议或合同转让给技术接收方的一种贸易方式。它是当今国际技术流动中最经常、最重要的方式之一。按照许可方授予被许可方的权利范围，许可证可有不同的类型，主要包括以下五种：①独占许可证协议。许可方在规定的地区和有效期限内授予被许可方独占性的使用权。许可方在该地区和期限内不能再向任何第三方发放许可，并且许可方自身也不能使用该项技术制造和销售商品。②排他性许可协议。在规定的区域内，许可方和被许可方在协议的有效期内，对许可证协议下的技术都享有使用权，但许可方在该区域和期限内不得再向任何第三方发放许可。③普通许可协议。它又称一般许可，是指许可方和被许可方在一定的区域和时限内都可以使用许可证下的技术，但对许可方并没有特殊限制。同时，许可方有权把该项技术或这项技术的使用权授予任何第三方。普通许可协议是最常见的许可方式之一。应当指出的是，对于独占许可、排他许可和普通许可证协议来说，许可方授予被许可方的权利仅限于被许可方本身使用。没有得到许可方的同意，被许可方不得把该项技术授予任何第三方使用。④分许可证协议。在协议规定的区域和有效时限内，许可方允许被许可方把协议项下的技术向第三方转让。被许可方在规定区域和有效期限内，除享有普通使用权利外，也可以把该项技术的使用权授予第三方使用，但第三方的权利仅限于对该项技术的使用权，而不得再把该项技术的权利进行转让许可。⑤交叉许可证协议。双方将各自拥有的专利权、商标权或专有技术使用权相互交换，供对方使用，双方的权利可以是独占的，也可以是非独占的，许可双方一般不收取报酬。

2. 特许专营

特许专营（franchising）是最近二三十年迅速发展起来的技术贸易模式。它一般是指一家已经取得成功经验的企业（特许方），将其商标、商号名称、服务标志、专利、专有技术以及成功的经营管理方法或经验转让给另一家企业的技术贸易，后者有权使用前者的商标、商号、专利、专有技术以及经营管理方法或经验，但是必须向前者支付一定金额的特许费用。

3. 技术咨询

技术咨询（technology consulting）是技术服务方向技术受让方提供的技术服务。它是指技术咨询方向技术服务方提出技术课题，服务方向咨询方提供某种技术服务，并收取一定的咨询服务费。技术咨询的特点是咨询双方当事人之间是雇佣关系，咨询服务的收费一般根据服务量进行核算。

4. 合作生产

合作生产（production cooperation）即两国或多国企业根据签订的共同协议，共同生产某一产品或完成一个工程项目的活动。合作生产所采用的技术，可以由一方提供，也可以由多方共同提供，还可以共同进行研发，在技术上相互合作、取长补短。合作生产能利用各方在设备、技术、劳动力、原材料等方面的不同条件，发挥各自的优势，充分地显示了生产过程的优越性。

四、国际技术流动和国际贸易的关系

1. 技术差距论

技术差距论的代表人物为美国学者迈克尔·波斯纳（Michael V. Posner）。他在《国际贸易与技术变化》一文中提出了国际贸易的技术差距模型。该理论认为，技术实际上是一种生产要素，并且实际的科技水平一直在提高，但是在各个国家的发展水平不一样，这种技术差距可以使技术领先的国家具有技术上的比较优势，从而出口技术密集型产品。随着技术被进口国模仿，这种比较优势消失，由此引起的贸易也就结束了。技术差距论认为，工业化国家之间的工业品贸易，有很大一部分实际上是以技术差距的存在为基础进行的。通过引入模仿时滞（imitation lag）的概念来解释国家之间发生贸易的可能性。在创新国和模仿国的两国模型中，创新国研发成功一种新产品后，在模仿国掌握这种技术之前，具有技术领先优势，可以向模仿国出口这种技术领先的产品。随着专利权的转让、技术合作、对外投资或国际贸易的发展，创新国的领先技术流传到国外，模仿国开始利用自己的低劳动成本优势，自行生产这种商品并减少进口。创新国逐渐失去该产品的出口市场，因技术差距而产生的国际贸易量逐渐减少，最终技术被模仿国完全掌握，技术差距消失，以技术差距为基础的国际贸易也随之消失。

2. 技术转移一般均衡论

1979年，克鲁格曼提出了一般均衡条件下的商品周期贸易模式，成为保持技术差距的依据。该理论把技术转移、资源配置与世界收入分配结合起来考察。他的主要理论观点包括：①技术由不断创新的发达国家转移到发展中国家，进而促进了发展中国家的经济发展和福利水平的提高。②发达国家必须不断创新才可以保持与发展中国家的技术差距并在竞争中占据一定的有利地位，这种差距正是技术转移的基础发达国家出口创新产品发展中国家出口模仿产品。模仿意味着特定的生产技术变成了共同财富。③技术的变化影响发达国家和发展中国家的经济与贸易，影响的大小、受益程度的高低取决于各自技术创新和技术流动的速度。④发达国家与发展中国家之间技术流动的发生，其原因是二者的工资差距。

3. 技术转移选择论

曼斯菲尔德提出技术转移选择论。他认为，企业在能获得足够的生产要素、出口又能获最大利益的条件下，一般偏向于选择对外直接投资。这种选择有利于控制其技术专有权，保持其在国际上的技术优势。而技术转移（指外部转移）的选择是企业不得已而为之的行为，即国外市场容量过小，无法实现最大投资利益，或者投资对方国家不具有接受对外直接投资的条件，即企业在生产要素能够得到满足且出口能获得最大利益的条件下会选择对外直接投资等。

 本章思考题

1. 简述雷布津斯基定理的基本内容。
2. 国际劳动要素流动的形式主要有哪几种？

3. 简述劳动力流动对国际贸易产生的影响。

4. 简述产品生命周期理论的主要内容。

5. 简述国际生产折中理论的主要内容并进行评价。

6. 什么是国际资本流动？国际资本流动的类型有哪些？

7. 如何解释国际贸易与资本流动、对外直接投资二者之间的关系？

8. 国际技术流动的方式有哪些？

第十二章

国际直接投资与跨国公司

第一节　国际直接投资概述

一、国际直接投资的含义及类型

（一）国际直接投资的含义

国际直接投资又称对外直接投资（foreign direct investment，FDI），它是与间接投资相对应的概念，是指为了在国外获得长期的投资效益，并拥有对企业的控制权和经营管理权而进行的在国外直接建立企业或公司的投资活动。一国投资者为实现持久利益而对本国之外的企业进行投资，并对该国外企业的经营管理实施有效影响和控制的经济活动。

由于企业的经营管理权通常受股权比例的影响，国际直接投资既包括上述两个经济实体之间的初次交易，也包括它们之间以及所有附属企业之间的后续交易。国际货币基金组织建议以拥有国外企业10%的股权作为国际直接投资的最低标准。不过，有些国家以其他证据而非股权比例来认定对国外企业经营管理的有效影响。在我国的对外直接投资统计中，对外直接投资是指中国企业、团体等在国外及我国港澳台地区以现金、实物、无形资产等方式投资，并以控制国（境）外企业的经营管押权为核心的经济活动。[⊖]

（二）国际直接投资的类型

国际直接投资是生产资本国际化的实现形式。在直接投资过程中，一个国家的生产要素以生产资本的形态输出到国外，组织和经营直接的生产过程，从而使投资国的生产过程扩展到国际范围。在这一过程中，投资者的跨国投资行为主要集中在生产领域，并直接控制被投资企业的运作和经营，控制其生产活动。按照不同的标准来划分，可以把国际直接投资分为不同的类型或形式：

（1）按照投资者控制被投资企业产权的程度，国际直接投资可以分为独资经营、合资经营、合作经营和合作开发等形式。独资经营是指完全由外商出资并独立经营的一种国际直接投资方式。合资经营是指两国或两个以上国家的投资者在平等互利原则的基础上，共同商定各自在被投资企业的股权比例，并根据东道国的法律，通过签订合同举办合营企业，共同经营、共负盈亏、共担风险的一种投资方式。这也是在国际直接投资中较为常见的一种方式。合作经营与合作开发都是以签订合同或协议为基础的国际经济合作形式。

（2）按照投资者控制被投资企业的方式，国际直接投资可以分为股权参与式的国际直接投资和非股权参与式的国际直接投资。按照这一标准，独资经营属于全部股权参与式投

⊖　陆雄文. 管理学大辞典［M］. 上海：上海辞书出版社，2013.

资；合资经营属于部分股权参与式投资；而投资者没有在东道国企业中参与股份，但以其他一些形式如许可证合同、管理合约、销售协议等进行的直接投资，均属于非股权参与式的直接投资。

（3）按照投资者是否建立新企业，国际直接投资可分为创建新企业与控制现有国外企业两类。一国投资者到国外单独创办或合作创办新的企业，或者组建新的子公司进行生产经营活动，均属于前一种形式；而通过收购国外公司或与国外公司合并以获得对东道国企业的控制权，则属于后一种形式。

（4）按照投资主体与其投资企业之间国际分工的方式，国际直接投资可以分为水平型直接投资、垂直型直接投资和混合型直接投资。水平型直接投资也称横向型直接投资，是指一国的企业到国外进行投资，建立与国内生产和经营方向基本一致的子公司或其他企业。这类子公司与其他企业能够独立完成生产和销售，与母公司或国内企业保持水平分工关系。垂直型直接投资是指一国投资者为了生产过程的不同阶段实行专业化而将生产资本直接输出到另一国进行设厂或建立企业的投资活动，与出口主要体现为互补关系。混合型直接投资是指水平型直接投资和垂直型直接投资的结合。

二、国际直接投资与跨国公司的发展

（一）国际直接投资的发展

1. 国际直接投资的总规模

国际直接投资总量巨大、迅速增长。20世纪90年代前期，全球对外直接投资总额基本维持在2000多亿美元。90年代后期迅速扩大，2000年达到1.4万亿美元的历史高峰后，连续三年一直处于下滑阶段。2001年有所下降，约为7600亿美元。2003年，全球对外直接投资总额在前两年连续下跌41%和17%后，继续下滑18%，跌至5600亿美元。进入2004年后，全球对外直接投资重新趋于活跃。从2005年开始，全球对外直接投资流入量急速增长，持续至2007年，流量总额由2005年的0.95万亿美元上升至1.91万亿美元，增幅高达201%。从2007年到2009年，全球对外直接投资流入量又经历了大幅下跌，从2007年的1.91万亿美元下降至2009年的1.18万亿美元。这主要是因为2007年下半年爆发的全球性经济危机在接下来的两年内逐渐表现出对全球FDI的严重负面影响。从2009年至2014年的后经济危机时期，世界主要经济体的经济复苏带动了全球对外直接投资的稳步提升。自2014年至今，全球对外直接投资流入量又呈现出急速增长的态势。2015年，对外直接投资流量增长了38%，达到1.76万亿美元。2016年，对外直接投资流量小幅下降2%，至1.75万亿美元。全球对外直接投资流入量在近十年来大体呈上升态势，但其受全球经济局势影响波动较大，在不同的历史时期表现出与该时期经济局势密切相关的变化态势。

《2020年世界投资报告》的数据显示，在新冠疫情冲击下，全球对外直接投资大幅下滑。2020年全球对外直接投资流量从2019年的1.54万亿美元下降约40%，是自2005年以来首次低于1万亿美元。2021年对外直接投资进一步减少5%~10%，并在2022年开始复苏。对结构性脆弱的经济体来说，对外直接投资的前景极为消极。许多最不发达国家依赖采掘业的对外直接投资，许多小岛屿发展中国家依赖对旅游业的投资，内陆发展中国家受到供应链中断的影响。2019年，流入最不发达国家的对外直接投资减少了6%，至210亿美元，仅占全球对外直接投资的1.4%。全球投资前景存在高度不确定性。这取决于疫情持续时间以及经济干预政策的有效性。同时，地缘政治风险、金融风险、贸易紧张局势增加了不确定性。尽管疫情期间全球对外直接投资流量急剧下降，但国际生产体系将继续在经济增长和发展方面发挥重要作用。《2023 年世界投资报告》中的数据显示，2022 年中国吸引的对外直接投资额增加 5%，达到创纪录的 1891 亿美元。同时，受俄乌冲突升级、食品和能源价格高涨及公共债务飙升等因素影响，2022 年全球对外直接投资较 2021 年下降 12%，至 1.3 万亿美元。其中，流入发达经济体的 FDI 将下降 37%，至 3780 亿美元；而流入发展中国家的对外直接投资将增长 4%，至 9160 亿美元。分行业看，电子、半导体、汽车、机械等面临供应链挑战的行业投资项目激增，数字经济投资放缓。

2. 国际直接投资的流向

过去 10 多年来，对外直接投资流入发展中经济体始终是主流，但这种情况随着新兴经济体的经济发展而变化。2000 年，流入发展中国家和转型期国家的对外直接投资仅占全球总量的 19%，到 2013 年这一比例已经增至近 60%。2015 年，发达经济体的占比又重新超过了发展中经济体。2018 年流入发达经济体的对外直接投资总额减少 27%，降至 2004 年以来最低。其中，美国税改导致美国跨国公司的海外资本回流美国，致使欧洲吸引外资总量减半；而受"脱欧"影响，英国外资流入也大幅减少了 36%；美国仍是全球最大外资流入国。2018 年流入发展中经济体的对外直接投资呈现小幅增长态势，增幅为 2%。同时，发展中经济体吸引对外直接投资占全球总额的比重升至 54%，创下历史新高。其中，亚洲发展中经济体的外资流入增长 4%，成为全球外资流入最多的地区。中国吸收外资创历史新高，全球排名仅次于美国；同时，中国高居"2017 年—2019 年最被国际项目援助服务（IPAs）看好的投资母国"榜首，并位列跨国公司最有可能去的东道国排行榜第三。

在资本输出方面，2016 年中国的对外直接投资达到 1830 亿美元，创历史新高，使中国首次成为全球第二大投资国。2018 年，日本对外投资额全球居首，为 1430 亿美元；第二位是中国，为 1300 亿美元；法国为 1020 亿美元，位居第三。美国跨国公司的大规模资金回流导致美国未能进入全球 20 大对外投资经济体名单。发达经济体对外投资大幅下降 40%，发展中经济体对外投资下降 10%。相比之下，发展中亚洲的其他次区域和主要对外投资经济体的流出量却大幅下降。

2020 年，新冠疫情对对外直接投资造成了供给冲击、需求冲击和政策冲击。具体而言，封闭隔离措施减缓了现有投资项目，严重衰退的经济前景使跨国公司重新评估新项目，部分国家在疫情期间采取了新的投资限制政策。占全球对外直接投资最多的前 5000 家跨国公司全年收益平均下降约 40%，部分行业陷入亏损。这严重损害了再投资收益，其占对外直接投资的平均份额在 50% 以上。

早期指标反映了新冠疫情对对外直接投资影响的即时性。2020 年前几个月，新的绿地投资项目和跨境并购（M&A）同比均下降了 50% 以上。作为基础设施项目投资的重要来源，全球项目融资领域的新交易下降了 40% 以上。

新冠疫情对所有地区都造成了严重影响，但在不同地区存在差异。预计发展中经济体的对外直接投资下降幅度更大，因为其对全球价值链（GVC）密集型产业和采掘业的投资依赖度更高，这些产业受到严重打击，而且发展中经济体无法采取与发达经济体相同的经济支持措施。

（二）跨国公司成为国际直接投资的主要主体

由于跨国公司在国际投资活动中发挥着越来越重要的影响，它成为各个国家经济联系和交往的重要主体之一。在跨国公司大规模兴起之前,国际经济关系的行为主体基本上是民族国家,主要是国与国之间在全球范围内进行的经济联系和交往,联系的方式主要是国际贸易和国际金融。跨国公司大规模兴起后,尤其是跨国公司主导国际直接投资之后,其具体经济活动在国与国之间经济联系和交往中的地位和作用越来越显著。

正是由于跨国公司以直接投资为主体的国际经济活动在国与国之间的经济联系和交往中地位和作用的加强,国内一些学者明确提出国际经济关系的行为主体已经多元化:"其中有跨国公司、民族国家、地区和经济一体化组织和集团、国际经济组织等,它们各自扮演着不同的角色,发挥着不同的作用,其中最基本、最重要的是跨国公司和民族国家。"在跨国公司成为国际投资关系中主要的行为主体以后,各个民族国家和国际经济组织在国际投资领域的作用发生了一些变化,它们逐渐转变为跨国公司直接投资的推动者、监督者和协调员。在全球投资活动中,这些行为主体呈现出日益清晰的角色分工和越来越紧密的依赖关系。需要说明的是,在跨国公司成为国际投资关系的行为主体后,跨国公司以国际直接投资为主的全球经济活动,就不像以前一般公司之间的经济联系和交往那样完全从属于国家与国家之间的经济联系和交往了。跨国公司有了自己的"生命"和"主张",已经成为国际社会中跨国经济联系和交往的"完全行为能力主体"。

三、迅速发展的原因

(一)科技革命提供了有利条件

科技革命使企业具有技术优势(垄断优势或可以获得高收益),可以对外投资,便于与子公司交流和控制子公司活动。新工业革命的三大关键技术趋势将重塑国际生产:机器人自动化生产、供应链数字化和增材制造,均会对全球价值链的长度、地理分布和治理产生明显影响。根据各个行业的具体部署,每种技术将以不同方式使国际生产的"微笑曲线"更加平坦、延伸或弯曲。

(二)资本的高度集中和过剩

发达国家拥有大量的"剩余资本"及资本的逐利性推动了国际直接投资的发展,比如20世纪80年代后半期日本向海外的大量直接投资。

(三)发展中国家的资金需求

第二次世界大战以后,原来的殖民地纷纷独立。取得政治独立之后的发展中国家发展民族经济,以及西欧和日本等资本主义国家恢复国民经济,均构成了对国际资本的巨大需求。

(四)贸易不完全推动了国际直接投资

随着国际市场竞争日趋激烈,贸易壁垒种类日益繁多,而国际直接投资可以绕过贸易壁垒,直接进入目标市场。贸易和投资趋势从国际生产的三个关键层面展开:分散程度和价值链长度,增加值的地理分布,以及决定公平贸易与对外直接投资盛行程度的跨国公司治理选择。

第二节　国际直接投资理论

在全球经济一体化、跨国公司跨国经营等多种因素的共同作用下,国际投资理论研究蓬勃发展。国际直接投资理论于20世纪60年代初期由海默提出,其后经过维农、巴克利、小岛清等人的发展，到70年代后期由邓宁完成了国际直接投资的一般理论。比较有影响力的国际直接投资理论包括如下八种，分别是垄断优势理论、内部化理论、产品生命周期理论、国际生产折中理论、边际产业扩张理论、投资发展周期理论、投资诱发要素组合理论和补充性的对外直接投资理论。本节主要介绍前六种理论的相关内容以及对其评价。

一、垄断优势理论

垄断优势理论（Monopolistic Advantage Theory）的奠基人是美国经济学家海默。1960年，"垄断优势"最初由他在博士论文《国内公司的国际化经营：对外直接投资研究》中首先提出，以垄断优势来解释国际直接投资行为，后经其导师金德尔伯格及凯夫斯等学者补充和发展，成为研究国际直接投资最早的、最有影响的独立理论。

（一）垄断优势理论的主要内容

垄断优势理论的基本假设前提是：企业对外直接投资有利可图的必要条件是这些企业应具备东道国企业所没有的垄断优势；而跨国公司的垄断优势又源于市场的不完全性。

1. 不完全竞争导致不完全市场，不完全市场导致国际直接投资

海默和金德尔伯格提出并发展了结构性市场非完美性理论（Structural Market Imperfection Theory）。它表现为四个方面：商品市场的不完全竞争；要素市场的不完全竞争；规模经济所造成的不完全竞争；经济制度与经济政策所造成的不完全竞争。

2. 垄断优势是对外直接投资的决定因素

根据凯夫斯的分类，垄断优势主要由两部分组成：知识资产优势和规模经济优势。前者主要包括技术优势、资金优势、组织管理优势、原材料优势；后者主要体现为成本降低、品牌效应提升、技术创新等。

（二）对垄断优势理论的评价

1. 垄断优势理论的贡献

该理论提出了研究对外直接投资的新思路，从不完全竞争出发来研究美国企业对外直接投资，并从理论角度区分了直接投资与证券投资，把资本国际流动研究从流通领域转入生产领域，为其他理论的发展提供了基础。

2. 垄断优势理论的局限性

该理论建立在静态垄断优势的基础上，缺乏动态分析，无法解释为什么拥有独占技术优势的企业一定要进行对外直接投资，而不是通过出口或技术许可证转让来获取利益。该理论虽然对西方发达国家企业的对外直接投资及发达国家之间的双向投资现象做了很好的理论阐述，但它无法解释自20世纪60年代后期以来，日益增多的发达国家的许多并无垄断优势的中小企业及发展中国家企业的对外直接投资活动，也不能解释物质生产部门跨国投资的地理布局。

二、内部化理论

所谓内部化理论，是指由于市场不完全，跨国公司为了其自身利益，以克服外部市场的某些失效，以及由于某些产品的特殊性质或垄断势力的存在，导致企业市场交易成本的增加，而通过国际直接投资，将本来应在外部市场交易的业务转变为在跨国公司所属的企业之间进行，并形成一个内部市场。也就是说，跨国公司通过国际直接投资和一体化经营，采用行政管理方式将外部市场内部化。

（一）内部化理论的主要内容

1. 假设条件

在不完全竞争的市场条件下，追求利润最大化的企业经营目标不变；当中间产品市场不完全时，促使企业对外投资，建立企业间的内部市场，以替代外部市场；企业内部化行为超越国界，就形成了跨国公司。

2. 市场内部化的动因和实现条件

市场内部化的动因包括：防止技术优势的流失；特种产品交易的需要；对规模经济的追求；利用内部转移价格获取高额垄断利润、规避外汇管制、逃税等。

市场内部化的实现条件，从内部化的成本来看，主要包括通信成本、管理成本、国际风险成本、规模经济损失成本。

（二）对内部化理论的评价

1. 内部化理论的贡献

首先，该理论提供了与垄断优势理论不同的研究思路，构建了另外一个理论框架，并能解释较大范围的跨国公司与对外直接投资行为。

其次，内部化理论分析具有动态性，更接近实际。

最后，内部化理论研究和解释了跨国公司的扩展行为，不仅较好地解释了第二次世界大战以来跨国公司的迅速增加与扩展，以及发达国家之间的相互投资行为，而且成为全球跨国公司进一步发展的理论依据。因此，它被称为跨国公司综合理论的核心理论。

2. 内部化理论的局限性

第一，内部化理论与垄断优势理论分析问题的角度是一致的，都是从跨国公司的主观方面来寻找其对外投资的动因和基础。内部化的决策过程完全取决于企业自身特点，忽视了国际经济环境的影响因素，如市场结构、竞争力量的影响等，因而对交易内部化为什么一定会跨国界而不在国内实行，仍缺乏有力的说明。

第二，在对跨国公司的对外扩展方面，也只能解释纵向一体化的跨国扩展，而无法解释横向一体化、无关多样化的跨国扩展行为，可见还存在很大的局限性。

三、产品生命周期理论

1966 年，美国哈佛大学教授维农从动态角度出发，根据产品的生命周期过程，提出关于直接投资的产品生命周期理论。

（一）产品生命周期理论的内容

根据产品生命周期理论，跨国公司建立在长期性技术优势基础上的对外直接投资过程主要经历以下三个阶段：

1. 产品的创新阶段

高知识的研究与开发技能和潜在高收入的市场条件是具有显著影响力的关键因素。维农认为美国就具备这些条件。

2. 产品的成熟阶段

在这一阶段，市场对产品的需求量急剧增大，但产品尚没有实行标准化生产，因而追求产品的异质化仍然是投资者避免直接价格竞争的一个途径。

3. 产品的标准化阶段

进入产品的标准化阶段，意味着企业拥有的专利保护期已经期满，企业拥有的技术秘诀也已成为"公开的秘密"。进入标准化阶段，市场上充斥着类似的替代产品，竞争加剧，而竞争的核心是成本问题。

（二）产品生命周期理论的发展

在维农产品生命周期三阶段模型的基础上，美国学者约翰逊（Johnson）进一步分析和考察了导致国际直接投资的各种区位因素，认为劳动成本、市场需求、贸易壁垒和政府政策是构成对外直接投资的充分条件。

（三）对产品生命周期理论的评价

从应用范围来讲，产品生命周期理论不能解释非代替出口的工业领域方面投资比例增加的现象，也不能说明今后对外投资的发展趋势。该理论没能解释清楚发展中国家之间的双向投资现象。此外，该理论对于初次进行跨国投资且主要涉及最终产品市场的企业较适用，而对于已经建立国际生产和销售体系的跨国公司的投资，它并不能做出有力的说明。

四、国际生产折中理论

20 世纪 50 年代以来的各种国际直接投资理论只是孤立地对国际直接投资做出了部分解释，而没有形成一整套将国际贸易、资源转让和国际直接投资等对外经济关系有机结合在一起的一般理论。英国经济学家约翰·邓宁教授于 1977 年提出了国际生产折中理论（Eclectic Theory of International Production），综合分析了一国包括商品贸易、资源转让、国际直接投资在内的国际经济活动。

（一）国际生产折中理论的基本概念

邓宁认为，跨国公司所拥有的所有权优势、内部化优势及区位优势的不同组合，决定了它所从事的国际经济活动的方式。

1. 所有权优势

所有权优势（ownership advantage）是指一国企业拥有或能够得到别国企业没有或难以得到的生产要素禀赋（自然资源、资金、技术、劳动）、产品生产工艺、发明创造能力、专利、商标、管理技能等。跨国公司所拥有的所有权优势主要包括两大类：①通过出口贸易、资源转让和对外直接投资能给企业带来收益的所有权优势，如产品、技术、商标、组织管理技能等；②只有通过对外直接投资才能得以实现的所有权优势，这种所有权优势无法通过出口贸易、技术转化的方式给企业带来收益，只有将其内部使用，才能给企业带来收益，如交易和运输成本的降低、产品和市场的多样化、产品生产加工的统一调配、对销售市场和原料来源的垄断等。跨国公司所拥有的所有权优势大小直接决定了其对外直接投资的能力。

2. 内部化优势

内部化优势（internalization advantage）是指企业为避免不完全市场带来的影响而把企业的优势保持在企业内部。内部化的起源同样在于市场的不完全性。市场的不完全性包括两方面内容：①结构性的不完全性，这主要是由于对竞争的限制，在这种情况下，交易成本很高，相互依赖经济活动的共同利益不能实现；②认识的不完全性，这主要是由于产品或劳务的市场信息难以获得，或者要花很大代价才能获取。由于市场的不完全性，企业所拥有的各种优势有可能丧失殆尽，企业本身就存在对优势进行内部化的强大动力。只有通过内部化于一个共同所有的企业内部，并实现供给与需求的交换关系，用企业自己的程序来配置资源，才能使企业的垄断优势发挥最大的效应。

3. 区位优势

区位优势（location advantage）是指跨国公司在投资区位上所具有的选择优势。区位优势包括直接区位优势和间接区位优势。所谓直接区位优势，是指东道国的某些有利因素所形成的区位优势，如广阔的产品销售市场、政府的各种优惠投资政策等。所谓间接区位优势，是指由于投资国和东道国某些不利因素所形成的区位优势，如商品出口运输费用过高等。区位优势的大小决定着跨国公司是否进行对外直接投资和对投资地区的选择。

（二）国际生产折中理论关于国际生产方式选择的结论

邓宁认为，所有权优势和内部化优势只是企业对外直接投资的必要条件，而区位优势是对外直接投资的充分条件。因此，可根据企业的上述三类优势程度大小不同，来解释和区别绝大多数企业的跨国经营活动。

（三）对国际生产折中理论的评价

1. 国际生产折中理论的贡献

（1）国际生产折中理论克服了以前对外直接投资理论的片面性，吸收了各派理论的精华，运用多种变量分析来解释跨国公司海外直接投资应具备的各种主客观条件，强调经济发展水平以一国企业对外直接投资能力和动因起决定作用，都是符合实际的。因此，相对于其他传统的对外直接投资理论，它具有较强的适应性和实用性。

（2）该理论为跨国公司运作的全面决策提供了理论依据。它要求企业有全面的决策思路，指导企业用整体的观点去考虑与所有权优势、内部化优势和区位优势相联系的各种因素，以及诸多因素之间的相互作用，减少决策失误。

2. 国际生产折中理论的局限性

（1）国际生产折中理论所提出的对外直接投资条件过于绝对化，使之有一定的片面性。邓宁强调只有同时具备三种优势，一国企业才可能跨国投资，并把这一论断从企业推广到国家，因而解释不了并不同时具备三种优势的发展中国家迅速发展的对外直接投资行为，特别是大量向发达国家的直接投资活动。

（2）该理论也还是局限在从微观角度对企业跨国行为的分析上，并且微观分析也没有摆脱垄断优势理论、内部化理论、区位优势理论等传统理论的分析框架。换句话说，该理论是对这三种理论的简单综合，缺乏从国家利益的宏观角度来分析不同国家企业对外直接投资的动机。因此，该理论对实行自由企业制度的发达国家来讲是恰当的，而对于一些发展中国家，特别是社会主义国家的国有企业，这些分析并不恰当。

（3）对三种优势相互关系的分析停留在静态的分类方式上，没有随时间变动的动态分析。

（4）邓宁所论述的决定依据侧重于成本分析基础，但它假定不同进入方式的收入是相同的，这不符合实际。一般来说，对外直接投资产生的收入流量最大，出口次之，而许可证贸易最低。事实上，企业决策盈利最大的进入方式实际上是考虑收入差别。

五、边际产业扩张论

20世纪70年代中期，日本一桥大学教授小岛清在研究发展了比较优势理论和实际情况的基础上，从宏观经济因素，尤其是国际分工原则的角度，分析了国际直接投资产生的原因，提出了边际产业扩张论。

（一）边际产业扩张论的核心

这一理论的核心是，对外直接投资应该从投资国已经处于或即将陷于比较劣势的产业部门，即边际产业部门依次进行；而这些产业又是东道国具有明显或潜在比较优势的部门，但如果没有外来的资金、技术和管理经验，则东道国的这些优势不能被利用。

1. 对外投资的产业

日本对外投资根据比较成本原则，以资源开发、纺织品、零部件等标准化的劳动密集型产业为主；美国对外投资则是逆比较成本的，以其拥有比较优势的汽车、电子计算机、化学产品、医药产品等资本和技术密集型产业为主。然而，美国对外投资由于把具有比较优势的产业过早地移植到国外，容易导致美国经济的空心化倾向。

2. 对外投资的主体

日本根据国际分工原则进行对外直接投资，决定了日本对外投资的承担者以中小企业为主；美国对外投资是贸易替代型的，那些从事对外直接投资的企业正处于美国最具比较优势产业，由于产品创新和直接投资周期仅限于寡头垄断的工业部门，导致了美国对外直接投资基本由垄断性的大型跨国公司所控制。

3. 投资国与东道国在投资产业上的技术差距

日本对外直接投资是从与东道国技术差距最小的产业依次进行的；美国对外直接投资则是凭借投资企业所拥有的垄断优势，从而造成在东道国投资产业技术上的巨大差距。

4. 对外直接投资的企业形式

日本对外直接投资一般采取合资经营的股权参与方式和包括诸如产品分享等在内的非股权参与方式；美国对外直接投资的股权参与方式中，大多采用建立全资子公司的形式。因此，按照边际产业依次进行对外投资，所带来的结果是：东道国乐于接受外来投资，因为由中小企业转移到东道国的技术更适合当地的生产要素结构，为东道国创造了大量就业机会，对东道国的劳动力进行了有效的培训，因而有利于东道国建立新的出口工业基地。与此同时，投资国可以集中发展其具有比较优势的产业。因此，直接投资的输出国与输入国的产业结构均更趋合理，促进了国际贸易的发展。

（二）边际产业扩张论的推论

根据边际产业扩张理论，对外投资应能同时促进投资国和东道国的经济发展。因此，小岛清从宏观经济的角度考虑，把对外直接投资划分为自然资源导向型、劳动力导向型、市场导向型、交叉投资型。

（三）对边际产业扩张论的评价

1. 边际产业扩张论的贡献

（1）从投资国的角度而不是从企业或跨国公司角度来分析对外直接投资的动机，克服了以前传统的国际投资理论只注重微观而忽视宏观的缺陷，能较好地解释对外直接投资国家的动机，具有开创性和独到之处。

（2）用比较成本原理从国际分工的角度来分析对外直接投资活动，从而对对外直接投资与对外贸易的关系做了有机结合的统一解释，克服了垄断优势理论把二者割裂开来的局限性，较好地解释了第二次世界大战后日本的对外直接投资活动。

2. 边际产业扩张论的局限性

（1）理论分析以投资国而不是以企业为主体，这实际上假定了所有对外直接投资企业的动机是一致的，都是投资国的动机。这样的假定过于简单，难以解释处于复杂国际环境下企业的对外投资行为。

（2）理论提出的对外直接投资和国际分工导向均是单向的，即由发达国家向发展中国家的方向进行，作为发展中国家总是处于被动地位，无法解释发展中国家对发达国家的逆贸易导向型直接投资。

（3）理论产生的背景是第二次世界大战后初期日本的中小企业对外直接投资情况。而今天日本的对外直接投资情况早已发生变化，对外直接投资的大型企业大幅度增加，同时对发达国家的逆向投资迅速增加，以进口替代型投资为主。因此，边际产业扩张论无法解释这些投资行业的投资行为，具有极大的局限性，不具有一般意义。

六、投资发展周期理论

20世纪80年代初，邓宁提出投资发展周期理论，是国际生产折中理论在发展中国家的运用和延伸。

（一）投资发展周期理论的核心思想

投资发展周期理论认为，发展中国家的对外直接投资倾向取决于：①经济发展阶段；②该国所拥有的所有权优势、内部化优势和区域优势。

根据人均国民生产总值，邓宁区分了四个经济发展阶段：第一阶段，人均国民生产总值在400美元以下。处于这一阶段的国家只有少量的外来直接投资，完全没有对外直接投资。第二阶段，人均国民生产总值在400~2500美元。在这一阶段，外国对本国的投资量有所增加，而本国对外直接投资量仍然是零，从而净对外直接投资呈负数增长。第三阶段，人均国民生产总值在2500~4750美元。在这一阶段，外国对本国的直接投资量仍然大于其对外直接投资，不过两者之间的差距缩小。第四阶段，人均国民生产总值超过4750美元，国家净对外直接投资呈正数增长。在这一理论中，邓宁又将经济发展周期与企业竞争优势因素结合起来，以说明某国的国际投资地位是怎样随着其竞争优势的消长而相应变化的。

邓宁认为，一国吸引外资和对外投资的数量不能仅仅用经济指标衡量，它还取决于一国的政治经济制度、法律体系、市场机制、教育水平、科研水平以及政府的经济政策等因素。一国的所有权优势、内部化优势和区位优势可以从国家、产业和企业三个层面上进行分析。从所有权优势来看，国家层面的因素包括自然资源禀赋、劳动力素质、市场规模及其特征、政府创新、知识产权保护、竞争与产业结构政策；产业层面的所有权优势包括产品和加工技术深度、产品差异程度、规模经济、市场结构等；企业层面的所有权优势包括生产规模、产品加工深度、生产技术水平、企业创新能力、企业的组织结构、管理技术、企业获得低成本要素供给的能力等。

（二）对投资发展周期理论的评价

投资发展周期理论将一国吸引外资和对外投资能力与经济发展水平结合起来，认为一国的国际投资地位与人均国民生产总值呈正比。世界上发达国家和发展中国家国际投资地位的变化大体上都符合这一趋势。

第三节 跨国公司与国际贸易

一、跨国公司的概念和特征

（一）跨国公司的概念

跨国公司又称多国公司、国际公司、超国家公司和宇宙公司等。20 世纪 70 年代初，联合国经济及社会理事会组成了由知名人士参加的小组，较为全面地考察了跨国公司的各种准则和定义后，于 1974 年做出决议，决定联合国统一采用"跨国公司"这一名称。跨国公司主要是指以本国为基地，通过对外直接投资，在世界各地设立分支机构或子公司，从事国际化生产和经营活动的垄断企业。

（二）跨国公司的特征

跨国公司突出强调"多国"这一地理概念，即在一个以上国家建有下属分支企业和机构的国际经营企业，但未考虑企业规模大小、市场势力强弱等因素。所以，跨国公司的特征表现为以下几点：

（1）一般都有一个国家实力雄厚的大型公司为主体，通过对外直接投资收购当地企业的方式，在许多国家建立有子公司或分公司。

（2）一般都有一个完整的决策体系和最高决策中心，各子公司或分公司虽各自都有决策机构，都可以根据自己经营的领域和不同特点进行决策活动，但其决策必须服从于最高决策中心。

（3）一般都从全球战略出发安排自己的经营活动，在世界范围内寻求市场和合理的生产布局，定点专业生产，定点销售产品，以谋取最大的利润。

（4）一般都因强大的经济和技术实力、快速的信息传递以及资金快速跨国转移等方面的优势，在国际上有较强的竞争力。

二、跨国公司的类型

（一）按照经营结构分类

1. 横向型

此类跨国公司主要从事单一产品的生产经营，母公司和子公司很少有专业化分工，但公司内部转移生产技术、销售技能和商标专利等无形资产的数额较大。该经营方式地理分布区域广泛，通过在不同的国家和地区设立子公司与分支机构就地生产与销售，以克服东道国的贸易壁垒，巩固和拓展市场。

2. 垂直型

此类跨国公司按其经营内容又可分为两种：一种是母公司和子公司生产和经营不同行业但又相互关联的产品，它们是跨行业的公司，主要涉及原材料、初级产品的生产和加工行业；另一种是母公司和子公司生产和经营同一行业、不同加工程度或工艺阶段的产品，主要涉及汽车、电子等专业化分工水平较高的行业。这类跨国公司的特点是全球生产的专业化分工与协作程度高，各个生产经营环节紧密相扣，便于公司按照全球战略发挥各子公司的优势；而且，由于专业化分工，每个子公司只负责生产一种或少数几种零部件，有利于实现标准化、大规模生产，获得规模经济效益。

3. 混合型多种经营

此类跨国公司经营多种产品，母公司和子公司生产不同的产品，经营不同的业务，而且彼此之间互不相关，没有必然联系。跨行业非相关产品的多样化经营能有效地分散经营风险。但是，由于经营多种业务，业务的复杂性会给企业管理带来不利影响，因此具有竞争优势的跨国公司并不是向不同行业盲目扩展业务，而是倾向于围绕加强核心业务或产品的竞争优势开展国际多样化经营活动。

法国的标致雪铁龙汽车集团是一家垂直型的跨国公司。公司内部实行专业化分工，它在国外的84个子公司和销售机构分别从事铸模、铸造、发动机、齿轮、减速器、机械加工、组装和销售等各工序的业务，实现了垂直型的生产经营一体化。日本的三菱重工业公司原是一家造船公司，后改为混合多种经营，经营范围包括汽车、建筑机械、发电系统产品、造船和钢构件、化学工业、一般机械、飞机制造业等。

（二）按经营项目分类

1. 资源开发型跨国公司

资源开发型跨国公司以获得母国所短缺的各种资源和原材料为目的，对外直接投资主要涉及种植业、采矿业、石油业和铁路等领域。这类公司是跨国公司早期积累时经常采用的形式。资本原始积累时期，英国、法国、荷兰等老牌殖民国家的特许公司在19世纪时向美国、加拿大、澳大利亚和新西兰等经济落后而资源丰富的国家进行的直接投资就主要集中在种植业、采矿业和铁路。如今，资源开发型跨国公司仍集中于采矿业和石油开采业，如著名埃克森美孚公司、英荷壳牌集团。

2. 加工制造型跨国公司

加工制造型跨国公司主要从事机器设备制造和零配件中间产品的加工业务，以巩固和扩大市场份额为主要目的。这类公司以生产加工为主，进口大量投入品生产各种消费品供应东道国或附近市场，或者对原材料进行加工后再出口。这类公司主要生产和经营诸如金属制品、钢材、机械及运输设备等产品，随着当地工业化程度的提高，公司经营逐步进入资本货物部门和中间产品部门。加工制造型跨国公司是当代一种重要的公司形式，为大多数东道国所欢迎。美国通用汽车公司作为世界上最大的汽车制造公司之一，是加工制造型跨国公司的典型代表。

3. 服务提供型跨国公司

服务提供型跨国公司主要是指向国际市场提供技术、管理、信息、咨询、法律服务以及营销技能等无形产品的公司。这类公司包括跨国银行、保险公司、咨询公司、律师事务所及注册会计师事务所等。随着服务业的迅猛发展，服务业已逐渐成为当今最大的产业部门，服务提供型跨国公司也成为跨国公司的一种重要形式。

（三）按照决策方式分类

1. 民族中心型公司

民族中心型公司（ethnocentric corporations）的决策哲学是以本民族为中心，其决策行为主要体现母国与母公司的利益。公司的管理决策高度集中于母公司，对海外子公司采取集权式管理体制。这种管理体制强调公司整体目标的一致性，优点是能充分发挥母公司的中心调整功能，更优化地使用资源；缺点是不利于发挥子公司的自主性与积极性，且东道国往往不太欢迎此模式。跨国公司发展初期一般采用这种传统的管理体制。

2. 多元中心型公司

多元中心型公司（polycentric corporations）的决策哲学是多元与多中心，其决策行为倾向于体现众多东道国与海外子公司的利益，母公司允许子公司根据自己所在国的具体情况独立地确定经营目标与长期发展战略。公司的管理权力较为分散，母公司对子公司采取分权式管理体制。这种管理体制强调的是管理的灵活性与适应性，有利于充分发挥各子公司的积极性和责任感，且受到东道国的欢迎。但这种管理体制的不足在于母公司难以统一调配资源，而且各子公司除了自谋发展外，完全失去了利用公司内部网络发展的机会，局限性很大。在跨国公司迅速发展的过程中，东道国在接受外来投资的同时逐渐培养起民族意识，经过多年的积累和发展，大多数跨国公司的管理体制从集权和本民族为中心转变为多元中心型。

3. 全球中心型公司

全球中心型公司（geocentric corporations）既不以母公司也不以分公司为中心，其决策是公司的全球利益最大化。相应地，公司采取集权与分权相结合的管理体制。这种管理体制吸取了集权与分权两种管理体制的优点，事关全局的重大决策权和管理权集中在母公司的管理机构，但海外子公司可以在母公司的总体经营战略范围内自行制订具体的实施计划、调配和使用资源，有较大的经营自主权。这种管理体制的优点是在维护公司全球经营目标的前提下，各子公司在限定范围内有一定的自主权，有利于调动子公司的经营主动性和积极性。

三、跨国公司的发展

跨国公司诞生在近现代世界经济的演进过程中，随着经济全球化的推进，跨国公司扮演了世界生产组织者的角色，迅速壮大。与此同时，跨国公司的发展也促进了世界经济的增长和演进，其对未来世界经济发展发挥了重要作用。在古代丝绸之路上，古代中亚地区的粟特人是富有商业头脑的民族，在1000多年前组建了最早的"跨国公司"，控制了丝绸之路的跨国贸易。当前的格局是从16世纪"地理大发现"时代兴起，历经殖民史、第一次工业革命直到20世纪末，不断演化累积。

（一）跨国公司的发展历程

1. 19世纪至20世纪初——跨国公司初现雏形

早期跨国经营企业起源于工业革命前殖民时代的海上贸易，当时的跨国公司实际是远洋贩运组织。到19世纪末，随着西方国家工业体系的建设完成，帝国主义时代到来，跨国公司也演化成从殖民地直接生产原材料（而非采购）运往西方国家进行加工的现代公司。

1599年秋，伦敦的胡椒价格飞涨，贵族和商人们集资建造了英国的东印度贸易船只，并上书请求伊丽莎白一世女王授予特许状。1600年12月31日，女王终于批准了这份申请，"伦敦赴东印度贸易的商人们的长官及同事"（The Governor and Company of Merchants of London Trading into the East Indian）生效，简称东印度公司（英国）宣告成立。类似东印度公司这样的早期公司都是从事贸易的，而贸易组织往往由一些参与集资的"同事、合伙人"构成。这些早期跨国公司的业务主要是"新航路"上的海上贸易，兼职从事海盗。其他殖民贸易公司还有皇家非洲公司、哈德逊湾公司等。

帝国主义时代的列强与殖民地之间的关系已彻底从贸易关系演变为统治关系，因此，微观层面上跨国公司的行为方式发生了新的变化，贸易转运公司不再是中心，中心的位置让给了直接在殖民地从事经营的公司。这些在殖民地从事经营的公司以资源开发为主，它们负责开采殖民地的原材料，再由贸易公司运送回母国的工厂进行加工制造。1856 年，英国政府颁布股份公司条例，现代企业诞生。1857 年，印度民族大起义摧毁了东印度公司的殖民贸易体系，东印度公司这个"巨无霸"被一些相对较小的贸易公司继承。

19 世纪 60 年代，早期跨国公司诞生。1865 年，德国拜耳化学公司在美国设厂，被认为是现代跨国公司诞生的标志。其后，欧美企业开始走向海外。通用汽车、福特等公司建立并发展起来，并加快其海外扩张步伐。

2. 20 世纪初至第二次世界大战——跨国公司形成时期

随着第二次工业革命在全世界的推进，工业国家逐渐形成瓜分世界市场的国际卡特尔。第二次工业革命的爆发始于运输与通信革命，铁路、轮船和电报技术的发展从根本上改变了经济环境。铁路连接了全国各地，为产品提供了可靠的全天候运输网络。铁路网第一次真正把原先分割的地域连接到同一个经济体系中，使它们必须遵从同一张时间表并相互分工。美国和欧洲完成了工业化，工厂成为经济运转的中心环节，极大地刺激了对原材料的需求。与此同时，蒸汽轮船大大增强了海上运输能力，使西方国家的对外扩张能力得到极大加强。

由于大规模铁路建设的带动，最早的一批制造标准化工业产品的公司出现了，如柯尔特手枪公司、胜家缝纫机公司和麦考密克联合收割机公司等。美国发明家以撒·胜家（Isaac Singer）于 1851 年发明了缝纫机，随后创办了胜家公司，使缝纫机成为第一种走进千家万户的大规模工业制品。胜家公司还开创了工业产品跨国销售的先河，当时的媒体送给胜家公司一个称呼——跨国公司，因此，以撒·胜家被称为"跨国公司之父"。

1914 年，英国企业的海外子公司数量是 60 家，到 1938 年则增长为 244 家；同期相比，美国则是从 122 家增至 786 家。这些公司名称中开始出现"Limited"，表示有限责任公司，是公司组成方式为适应这一经济环境而发生的演进。

3. 第二次世界大战后——跨国公司迅猛发展时期

第二次世界大战后，随着一大批军工技术转入民用，第三次工业革命蓬勃展开。电子信息技术、喷气式飞机、计算机、原子能、航天等技术的发展重塑了世界产业格局。在集装箱运输、通信技术和国际航空三个领域中的技术进步对跨国公司产生了重要影响。跨国公司从之前的跨国贸易转变为跨国制造，即不再仅仅是在一国范围内制造出产品再销售到另一国，而是产品的制造过程本身就在不同国家进行。

1956 年，美国商人马尔科姆·麦克莱恩（Malcom McLean）开创了集装箱海运业，随后创建了海陆联合服务公司推广这项事业。集装箱使货物在轮船、铁路、公路间不需要重新包装就能连续转运，极大地降低了运输成本。1966 年，集装箱进入国际运输。此后 10 年，国际制成品贸易量增长速度是全球制成品产量增长速度的 2.5 倍。

此时全球化浪潮将地球变成了"地球村"。随着跨国制造的需求增加，一批将其生产体系分布在多个国家的跨国公司出现。1960 年，麻省理工学院的博士生海默在其博士论文中首次研究了跨国公司。

以丰田汽车公司为例分析跨国公司的发展历程。1933 年成立的丰田汽车曾在第二次世界大战期间为日本法西斯生产装甲车，战后一度被整改。1950 年，由于朝鲜战争，美国为日本企业提供了大量订单，丰田汽车趁机发展起来。1957 年，丰田汽车开始在美国设立销售网点，不过由于海运费高昂，当时丰田参与争夺的是高端汽车市场。1958年，丰田在巴西设立了第一个海外制造厂，并且其大量零部件是从日本发出的。1984年，丰田在美国设立了汽车制造厂。到2008年，丰田已在全球26个国家建立了52个生产基地。这背后是一张庞大的全球物流网，把产自多个国家的零部件运往同样散布多国的整车组装厂。自2008年开始，丰田汽车公司逐渐取代通用汽车公司，成为全世界排行第一位的汽车生产厂商，2020年度《财富》"世界500强"车辆与零部件行业排名第二位。

20世纪80年代，国际制造业开始向以中国为代表的一些发展中国家转移。一大标志是作为整个工业体系基础环节的炼油和化工产业向发展中国家转移。与全球制造业相匹配的是金融产业格局。1986年，英国金融业"大改革"（financial big bang）放松了金融行业过去种种古老的准入限制，国际金融业务日趋繁荣。

（二）"世界500强"与跨国公司

《财富》《福布斯》《商业周刊》《金融时报》等权威媒体对全球跨国公司进行排名。其中，《财富》以销售收入为依据；《商业周刊》和《金融时报》则是把市值作为主要依据；《福布斯》则综合考虑年销售额、利润、总资产和市值。其中《财富》的评选具有较大影响力。《财富》"世界500强"排行榜的历史始于1955年。那一年，《财富》杂志根据各公司1954年的总收入，对美国最大的500家工业企业进行了排名。1995年8月7日的《财富》杂志第一次发布了同时涵盖工业企业和服务企业的《财富》"世界500强"排行榜。

从"世界500强"分行业排行榜可知产业总体上呈现以下特征：①"世界500强"排名前十位的行业以传统能源和汽车产业为主。其中，中国石化位列第二，国家电网上升至第三位，中国石油位列第四，而壳牌石油下降至第五位。整体还是以炼油、原油开采及汽车等传统行业为主。②新兴产业越来在"世界500强"中的占比增加，曾经辉煌一时的钢铁、烟草、建材等行业在"世界500强"中越来越少。从榜单来看，计算机、证券、保险、医药等产业越来越多地进入"世界500强"，而钢铁烟草、建材等行业在"世界500强"的排名近几年呈现明显的下降趋势，企业数量更是逐年递减。③行业分布比较集中。从2017年进入"世界500强"企业的行业划分来看，银行、商业储蓄有51家企业入围，车辆与零部件（34家），炼油（28家），人寿与健康保险（股份）（24家），食品店和杂货店（20家），电信电子、电脑网络电信（18家），采矿、原油生产（18家），这七个行业在入围企业中占据较大的比重，总数量高达总排行榜的38.6%，行业分布比较集中。⊖

从跨国公司"世界500强"的分布来看，全球总共只有32个国家和地区有"世界500强"企业。中国企业的上榜数量在1996年只有6家，2020年则有124家，反映出中国经济的高速发展。然而，如果加入利润率的分析指标，就会发现我国企业虽在全球化浪潮中异军突起，但也应当清醒地看到，现阶段我国大企业的全球经营水平还不高，跨国指数低。企业数量多并不等于企业强大，我们要在企业做大的基础上，通过提升全球化经营能力真正做强。

四、跨国公司内部贸易

跨国公司内部贸易是指一家跨国公司内部的产品、原材料、技术与服务在国际流动。这

⊖　从2020年"世界500强"数据分析看美国对中国的六个核心优势。

主要表现为跨国公司的母公司与国外子公司之间以及国外子公司之间在产品、技术、服务方面的交易活动。据统计，20世纪70年代，跨国公司内部贸易仅占世界贸易的20%，90年代升至40%，目前世界贸易总量的近81%为跨国公司内部贸易。然而，跨国公司内部贸易在贸易方式和贸易动机上，与正常的国际贸易大相径庭。跨国公司内部贸易是公司内部经营管理的一种形式，是把世界市场通过企业跨国化的组织机构内部化了，可以说公司内部市场是一种理想的真正的国际一体化市场。

（一）内部贸易的类型

1. 简单内部贸易

企业刚刚开始国际化经营，一般其海外投资的规模和范围很有限，海外分支机构的数量也很少。海外投资的主要目的是"当地生产、当地销售"，从而达到绕过各种贸易壁垒、减少运输成本、提高产品在当地市场竞争能力的目的，或是当地开采、建设、返销国内，以达到弥补国内相关资源短缺的目的。

2. 纵向内部贸易

跨国公司为充分利用各个国家的优势资源，以产品价值链的各个环节为基础，使海外分支机构的业务首尾相互衔接，形成跨国生产经营线。

3. 横向内部贸易

跨国公司为追求规模效益，一方面，根据国际市场的差异，在最终产品的生产上采取差别化生产，在同行业的最终产品上实行水平分工；另一方面，在中间产品的生产上，各子公司之间实行水平分工，分别专门生产不同的零部件或材料。最后，对由以上各种水平分工而生产的各子公司之间的产品进行交叉销售。

4. 混合内部贸易

这种内部贸易既有母公司与子公司之间的投入品或者产出品的简单内部贸易，也有子公司与子公司之间价值链中前后环节之间水平分工基础上的横向内部贸易。

（二）内部贸易与转移定价

1. 转移定价的含义

在内部贸易中，商品所有权只是在企业内部的各系统之间移动。从企业整体角度来看，商品的价格并不重要。转移定价在一定程度上不受市场供求的影响，而是根据子公司所在国的具体情况，以及母公司在全球的战略目标和经营管理需要而人为制定的。跨国公司的转移定价利用不同企业、不同地区税率以及免税条件的差异，将利润转移到税率低或可以免税的分公司，从而实现整个集团的税收最小化。具体地说，该企业集团倾向于在税率高的地方定价偏低，而在税率较低的地方定价偏高。

2. 转移定价的影响

（1）对跨国公司的影响。转移定价是跨国公司内部资源配置的"指示器"。国际直接投资理论中的一个重要理论是内部化理论。该理论认为，跨国公司通过内部贸易，可以用内部市场替代外部市场。这种替代既可以降低外部市场的不确定性、减少交易成本、维持公司的垄断优势，同时也能够提高资源在企业集团内部的配置效率。而要做到这一点，必须有一个能替代外部市场定价机制的内部转移定价，这种转移定价就像一个"指示器"，可以反映跨国公司内部资源配置的状况。转移定价反映了跨国公司的全球发展战略，是其谋求利润最大化的便利工具。转移定价中，跨国公司的母公司通过人为操纵转移定价可以达到多种管理目标。这种管理目标既有占领市场、规避货币风险等非税收方面的目标，也有减少企业集团全球总税负的税务目标。与此同时，转移定价是跨国公司实现知识产品内部化的重要手段。跨国公司一般都拥有技术和管理经验等知识产品，这种知识产品是其在市场上保持竞争优势的有力武器。为了防止技术外溢和降低交易成本，跨国公司往往通过直接投资的方式将知识产品在公司内部进行交易。知识产品内部化是战后跨国公司迅速发展的一个重要动因。

（2）对东道国的影响。对于接受投资的东道国来说，引进外资的同时也引进了发展经济所必需的资本、先进的技术和管理，增加了就业机会，繁荣了经济。而外资公司所生产产品的销售也并不完全局限于东道国，而是销往母国或第三国，即在全球范围内销售。当然，跨国公司的进入有时也会产生挤占东道国国内市场、冲击民族经济甚至威胁国家主权等负面影响。转让定价是东道国关税税收征管中的一个非常棘手的问题。例如，宝洁公司 2003 年被广州市查出漏报应纳税所得额 5.96 亿元，是我国首例跨国公司利用转移定价避税的案子。

 本章思考题

1. 简述国际直接投资的含义及主要类型。
2. 简述垄断优势理论的主要内容。
3. 简述内部化理论的主要内容。
4. 简述产品生命周期理论的主要内容。
5. 简述国际生产折中理论的主要内容。
6. 简述跨国公司的主要类型。
7. 简述跨国公司转移定价的含义和影响。

第十三章

国际服务贸易

20 世纪 80 年代以来，在经济全球化空前发展以及全球产业结构调整步伐加紧推动下，全球经济结构呈现出由工业型经济向服务型经济转型的趋势。当前，主要发达国家的服务业产值均已占到其国内生产总值的 70% 以上，并形成了以服务业为主导的产业结构。服务业的蓬勃发展为服务贸易的迅速发展提供了坚实的基础，而科技的进步，尤其是通信技术的发展则大大提高了服务的可贸易性，世界服务贸易也因此取得了长足发展。在开放经济条件下，服务贸易带动了世界经济的迅速发展。但是，直到 1994 年"乌拉圭回合"谈判《服务贸易总协定》（GATS）的签订，才形成了对国际服务贸易的第一套多边规则，从而使国际服务贸易活动可以在一个广为认可的法律框架内获得发展。

第一节 国际服务贸易概述

一、国际服务贸易的定义

服务贸易虽然发展的时间并不长，但其本源非常复杂，人们对服务贸易的认识各有千秋，因此对服务贸易的定义也多种多样。另外，由于服务跨国交易的复杂性，目前对国际服务贸易的内涵有着不同的表述。下面介绍几种具有代表性的国际服务贸易定义。

（一）基于国际收支统计的定义

统计学家将国民收入、国际收支平衡作为出发点，以国境作为划分标准，将服务出口解释为将服务出售给其他国家的居民；服务进口则是本国居民从其他国家购买服务。其中，"居民"是指按所在国法律，基于居住期、居所、总机构或管理机构所在地等负有纳税义务的自然人、法人和其他在税收上视同法人的团体。"贸易"是指向居住在另一个国家的人销售具有价值的东西。"服务"是指任何不直接生产制成品的经济活动。

另外，服务可定义为一系列产业、职业、行政机关的产出，如空运业、银行业、保险业、旅馆业、餐饮业、理发业、教育业、建筑业、研究、娱乐业、旅游业、计算机软件业、信息业、通信业、医疗与护理业、印刷业、广告业、租赁业、汽车出租业等。因此，国际服务贸易的内涵可以界定为这些行业部门的产出品向其他国家居民的销售。

这种以国境为界对国际服务贸易进行划分的方法，为统计专家进行服务贸易出口和进口的计算及分类提供了方便。例如，设在美国的某一本国的广告公司为法国生产企业提供广告设计服务，就是对法国出口美国的服务。但是，随着经济全球化，跨国界的服务提供也变得越来越复杂。例如，设在法国的一家美国国际学校为在法国的一名中国学生提供教育服务，从统计角度来看是法国对中国出口服务。但是，如果这家美国国际学校在英国办理发票，那么由美国国际学校在法国销售的服务也就成为英国对法国的服务出口。所以，从这个例子可以看出，基于国际收支统计的服务贸易定义难免有一些"灰色区域"难以界定。

（二）联合国贸易和发展会议关于国际服务贸易的定义

联合国贸易和发展会议利用过境现象阐述服务贸易，将国际服务贸易定义为货物的加工、装配、维修以及货币、人员、信息等生产要素为非本国居民提供服务并取得收入的活动，是一国与他国进行服务交换的行为。

狭义的国际服务贸易是指发生在不同国家之间的符合严格服务定义的直接服务输出与输入活动，是无形的贸易。广义的国际服务贸易既包括有形的劳动力的输出输入，也包括有形的提供者与使用者在没有实体接触情况下的交易活动，如专利技术贸易、卫星传送与传播等。通常所说的国际服务贸易是指广义的国际服务贸易。

（三）《服务贸易总协定》关于服务贸易内涵的界定

现实中，一些服务与跨国界贸易的货物一样，是可以在国家之间进行贸易的，而另一些服务则需要消费者移动到服务提供者所在地，如旅游。WTO 负责实施的《服务贸易总协定》中，根据国际服务贸易的提供形式将服务贸易定义为四种形式。

（1）跨界提供（cross-border supply）。它是由一个成员境内向另一个成员境内提供的服务。在这种形式下，服务提供者和被提供者分别在本国境内，并不移动过境。所以，这种服务提供方式往往要借助远程通信手段，或者就是远程通信服务本身。例如，国际电话通信服务就属于这种形式。

（2）过境消费（consumption abroad）。它是在一个成员境内向任何其他成员的消费者提供的服务。在这种服务提供形式下，服务的被提供者，也就是消费者跨过国境进入提供者所在的国家或地区接受服务。例如，出国旅游、出国留学实际上都是这种服务提供形式。

（3）商业存在（commercial presence）。它是通过一个成员的商业实体在任何其他成员境内的存在而提供的服务。这种商业实体或商业存在实际上就是外商投资企业。其企业形式可以采取独立的法人形式，也可以仅仅是一个分支机构或代表处。在这里，服务的提供是以直接投资为基础的，其提供涉及资本和专业人士的跨国流动。例如，外资银行提供的服务就属于这种形式。

（4）自然人的流动（movement of personnel）。它是由一个成员为在任何其他成员境内的个人提供的服务。这种形式涉及提供者作为自然人的跨国流动。与商业存在不同的是，它不涉及投资行为。例如，我们请一个国外著名会计事务所的注册会计师前来做财务咨询以及进行讲学，那么这可以看作"自然人的流动"；但如果该事务所来中国开设了一个分支机构，那就是"商业存在"了。

应该指出，上述定义中无论是跨界提供、过境消费，还是商业存在和自然人的流动，其定义都是宽泛的，有些内涵之间还有交叉。这是因为在"乌拉圭回合"多边服务贸易谈判中，服务贸易谈判委员会在一些发达国家的要求下，尽可能多地把各种服务贸易纳入谈判内容。实际上，服务的提供往往不是通过一种方式就能完成的，而是通过几种方式的混合才能实现。但不论是通过一种方式还是几种方式联合完成的服务贸易，都不与上述作为一个整体的服务贸易定义相冲突。目前，这个定义已成为国际服务贸易的权威性定义，被世界各国普遍接受。

二、国际服务贸易的分类

1991 年，GATT 编写了"服务部门分类"目录。这一目录是 GATT 与各缔约方磋商的结果，分列出缔约方国内服务规章所涉及的部门及分部门。但它只是一个谈判目录，不是一个统计分类。这个目录将服务部门划分为 12 个部门，包括：商业服务；通信服务；建筑及相关工程服务；经销服务；教育服务；环保服务；金融服务；保健和社会服务；旅游及与旅游相关的服务；娱乐、文化和体育服务；运输服务；别处未包括的其他服务。

在 WTO 公布的统计数据中，国际服务贸易被定义为商业性服务贸易，包括运输服务、旅游服务和其他商业性服务贸易三大类。其中的具体部门分类如下。

(一) 运输服务

(1) 海运服务 (sea transportation services)。海运服务是指通过船舶将货物从一个港口运往另一个港口的服务。服务提供者通常是航运公司，其以船舶为基础，依托港口和相应的物流设施，为货主提供安全、便捷、高效的货物运输服务。

(2) 空运服务 (air transportation services)。空运服务是指通过空中航线运送货物或者旅客的运输业务活动。航空运输的湿租业务属于空运服务。

(3) 其他运输形式服务 (other transportation services)，包括陆地运输、国内水路运输和管道运输，涉及人员运送、货物移动以及利用相关设施和人员提供的与运输相关的服务。

(二) 旅游服务

(1) 个人旅行者由于健康、受教育或其他原因获取的货物与服务。

(2) 商务旅行者由于健康、受教育或其他原因获取的货物与服务。

与其他形式的服务不同，旅游服务不属于某种特定类型的服务，而是依据旅行者消费的货物与服务进行分类。货物与服务通常包括住宿、食品与饮料、娱乐、交通 (运输)、礼品、纪念品等。

(三) 其他商业性服务

(1) 通信服务 (communication services)，包括电信、邮政、递送等服务。

(2) 建筑服务 (construction services)，包括装饰服务、修缮服务等。

(3) 保险服务 (insurance services)，包括经济赔偿与给付、保险保障、咨询与申诉、防灾防损、契约保全以及附加值服务等。

(4) 金融服务 (financial services)，包括银行服务、证券服务、基金服务等。

(5) 计算机与信息服务 (computer and information services)，包括新闻机构提供的服务等。

(6) 特许与许可服务 (royalties and license services)，包括与无形非金融资产和财产权利利用相关的收入与支出，如专利、版权、商标、工业流程的使用、特许权的获得等。

(7) 其他商务服务 (other business services)，包括与货物贸易有关的服务、经营性租赁、杂务、专业技术性服务等，如法律、会计、管理咨询、公共关系、广告、市场调研、公共意见收集、研究与开发、建筑设计、工程设计和其他性服务、农业、矿业和其他露天作业设计等。

(8) 个人、文化与娱乐服务 (personal, cultural and recreational services)，如视听服务等。

三、国际服务贸易的特点

国际服务贸易是各国之间发生的非实物形态的进口和出口，其所提供的服务不是物化为实物成果形式的活劳动。所以，相对于有形商品贸易而言，服务贸易又称为无形贸易。同时，服务贸易又往往与科学技术和各种生产要素密切结合、相伴而行。这就使服务贸易与商品贸易相比有自己的独特之处。

（一）国际服务贸易市场与国际商品贸易市场不同

在国际商品贸易市场上，贸易双方的交换与交换后商品的享用是两个过程，在时间和空间上可以分离。国际服务贸易则不同，国际服务贸易市场同时也是服务活动进行的场所，服务提供者与服务需求者的交换与劳动服务是同一过程。换句话说，服务方进行有报酬的劳动服务活动时便使服务需求者得到满足。服务的供给和需求或者说服务输出与服务输入在同时、同地、同一过程中实现。

（二）国际服务贸易与国际商品贸易相辅相成、相互促进

一方面，国际商品贸易的发展会刺激与国际商品贸易有关的服务贸易的发展，如运输和保险等。许多商品生产行业出现的生产和销售的国际化促进了服务的国际化，各国企业更多地把目光投向国外以寻求规模经济效益和更低成本，这些都使得服务无论是在生产的中间投入阶段，还是在产品的最终销售阶段，都发挥着越来越重要的作用。企业要开辟国际市场，首先要解决下列问题：①在设计和营销产品时，要有国外市场结构的详细信息；②在不同市场要求采取相应的促销手段；③满足各国消费者售后服务的要求；④由于国际贸易要跨越国境，企业不可避免地会遇到各种障碍，如语言、关税、法律和各种管制等，处理这些问题都增加了对服务业的需求。实际上，企业跨国发展的各种成本因素，绝大多数是提供各种服务而产生的成本。当代世界市场的竞争已从价格竞争转向非价格竞争，一个国家在世界市场的竞争中能否占据优势，很大程度上取决于该国能否为商品交换提供高水平的国际服务。

另一方面，传统服务贸易的发展以及新型服务贸易的出现也会刺激商品贸易的发展。例如，运输服务的发展增加了对汽车、飞机、货车等交通工具的贸易需求；数据处理和通信服务需求的增长促进了对PC、大型计算机网络、程控电话设备、通信卫星等商品的需求；文化娱乐服务的消费大大推动了各类电子产品的问世，如智能手机、平板电脑等。

（三）国际服务贸易与国际生产要素移动密切融合

国际服务贸易与国际商品贸易的一个重要区别在于，国际服务贸易的发展往往伴有各种生产要素的跨国界移动。以人力资本为例，历史上的劳务输出是一种对劳动力的贩卖和掠夺。劳动力输出国多为殖民地半殖民地等落后国家，因此不可能同时伴有商品输出、技术输出、资金输出。在现代科学技术和经济发展的新形势下，国家与国家之间进行全面的经济合作，以服务贸易方式输出劳动力的同时，往往伴随着技术输出、商品输出和资本输出。当前服务业跨国公司的发展已超过了制造业跨国公司的发展，许多著名的国际服务公司，如国际电话电报公司、麦当劳公司、花旗银行财团等，不断拓宽其所经营服务贸易的业务范围，特别是不断加强在技术先进、资本密集度高的服务领域的投资，以便进一步垄断和控制国际服务贸易市场。

（四）国际服务贸易壁垒复杂繁多、限制严格

国际服务贸易壁垒是指进口国采取一系列措施对国外生产的服务在本国的销售和提供制造某种障碍，以拒外国服务于国门之外。国际服务贸易壁垒往往以非关税壁垒的形式出现，且具有很强的隐蔽性。大量服务贸易壁垒植根于一国国内的各种法律、法规之中，有时甚至

是无形的，令外国服务提供者难以应对，因而更具保护作用。据不完全统计，目前国际服务贸易壁垒多达 2000 种。而且，无论是在形式还是内容上，服务贸易壁垒远比商品贸易壁垒复杂严格，是当前贸易保护主义发展的重点和方向。其结果是国际服务贸易领域的摩擦与冲突愈演愈烈，直接影响到国际贸易的发展。正是鉴于以上原因，WTO 的前身 GATT 在"乌拉圭回合"谈判中将国际服务贸易列入了多边谈判的内容，并形成了国际服务贸易多边框架协定——《服务贸易总协定》。《服务贸易总协定》在尊重国家政策目标的前提下，通过促进所有缔约方的互惠利益和确保权利与义务总体平衡，为服务贸易逐步达到更高水平的自由化奠定了基础。

第二节　国际服务贸易理论

一、比较优势理论下的服务贸易理论

传统的比较优势理论被奉为市场性竞争力优势理论的基础，它从国际分工与交换的角度为竞争力的来源提供了有说服力的解释。在传统的比较优势理论下，各国劳动生产率和资源禀赋（如自然资源、劳动和资本等）的差异成为国际竞争力的直接来源。但是，比较优势理论是建立在商品（货物）贸易基础之上的，其对服务贸易是否仍然适用成为问题。理论界为此展开了激烈的争论，大体上形成了三种观点：

第一种观点认为，服务与商品相比具有许多不同的特点，不能"生搬"比较优势理论用于分析服务贸易（G. Feketekuty, 1988）。R. Dick 和 H. Dick（1979）以要素禀赋为基础，未能发现基于比较优势的服务贸易模式。Muller（1984）指出，现存的商品贸易理论对商品贸易本身的适用性尚存在很大的争议，因此对服务贸易来说，该理论的应用前景就更值得怀疑。若比较优势不能适用于服务贸易，自然也就无法用此解释服务贸易竞争力的来源。持类似观点的还有 H. Daly（1952）、Van Holst（1981）、G. Sampon（1985）和 R. Snape（1985）等。

第二种观点认为，作为一种简单的思想，比较优势理论是普遍有效的。美国著名国际经济学家 R. N. Cooper（1987）坚持认为："作为一个简单的思想，比较优势理论是普遍有效的……正如存在于商品生产中那样，比较优势也存在于服务业中。"服务贸易竞争力的来源可以用比较优势理论加以解释。A. Sapir 和 E. Lutz（1981）指出，一个国家要素配置对其在国际服务贸易中的地位有重要影响。J. R. Lee 和 D. Walters（1989）指出："和增加一定的货物生产一样，许多国家在增加特殊服务贸易。这些变化来源于自己的国家要素优势。"I. Kravis 和 J. Bhagwati（1986）、R. Falvey 和 N. Gemmell（1991）认为，要素禀赋决定的服务价格与服务贸易比较优势之间具有相关性，认为发达国家在技术密集型服务上相对价格较低，具有比较优势，而发展中国家在工程承包等劳动密集型服务上具有比较优势。D. R. Davis 和 D. E. Weinstein（2002）分析了南、北半球不同贸易模式的出现是由于传统的比较优势，并且运用实证分析方法研究，认为北半球国家服务部门的不同竞争力是由于服务要素禀赋的不同。因此，在此观点下，国家间要素禀赋的差异也是服务贸易竞争力的来源。H. Svaleryd 和 J. Vlachos（2005）以 OECD 国家的金融服务业作为分析对象，认为 OECD 国家金融服务业的比较优势来源于要素禀赋的优势。P. Kiduff 和 Ting Chi（2006）以纺织品为分析对象，研究表明，以比较优势理论为基础的长期国际贸易分工模式使高收入国家在资本

密集型产品上享有比较优势，而低收入国家则在劳动密集型产品上具有比较优势，验证了比较优势理论的正确性及其在变化的国际环境下对国际竞争力变化的影响。N. Bilalis 和 L. Wassenhove（2006）等学者采用欧洲工商管理学院（INSEAD）的 IE（industrial excellence）模型对欧盟的纺织服装业的竞争力进行考察，得出的结论是纺织服装业作为劳动密集型产品，提升其竞争力的关键指标是人力资源管理和知识管理。P. Zientara（2006）研究了欧盟的服务业状况，他认为服务业作为劳动密集型产业占工资收入的 3/4 和就业的 4/5，因此服务业竞争力的提高在于放宽就业保护条例。

第三种观点认为，传统国际贸易理论适用于分析服务贸易，但同时也存在局限性（K. Tucker & M. Sundberg，1988），因此必须加以修正。A. Deardorf（1985）从比较优势理论用于服务贸易的局限性入手，借助标准的 H-O 模型，通过改变其中的个别约束条件，成功解释了服务贸易是如何遵循比较优势原则的。D. Burgess（1990）认为，对标准的 H-O-S 模型做简单修正，就能获得适用于描述服务贸易的一般模型。D. Schumacher（2001）采用引力模型对产业层面的国际贸易流动进行研究。他对要素禀赋理论做了简单修改，以人均收入代替要素禀赋理论中的资本-劳动比，得出结论：在资本密集型产业中人均资本对双边贸易具有正效应，而在劳动密集型产业中则具有负效应。M. Maffezzoli 和 A. Cuna（2003）对美国的贸易增长进行了分析，所得出的结论是：①在给定的要素禀赋情况下，贸易提高了分工程度；②国际贸易提高了国家丰裕要素持有者的收入，说明动态的比较优势理论可以解释美国的国际贸易增长情况。S. Dash（2006）采用 H-O 模型分析了服务外包产业的比较优势来源。他认为服务外包产业的比较优势是人力资本总量，而不是人力资本所占比例。D. Davis 和 D. Weinstein（2008）在其著作中对要素禀赋理论是否适用于发达国家之间的贸易进行了探讨。他们认为，虽然发达国家之间的贸易以基于规模经济和产品差异性的产业内贸易为主，但其服务要素间的分工模式是基于要素禀赋理论的。T. Widodo（2008）通过对东亚地区的分工模式进行研究，认为以比较优势理论为基础的"雁形"分工模式在东亚地区逐渐形成，并讨论了其对中国的影响。这也从侧面验证了比较优势理论对东亚地区的适用性。总体来说，第三种观点得到了学术界的普遍认同。传统比较优势理论在一定程度上适用于服务贸易，但也必须承认，服务贸易比较优势的形成不同于货物贸易，更具复杂性。

二、新贸易理论下的服务贸易理论

20 世纪 70 年代，出现了以克鲁格曼为代表的新贸易理论学派。新贸易理论阐明了在不完全竞争和产业内贸易条件下，规模经济能促进企业国际竞争优势的形成，从而成为竞争力的来源之一。那么，在服务贸易领域是否也存在规模经济？

J. Markusen（1986）以生产者服务贸易为例，分析了规模经济对服务贸易的影响。他认为，在服务贸易中，由于规模经济的作用，首先进入服务产业的企业成本较低，在这一产业中具有比较优势，可以阻止后来者的进入。20 世纪 90 年代以来，R. Jones 和 H. Kierzkowski（1990）建立了生产区段和服务链理论，指出市场容量的扩大和技术上的规模经济推动了生产过程的分散化，企业从单一生产区段转向多区段生产方式，运输、管理、金融等生产者组成服务链，用于连续不同的生产区段。当生产过程逐渐分散到不同国家的区段进行合作生产，以利用各国不同的成本优势时，其对国际服务链的需求就会明显上升，从而促进国际服务贸易发展。

J. Markusen（1989）的服务部门内部专业化理论和 J. Francois（1990）的外部专业化理论进一步论证和充实了 R. Jones 和 H. Kierzkowski 的理论。J. Markusen 发现，由于服务贸易（尤其是生产者服务）规模报酬递增显著，许多中间产品又具有差异化或与国内要素互补的特性，因此，生产者服务贸易优于单纯的最终产品的贸易。这实际上分析了服务部门的内部专业化。J. Francois（1990）强调了服务在协调和连接各专业化中间生产过程中的外部集聚作用。他建立了一个具有张伯伦垄断竞争特征的产品差异模型，讨论了生产者服务与由于专业化而实现的报酬递增之间的关系，以及生产者服务贸易对货物贸易生产的影响。M. Eswaran 和 A. Kotwal（2000）认为，在开放经济背景下，服务业分工的深化和规模经济的产生是提高服务业竞争力的因素。M. Porter（2000）分析认为，服务业比较优势的构建在于地方产业集聚带来的规模经济效应以及激烈的竞争带来的创新效应。A. Deardorff（2001）以交通运输、金融和保险服务业作为分析对象，认为服务业竞争优势来源于降低成本，而成本的降低则来源于服务业对外开放所带来的竞争加剧。D. Kapur 和 R. Ranamurti（2005）比较了印度和巴西的服务业国际竞争力，认为印度服务业在国际上具有较强的竞争力，而其国际竞争力强于巴西的重要原因是印度有一个有效的政府以及政府所制定和实施的战略性贸易政策。J. Arbache 和 De Negri（2005）以巴西为例，对发展中国家的出口企业比较优势影响因素进行分析。他们认为，发展中国家的出口比较优势除了要素密集度之外，教育、技术和生产规模也是影响发展中国家出口优势的因素。

三、竞争优势理论下的服务贸易理论

美国哈佛大学商学院的迈克尔·波特（1990）提出了国家竞争优势理论，这成为当前流行的国际贸易理论。他利用钻石模型，提出国家竞争力是由生产要素、国内需求、相关与支持性产业以及企业战略、企业结构和同业竞争四类基本要素和机遇、政府两类辅助要素综合作用而形成的。

对于"足以左右国家经济"的服务业，波特利用钻石模型对之进行分析，较好地解释了服务业竞争优势的来源。他指出：①人才储备不可或缺。许多服务业在向复杂和专业领域发展的过程显示，能创造高级生产要素的环境对服务业竞争越来越重要。②需求条件是成败的关键。对服务业的国家竞争优势而言，需求条件可能是当今最有影响力的一个决定性因素。服务业目前正处于快速成长和进步的阶段，许多新式服务业被开创，既有的服务业则在重组和变革，需求条件使这个过程更为深化。捷足先登者为许多传统服务业缔造了可观的国家优势。③对相关与支持性产业的提升效应。当服务业的相关产业具有国际竞争优势时，它们会孕育出其他服务业。这种情形就与制造业提升相关制造业的情形一样。与信息科技相关的产业就是许多服务业中最重要的一组支持性产业。当国家能在商品或其他劳务方面形成相互依赖的国家优势时，也会开启一些服务业的需求。④企业战略、企业结构和同业竞争。当国家能提供不受限制且强劲有力的竞争环境时，可以算是培养世界级服务的沃土；若国内缺乏有效的竞争，则该国的服务业将很难在国外成功。⑤服务业与产业群。竞争性的服务业有助于孕育或提升供应商和客户所属的产业，而竞争性的制造业也会刺激相关的服务业在国际上成功。服务业是形成产业集群时不可或缺的一部分，产业集群的形成过程则是创造国家竞争优势的核心。

第三节 国际服务贸易壁垒与国际服务贸易自由化

一、国际服务贸易壁垒

（一）国际服务贸易壁垒的含义

国际服务贸易壁垒一般是指一国政府对外国服务生产者（提供者）的服务提供或销售所设置的有阻碍作用的政策措施，即直接或间接地使外国服务生产者（提供者）增加生产或销售成本的政策措施，都有可能被外国服务生产者视为服务贸易壁垒。广义的国际服务贸易壁垒还包括对本国服务的鼓励措施和出口限制。

（二）国际服务贸易壁垒产生的原因

服务业逐渐成为各国经济发展的重要动力，而且服务贸易自由化能够带来一定的好处，但在现实生活中，各国往往存在各种服务贸易壁垒。这主要是因为：①为维护国家经济利益与经济安全；②政府出于对政治和文化独立性的考虑；③政府对幼稚服务业的保护；④政府对服务业实施干预主要的依据在于自然垄断、信息不对称和经济外部性。

（三）国际服务贸易壁垒的种类

与国际货物贸易壁垒类似，国际服务贸易壁垒也可以分为关税壁垒与非关税壁垒。与货物贸易不同，服务贸易壁垒往往超越了边境措施，主要以非关税壁垒为主。因此，非关税壁垒是实施服务贸易保护政策的主要手段。国际服务贸易壁垒种类繁多，高达2000多种。为了便于分析，可将国际服务贸易壁垒进行归类。国际服务贸易壁垒一般有两种分类方法：一种是把服务贸易模式与影响服务提供和消费的壁垒结合起来考虑；另一种是按照《服务贸易总协定》的原则进行分类。

1. 把服务贸易模式与影响服务提供和消费的壁垒结合起来

把服务贸易模式与影响服务提供和消费的壁垒结合起来进行分类，国家服务贸易壁垒可以划分为产品移动壁垒、资本移动壁垒、人员移动壁垒和商业存在壁垒。

（1）产品移动壁垒，主要包括数量限制、当地成分或本地要求、补贴、国家垄断、政府采购、歧视性技术标准和税收制度，以及落后的知识产权体系等。

（2）资本移动壁垒，主要形式有外汇管制、汇率管制和投资收益汇出的限制等。

（3）人员移动壁垒，如各种形式的移民限制、出入境的烦琐手续以及由此造成的长时间等待，都构成了人员移动的限制措施。

（4）商业存在壁垒，又称开业权壁垒或生产者创业壁垒，是指对外国服务厂商进入某些行业或地区设立机构或提供服务进行的诸多限制。商业存在壁垒主要表现为资格限制、股权限制、经营业务限制和许可证限制。

2. 按照《服务贸易总协定》原则

按照影响市场准入和国民待遇原则划分的服务贸易壁垒，是一种较为有效的分类方法。这是因为该分类方法不仅便于对贸易自由化进行理论分析，而且便于分析影响服务贸易自由化的政策手段。

（1）市场准入措施。这主要是通过提高市场准入门槛，限制或禁止外国服务厂商进入本国市场，从而抑制国内市场竞争的措施。其主要措施有资格限制、股权限制、经营限制、信息限制和技术标准限制。

（2）国民待遇措施。这主要是指有利于本国企业，但歧视外国企业的措施，包括为国内生产者提供成本优势，或增加外国生产者进入本国市场的成本。其主要措施有税收歧视、政府补贴、国家垄断与政府购买、外汇管制。

二、国际服务贸易自由化

（一）国际服务贸易自由化的含义

国际服务贸易自由化是指一国政府或经济体在对外服务贸易中，通过国内立法和国际协议，逐渐减少政府对服务，以及与服务有关的人员、资本、货物、信息等在国家间流动的行政干预，放松服务贸易管制的过程。

（二）国际服务贸易自由化的原因

1. 经济全球化的推动

随着科学技术的进步，服务业得到迅速发展，逐渐成为各国经济发展的重要动力。发达国家是服务贸易的主要出口国，服务贸易不仅拉动了其国内经济增长和国民就业，也提高了其国际竞争力和贸易利得。发展服务业，尤其是现代服务业，也是发展中国家提高生产率、优化经济结构、扩大就业和攀升全球价值链的重要手段。

2. 货物贸易自由化的推动

货物贸易的自由发展促进了服务业的发展，尤其是与货物贸易密切相关的生产性服务业，如批发零售、运输仓储、信息通信、金融保险与专业科技等行业。服务要素是连接各制造生产环节的黏合剂，制造业与服务业的协同发展，有利于优化资源配置，降低制造业生产成本，提高制造业创新能力和产品质量，增强国际竞争力，并且还能解决在生产或销售过程中的距离、语言差异、风俗习惯差异等问题。在服务业助力制造业更好发展的同时，制造业也带动了服务业的深化发展。

3. 服务是获得贸易利得的重要因素

随着全球信息通信科技革命的飞速发展，服务贸易逐渐成为引领全球经济增长的"新引擎"。因此，各国或地区把服务贸易发展状况被视为一国或地区参与全球贸易的竞争能力的重要衡量指标之一。在当前全球价值链分工体系下，生产过程中的研发、产品设计、品牌、营销和零售等服务环节位于"微笑曲线"两端的高附加值位置，尤其是无形资产服务贸易，给跨国公司带来了巨大的贸易利益。例如，在 iPhone 15 中，苹果手机嵌入的无形资产占 iPhone 15 零售价的近 47%。同样，耐克公司凭借其强大的品牌形象、积极的营销活动和创新的设计，在全球市场销售的产品中平均获得了 43.8% 的附加值。

4. 发达国家的倡导与推动

第二次世界大战后，随着科学技术飞速进步，发达国家率先完成了工业化进程，逐步进入后工业化发展阶段，服务业成为经济发展的重点。服务业已经成为各国经济发展的重要动力。比如，欧盟的服务业产值占其国内生产总值的 70%，是世界最大的服务出口方；美国和澳大利亚的服务产值占其国内生产总值的比例分别为 75% 和 80%。发达国家推动服务贸易自由化，可以进一步利用服务竞争优势，打开发展中国家的服务市场，由此赚取的贸易利润可以弥补其货物贸易逆差，推动经济增长。因此，为了推动全球服务贸易自由化，扫除跨国公司全球扩张的障碍，以美国为首的发达国家在 GATT 中极力主张建立服务贸易自由化的国际规则。

(三) 国际服务贸易自由化的表现

1. 区域贸易协定推动经济体内部服务逐步自由化

1957 年，欧盟成立的《罗马条约》明确指出，要消除共同体内部各种经济障碍，实现"商品、人员、劳务和资本的自由流动"。这四大自由除了商品外都与服务业相关，可见服务贸易自由化被视为经济体内部的重要战略目标之一。该条约规定要逐步废除共同体内部的服务限制，实现在金融、电信、运输等行业的自由化。

《北美自由贸易协定》将促进成员国之间的服务流动作为一般目标之一，致力于推动区域内部服务贸易自由化。该协定中的服务贸易自由化包含的范围广泛，除了个别领域仍然保持限制状态外，其他均被视为自由化的目标范围，并且将金融和电信作为极为重要的服务部门纳入其中。该协定关于服务贸易的政策与管理办法主要分散在投资、竞争政策与自然人临时移动等条款中。

1995 年，亚太经济合作组织制定的《大阪行动议程》指出，要逐步减少服务贸易的市场准入限制，为服务贸易提供最惠国待遇和国民待遇。

2. 多边贸易体制推动全球服务贸易自由化

1986 年，在多边贸易体制的推动下，"乌拉圭回合"开始多边服务贸易谈判进程。1994 年 4 月 15 日，各成员在马拉喀什正式签署了《服务贸易总协定》（GATS），并于 1995 年 1 月 1 日正式成立。这标志着长达 8 年的"乌拉圭回合"谈判的正式结束。该协定为多边贸易体制下的国际服务贸易制定了框架性法律文件，是国际服务贸易自由化进程中的里程碑。

《服务贸易总协定》由三大部分组成：一是《服务贸易总协定》条款本身；二是部门协议；三是初步承诺减让表。

（1）第一部分：《服务贸易总协定》条款。《服务贸易总协定》由序言和 6 个部分、29 个条款组成。前 28 条为框架协议，规定了服务贸易自由化的原则和规则；第 29 条为附件，共有 8 个附件。该协定希望建立一个服务贸易准则和规定的多边框架，从而在透明和逐步自由化的条件下扩大服务贸易，并以此促进各方的经济增长和发展中国家的经济与社会发展。该协定的主要内容包括以下几个方面：

1）范围和定义。《服务贸易总协定》适用于各成员影响服务贸易的各种措施和"服务部门参考清单"所列 12 种服务部门的服务贸易，并确定服务贸易的定义包括跨界提供、过境消费、商业存在和自然人的流动四个方面的含义。

2）义务和原则。《服务贸易总协定》所规定的义务分为两类：一类是普遍性义务，是指适用于各个部门的义务。例如，不论成员是否开放这个或这些部门，都必须相互给予无条件最惠国待遇。另一类是具体承诺义务，是指经过双边或多边谈判达成协议所承担的义务，这些义务（如市场准入和国民待遇）只适用于各成员承诺开放的服务部门，而不适用于未开放的服务部门。

《服务贸易总协定》所规定的原则主要有最惠国待遇原则、国民待遇原则、透明度原则和对发展中国家的特殊优惠原则。这些原则与 GATT 的基本原则相似，但由于服务贸易与货物贸易有所不同，又具有特定的含义。

3）市场准入。根据《服务贸易总协定》的规定，市场准入是一种经过谈判后具体承诺的义务，各成员应为其他成员的服务与服务提供者进入市场提供可行的渠道，而这种渠道必须不低于其在具体承诺细目表上已同意提供的条件和待遇。如果在一成员的细目表中给予不止一种有关服务提供的准入渠道，那么其他成员的服务提供者可以自由选择。该协定具体承诺中的市场准入条款与国民待遇条款不作为普遍义务，而是作为具体承诺与各部门或分部门的开放联系在一起，这样可以使分歧较小的成员间早日达成协议。

4）逐步自由化。这是就各成员逐步扩大服务贸易自由化的谈判时间、适用范围、具体承诺的细目表的修改所做的规定。《服务贸易总协定》规定，为了进一步提高服务贸易自由化的目标，各成员应进行多轮谈判，最晚从《建立世界贸易组织的马拉喀什协定》生效后5年开始，并在此后定期举行谈判。谈判的目的是减少和消除对服务贸易产生不良影响的措施，以实现有效的市场准入，谈判应尊重各成员政府目标与各国的发展水平。对某些发展中国家成员应允许有一定的灵活性，允许其有选择地开放部门和交易类型。

（2）第二部分：《服务贸易总协定》的部门协议。《服务贸易总协定》中的部门协议共有五个：关于提供服务的自然人的移动的协议、关于航空运输服务的协议、关于金融（含保险）服务的协议、关于电信服务的协议和关于海运服务的协议。

（3）第三部分：初步承诺减让表。初步承诺减让表是各成员在谈判基础上提交的开放市场的承诺，是《服务贸易总协定》中不可分割的部分，具有法律约束力。初步承诺减让表中的内容是参加方在双边谈判基础上承担的关于国民待遇和市场准入的义务，列明有关服务部门与这些部门中的活动，保证其市场准入，同时还应注明对这些部门实施国民待遇和市场准入的限制。各参加方只有提交初步承诺减让表才能成为《服务贸易总协定》的成员。在主要的服务部门，初步承诺减让表中涉及的范围主要包括以下几个方面：国际运输服务、国际旅游服务、国际金融服务、国际电信服务、国际保险服务。

第四节 我国服务贸易的发展

一、我国服务贸易发展现状

（一）服务贸易总体规模不断扩大

加入WTO以来，我国服务业得到了迅速发展，服务进出口规模整体平稳增长。2001年，我国服务进出口额为784亿美元，2018年增至7839亿美元，翻了近10倍。2020年受新冠疫情冲击，服务贸易进出口额略有下降，但下降幅度低于全球水平。近年来，我国服务进出口增速高于世界平均水平。2020年，我国服务出口额为2806.3亿美元，比2010年增长57.4%，年均增速6.6%，高出世界服务出口平均年增速近2个百分点。我国服务进口占世界比重由2005年的3.2%上升至2020年的8.1%。相关情况见表13-1。

表 13-1 2005 年—2020 年我国服务进出口情况

年份	我国服务进出口			我国服务出口			我国服务进口		
	金额（亿美元）	同比（%）	占比（%）	金额（亿美元）	同比（%）	占比（%）	金额（亿美元）	同比（%）	占比（%）
2005	1624.4	—	3.1	784.7	—	2.9	839.7	—	3.2
2006	1949.1	20	3.2	940.7	19.9	3.1	1008.4	20.1	3.4

（续）

年份	我国服务进出口			我国服务出口			我国服务进口		
	金额（亿美元）	同比（%）	占比（%）	金额（亿美元）	同比（%）	占比（%）	金额（亿美元）	同比（%）	占比（%）
2007	2654.5	36.2	3.7	1353.2	43.8	3.7	1301.3	29	3.7
2008	3222.6	21.4	4	1633.1	20.7	4	1589.5	22.1	4
2009	3024.9	-6.1	4.2	1435.7	-12.1	3.9	1589.2	0	4.5
2010	3717.4	22.9	4.7	1783.4	24.2	4.5	1934	21.7	5
2011	4488.9	20.8	5.1	2010.5	12.7	4.5	2478.4	28.2	5.7
2012	4828.8	7.6	5.3	2015.8	0.3	4.4	2813	13.5	6.3
2013	5376.1	11.3	5.6	2070.1	2.7	4.2	3306.1	17.5	7
2014	6520.2	21.3	6.3	2191.4	5.9	4.2	4328.8	30.9	8.4
2015	6541.7	0.3	6.6	2186.3	-0.2	4.4	4355.4	0.6	8.9
2016	6616.3	1.1	6.6	2095.3	-4.2	4.1	4521	3.8	9.2
2017	6956.8	5.1	6.4	2280.9	8.9	4.1	4675.9	3.4	8.8
2018	7966.1	14.5	6.7	2714.5	19	4.5	5251.5	12.3	9.1
2019	7838.7	-1.6	6.4	2831.9	4.3	4.5	5006.8	-4.7	8.4
2020	6617.2	-15.6	6.8	2806.3	-0.9	5.6	3810.9	-23.9	8.1

资料来源：联合国贸易和发展会议（UNCTAD）。

2023年，我国服务贸易稳中有增，规模创历史新高。全年服务进出口总额65754.3亿元（人民币，下同），同比增长10%，其中出口26856.6亿元，下降5.8%，进口38897.7亿元，增长24.4%；服务贸易逆差12041.1亿元。

（二）服务贸易国际地位显著提升

加入WTO后，我国服务贸易在世界中的排名明显提升。2001年我国服务进出口世界排名为第13位，2010年为第5位，2014年升至第2位，并连续6年保持第2位名次。2005年—2020年，我国服务出口占世界的名次由第8位上升至第4位；同期，服务进口占世界排名由第7位上升至第2位。相关情况见表13-2。

表13-2 2005年—2020年我国服务进出口世界排名

年份	进出口排名	出口排名	进口排名
2005	7	8	7
2006	8	9	8
2007	7	6	7
2008	6	6	7
2009	6	6	6
2010	5	5	3
2011	4	5	3

（续）

年份	进出口排名	出口排名	进口排名
2012	4	5	3
2013	4	5	2
2014	2	5	2
2015	2	5	2
2016	2	5	2
2017	2	5	2
2018	2	5	2
2019	2	5	2
2020	2	4	2

资料来源：联合国贸易和发展会议（UNCTAD）。

（三）服务贸易结构趋向优化

近年来，我国服务贸易结构进一步优化，高质量发展成效初步显现。2012 年—2020 年，我国知识密集型服务进出口额由 1623 亿美元增至 2947 亿美元，增长了将近 1 倍。其中，知识密集型服务出口由 2012 年的 933 亿美元上升至 2020 年的 1552 亿美元；知识密集型服务进口由 2012 年的 860 亿美元上升至 2020 年的 1396 亿美元。在此期间，知识密集型服务进出口占比呈不断上升趋势，而传统密集型服务进出口占比则呈下降趋势。知识密集型服务贸易规模及占比的稳定上升在一定程度上反映了服务贸易结构的不断优化升级的趋势。相关情况见表 13-3。

表 13-3 我国服务贸易结构情况

服务类别	2012 年		2020 年		
	金额（亿美元）	占比（%）	金额（亿美元）	占比（%）	同比（%）
加工服务	259	5.36	175.3	2.65	-11.8
维护和维修服务	0	0	110.2	1.67	-20.3
运输	1248	25.84	1512.8	22.87	0.2
旅行	1520	31.48	1477.7	22.33	-48.2
建筑	159	3.29	332.8	5.03	-10.7
保险和养老金服务	239	4.95	177.2	2.68	13.9
金融服务	38	0.79	73.5	1.11	15.3
知识产权使用费	188	3.89	463.1	7.00	12.8
电信、计算机和信息服务	217	4.49	937.3	14.16	16
其他商业服务	934	19.34	1253	18.94	1.7
个人、文化和娱乐服务	7	0.14	43.2	0.65	-18
别处未提及的政府服务	20	0.41	60.6	0.92	15.3

资料来源：中国商务部。

（四）服务贸易潜力大

我国服务贸易发展潜力大于货物贸易。2005年—2020年，我国货物贸易与服务贸易都呈现稳定上升态势，且两者之间的贸易差额呈逐年扩大趋势。在增长速度方面，与货物贸易相比，服务贸易增长速度更快，多数年份中服务贸易增长速度高于货物贸易。相关情况见表13-4。

表13-4 我国2005年—2020年货物与服务贸易情况

年份	货物贸易额（亿美元）	货物贸易同比增速（%）	服务贸易额（亿美元）	服务贸易同比增速（%）	货物与服务贸易差额（亿美元）	货物与服务同比增速差（%）
2005	14219	—	1624	—	12595	—
2006	17604	23.8	1949	20	15655	3.8
2007	21766	23.6	2654	36.2	19111	-12.6
2008	25633	17.8	3223	21.4	22410	-3.6
2009	22075	-13.9	3025	-6.1	19050	-7.7
2010	29740	34.7	3717	22.9	26023	11.8
2011	36419	22.5	4489	20.8	31930	1.7
2012	38671	6.2	4829	7.6	33842	-1.4
2013	41590	7.5	5376	11.3	36214	-3.8
2014	43015	3.4	6520	21.3	36495	-17.9
2015	39530	-8.1	6542	0.3	32989	-8.4
2016	36856	-6.8	6616	1.1	30239	-7.9
2017	41071	11.4	6957	5.1	34115	6.3
2018	46224	12.5	7966	14.5	38258	-2
2019	45778	-1	7839	-1.6	37940	0.6
2020	46474	1.5	6617	-15.6	39857	17.1

资料来源：联合国贸易和发展会议（UNCTAD）。

（五）数字经济迅猛发展

我国在5G、云计算、大数据等新兴技术领域的快速发展推动了数字经济发展。2020年，我国数字经济规模高达39.2万亿元，将近占国民生产总值的40%。我国可数字化服务贸易整体呈现逐年攀升态势。2005年—2020年，我国可数字化服务进出口额由489亿美元增至2940亿美元，增长了5倍。同期，我国可数字化贸易进出口额占服务贸易进出口额的1/3左右。其中，我国可数字化服务出口额由2005年的173亿美元上升至2020年的1544亿美元，其占服务出口的比重呈不断上升趋势。我国可数字化服务进口额在此期间增长了1081亿美元。我国可数字化服务的国际地位显著提高。2005年，我国可数字化服务进出口总额在世界排名第11位。2020年，我国可数字化服务进出口总额的世界排名上升到第5位。在

2005 年—2020 年期间，我国可数字化服务出口额的世界排名由第 12 位上升到第 7 位，我国可数字化服务进口额的世界排名由第 6 位上升至第 5 位。相关情况如表 13-5 所示。

表 13-5　2005 年—2020 年我国可数字化服务进出口情况

年份	进出口		出口		进口	
	金额（亿美元）	占比（%）	金额（亿美元）	占比（%）	金额（亿美元）	占比（%）
2005	489	30.1	173	22.1	315	37.5
2006	609	31.3	213	22.7	396	39.3
2007	942	35.5	409	30.2	533	40.9
2008	1169	36.3	497	30.4	672	42.2
2009	1102	36.4	484	33.7	619	38.9
2010	1266	34.1	577	32.3	690	35.7
2011	1648	36.7	750	37.3	898	36.2
2012	1623	33.6	737	36.5	887	31.5
2013	1851	34.4	825	39.9	1025	31
2014	2014	30.9	990	45.2	1024	23.6
2015	1794	27.4	933	42.7	861	19.8
2016	1908	28.8	937	44.7	971	21.5
2017	2080	29.9	1026	45	1054	22.5
2018	2562	32.2	1322	48.7	1241	23.6
2019	2718	34.7	1435	50.7	1283	25.6
2020	2940	44.4	1544	55	1396	36.6

资料来源：联合国贸易和发展会议（UNCTAD）。

二、我国服务贸易发展中存在的问题

（一）区域服务贸易发展不平衡

由于地理位置以及政策原因，我国各地区服务贸易发展基础存在差异，由此导致区域间存在服务贸易发展失衡问题。以北上广为代表的东部地区的服务贸易发展比较优势明显，其服务出口规模大于中西部地区。

（二）专业人才储备相对匮乏

我国从事传统服务贸易的人才相对过剩，相关高层次专业人才相对匮乏。因高层次专业人才匮乏而产生的服务理念、管理方法、专业技能、市场营销、创新能力等方面的差距，将影响我国服务行业结构优化和国际竞争能力提升。随着互联网技术的快速发展，我国需要在5G、云计算、大数据、人工智能等新兴服务领域储备高层次专业人才，以实现服务业的创新发展和技术赶超。

（三）服务业国际竞争力不足

与发达国家相比，我国服务业起步晚，发展水平相对低，竞争能力不足。运用显示性比较优势（revealed comparative advantage，RCA）指数评估我国与世界主要服务贸易大国的服务业国际竞争力，通过测算可知，2005年—2020年，我国服务业的RCA指数偏低，均不超过0.5，与英国、印度、美国、德国、日本和韩国服务业的RCA指数存在较大差距。

（四）服务贸易结构不合理

旅游、运输、建筑等传统服务业占比较高，电信、计算机和信息服务业、知识产权服务等知识密集型服务业占比较低。2019年，我国传统服务进出口占比为62.9%，而知识密集型服务业占比为34.7%。以传统服务贸易为主，知识密集型发展缓慢的服务贸易结构意味着服务资源分配的不合理，这将会引致行业恶性竞争、生产成本提高、创新动力不足，不利于企业长期发展与创新水平的提高。

（五）服务贸易长期逆差

我国服务贸易长期呈现逆差状态。2005年，我国服务贸易逆差为55亿美元，2012年成为世界最大的服务贸易逆差国，2018年服务贸易逆差扩大到2537亿美元，2020年缩小到1005亿美元。2005年—2020年，美国和英国一直是服务贸易顺差国，且贸易顺差整体呈上升趋势；日本和德国贸易逆差额呈不断缩小趋势，并分别在2019年和2020年实现了贸易顺差；与服务贸易大国相比，我国不仅长期存在贸易逆差，且逆差规模较大。

 本章思考题

1. 国际服务贸易的定义主要有哪些界定依据？请简述联合国贸易和发展会议的相关定义。

2. 国际服务贸易的特点有哪些？

3. 我国服务贸易的发展体现在哪些方面？

第十四章

世界贸易组织

1995 年 1 月 1 日，世界贸易组织（World Trade Organization，WTO，简称世贸组织）正式开始运作。WTO 是一个独立于联合国的永久性国际组织，其总部位于瑞士日内瓦。WTO 成员间的贸易额约占世界总贸易额的 98%，因此被称为"经济联合国"。

WTO 是全球贸易体制的组织基础和法律基础，是众多贸易协定的管理者、各成员贸易立法的监督者，以及为贸易提供解决争端和进行谈判的场所。

第一节 国际贸易条约与协定

国际贸易条约与协定作为经济体之间经济与贸易关系紧密联系的纽带，其发展由来已久。并且，伴随着世界经济贸易关系的不断发展变化，国际贸易条约与协定不断向纵深延伸，已成为各经济体不断扩大对外经济贸易及加强同其他经济体之间联系的重要途径。

一、国际贸易条约与协定的含义

国际贸易条约与协定是指是两个或两个以上的主权国家为确定彼此间的经济关系，尤其是国际贸易关系方面的权利和义务关系而缔结的书面协议。

国际贸易与协定按照缔约国家的多少，分为双边国际贸易条约与协定和多边国际贸易条约与协定。

根据国际贸易条约与协定所包含的范围不同，国际贸易条约与协定包括广义的国际贸易条约与协定和狭义的国际贸易条约与约定。其中，广义的国际贸易条约与协定是指主权国家在经济贸易关系方面规定的相互间权利和义务的各种书面协议的总称。例如，贸易协定、通商航海条约、支付协定、贸易议定书、换货协定等，其内容、名称虽不同，但都有法律效力。狭义的国际贸易条约与协定仅指以条约、公约及协定、协议名称缔结的关于贸易关系方面的书面协议。其大多属于大型综合性贸易条约，签订后需按缔约国法律程序完成批准手续后方能生效。

二、国际贸易条约与协定的种类

国际贸易条约与协定按照内容不同，主要分为国际贸易条约、国际贸易协定、国际贸易议定书及国际支付协定等。

1. 国际贸易条约

国际贸易条约（international commercial treaty）是全面规定缔约国之间经济贸易关系的条约。它一般由国家首脑或其特派的全权代表来签订，并经双方的立法机构审议通过、最高权力机关批准才可生效，并且条约的有效期限一般都比较长。

国际贸易条约内容广泛，包括通商条约、通商航海条约、友好通商条约、友好通商航海条约等，主要涉及海关通关手续及进出口关税的征收、进出口的数量限制、航海和港口使用问题，以及缔约方的自然人和法人在另一缔约方享有的经济权利等问题。

2. 国际贸易协定

国际贸易协定（international trade agreement）是缔约国之间调整相互贸易关系而签订的书面协议。国际贸易协定的内容和签订程序比国际贸易协定简单，一般只需签字国的行政首脑或其代表签署即可生效。其有效期较短、涉及面窄、内容比较具体。

3. 国际贸易议定书

国际贸易议定书（international trade protocol）是指缔约国之间关于贸易发展中的某一具体事项达成的书面协议。

一般情况下，国际贸易议定书既可以用来修订、补充和解释贸易协定的某些条款，又可以在两国未签订国际贸易协定的情况下先签订国际贸易协议书作为两国贸易的临时依据。另外，如果两国订立有长期协定，则可通过贸易协定书来确定年度贸易的具体安排。与国际贸易协定相比，国际贸易议定书的签订程序和内容更简单，一般只需签字国有关行政部门的代表签订即生效。

4. 国际支付协定

国际支付协定（international payment agreement）是指缔约国之间关于贸易和其他方面的债权债务结算办法的书面协议。签订国际支付协定后，两国之间结算债权债务的时候，即通过在两国中央银行或指定银行开立的清算账户收付记账，不必逐笔支付外汇。

三、国际贸易条约与协定的法律原则

在国际贸易条约与协定中，通常适用的法律原则是最惠国待遇条款和国民待遇条款。

1. 最惠国待遇条款

最惠国待遇（most-favored nation treatment）是指缔约一方现在和将来对原产于或运往其他成员方的产品所给予的利益、优惠、特权或豁免都应当立即无条件地给予原产于或运往所有任一成员方的相同产品。换言之，无论何时，一国（或地区）根据条约给予另一国（或地区）的利益、优惠、特权或豁免，都不应低于其给予任何其他第三国（或地区）的各种优惠待遇。

在长期的国际贸易实践中，逐渐形成具有不同法律形式和法律效果的最惠国待遇，通常可以分为下列几类：

（1）"无条件"的最惠国待遇和"有条件"的最惠国待遇。

"无条件"的最惠国待遇是指缔约一方现在或将来给予任何第三方的一切利益、优惠、豁免或特权应立即无条件地、无补偿地自动地适用于缔约对方。"无条件"的最惠国待遇条款是英国首先采用的，所以又被称作"欧洲式"的最惠国待遇条款。

"有条件"的最惠国待遇是指缔约一方已经或将来要给予任何第三方的利益、优惠、豁免或特权是有条件的，缔约另一方必须提供同样的补偿，只有这样才能享受这种优惠待遇。"有条件"的最惠国待遇条款是美国首先采用的，所以又被称作"美洲式"的最惠国待遇条款。

授予第三方的利益、优惠、豁免或特权是否附有条件是"有条件"的和"无条件"最惠国待遇的区别，也即受惠国享有利益、优惠、豁免或特权是否需要提供某种条件。因而"有条件"的最惠国待遇中的条件并不是有些人认为的给予最惠国待遇是以对方给予为条件，你不给我，我也不给你，而是提供最惠国待遇是否要求对方提供"相应的补偿"作为获得最惠国待遇的前提。也就是说，如果缔约一方享受缔约另一方给予的各种优惠待遇而并不要求提供"相应的补偿"，则为"无条件"的最惠国待遇，否则是"有条件"的最惠国待遇。

（2）无限制的最惠国待遇和有限制的最惠国待遇。

无限制的最惠国待遇是指绝不限制最惠国待遇的适用范围，不仅适用于商品进出口征收的关税及手续和方法，也适用于移民、投资、商标、专利等各个方面。

有限制的最惠国待遇是在经济贸易关系的某些领域进行适用范围的限制，规定仅在条约规定的范围内适用，在条约范围外则不适用。

（3）互惠的最惠国待遇和非互惠的最惠国待遇。

互惠的最惠国待遇是指缔约双方给予的最惠国待遇是相互的、同样的。

非互惠的最惠国待遇是指缔约一方有义务给予缔约另一方最惠国待遇，即单方面给予，而无权从另一方享有最惠国待遇。

不适用最惠国待遇的例外情形主要有以下四种：①由自由贸易区和关税同盟等形式出现的区域经济安排内部实行比最惠国待遇更加优惠的"优惠制"；②对发展中国家实行的差别和特殊待遇；③为便利相互之间的边境贸易而给予相邻国家更多优惠；④允许各成员方在知识产权领域保留一些例外。

2. 国民待遇条款

国民待遇（national treatment）是指对其他成员方的产品、服务或服务提供者及知识产权所有者和持有者所提供的待遇，不低于本国（地区）同类产品、服务或服务提供者及知识产权所有者和持有者所享有的待遇。

国民待遇原则包含四个方面的内容：①成员不能对进口产品征收高于对本国（地区）相同产品所征收的国内税或其他费用，无论以任何直接或间接的方式。②进口产品必须在有关销售、分销、购买、运输、分销或使用的法规等方面享受与同类国内产品相同的待遇。③任何成员不能在产品的混合、加工或使用方面以直接或间接方法规定特定数量或比例的国内数量，或强制规定优先使用国内产品。如国产化要求、进口替代要求均被视为直接或间接对外国产品构成歧视，违反国民待遇规定。④成员不得用国内税、其他国内费用或定量规定等方式，为国内工业提供保护。

适用国民待遇原则与最惠国待遇原则一样，在货物贸易领域、服务贸易领域、与贸易有关的知识产权领域、与贸易有关的投资措施领域的同样存在各种例外。

第二节　关税与贸易总协定

关税与贸易总协定（GATT）简称关贸总协定，是23个国家于1947年10月30日在日内瓦签订的政府间缔结的有关关税和贸易规则的多边国际协定。其宗旨是：在处理成员国的贸易和经济事务的关系方面，以提高生活水平、保证充分就业、保障实际收入和有效需求的巨大持续增长、扩大世界资源的充分利用以及发展商品生产与交换为目的，努力达成互惠互利协议，大幅度削减关税及其他贸易障碍和取消国际贸易中的歧视待遇。

一、关税与贸易总协定的产生

20 世纪 30 年代的经济"大萧条"以及第二次世界大战使得贸易战不断升级、关税壁垒高筑，阻碍了世界经济和国际贸易的自由发展。因此，第二次世界大战结束后，解决复杂的国际经济问题，特别是制定国际贸易政策，成为各国所面临的重要任务。

1946 年 2 月，联合国经济及社会理事会（简称经社理事会）举行第一次会议。会议呼吁召开联合国贸易与就业问题会议，起草《国际贸易组织宪章》，进行世界性削减关税的谈判。随后，经社理事会设立了联合国经济及社会理事会贸易组织筹备委员会（简称贸易组织筹备委员会）。

1946 年 10 月，贸易组织筹备委员会召开第一次会议，与会各国同意在"国际贸易组织"成立之前，先就削减关税和其他贸易限制等问题进行谈判，并起草《国际贸易组织宪章》。

1947 年 4 月—7 月，贸易组织筹备委员会在日内瓦召开第二次全体大会。美国、法国、英国和中国等 23 个国家就关税问题进行多次谈判，讨论并修改《国际贸易组织宪章》草案，并达成协议。这就是关税与贸易总协定的第一轮多边贸易谈判。

按照原来的计划，关贸总协定原为一个"临时规则"的协定，准备待各国政府批准《国际贸易组织宪章》就取而代之。

但是，鉴于各国对外经济政策方面的分歧，以及多数国家政府在批准《国际贸易组织宪章》这样范围广泛、具有严密组织性和国际条约所遇到的法律困难，该宪章在短期内难以被通过。

因此，关贸总协定的 23 个发起国于 1947 年年底签订了"临时议定书"，承诺在今后的国际贸易中遵循关贸总协定的规定。该议定书于 1948 年 1 月 1 日正式生效。

此后，关贸总协定的有效期一再延长，并为适应情况的不断变化，多次加以修订。于是，《关税与贸易总协定》便成为缔约方调整对外贸易政策和措施以及国际经济关系方面的唯一的多边国际协定。

二、《关税与贸易总协定》的主要内容

《关税与贸易总协定》的原文由序言和四大部分组成，总计 38 条，另有若干附件和一份暂时适用协定书。其中，第一部分包括第 1 条和第 2 条，主要规定缔约各方在关税与贸易方面相互提供无条件最惠国待遇和关税减让事项；第二部分包括第 3 条到第 23 条，主要是调整和规范缔约方的贸易政策和措施的规定，包括规定取消数量限制以及允许采取的例外和紧急措施；第三部分包括第 24 条到第 35 条，规定了总协定的适用范围、活动方式、参加和退出该协定的手续，以及有关程序方面的问题；第四部分包括第 36 条到第 38 条，主要规定对发展中国家的贸易与发展方面尽量给予关税和其他方面的特殊优待等。这一部分是后加的，于 1966 年开始生效。

《关税与贸易总协定》的主要内容包括：①适用最惠国待遇。最惠国待遇原则一律适用于缔约方之间对于进出口货物及有关的关税规费征收方法、规章制度、销售和运输等方面。但关税同盟、自由贸易区以及对发展中国家的优惠安排都作为最惠国待遇的例外。②关税减

让。缔约方之间通过谈判，在互惠基础上互减关税，并对减让结果进行约束，以保障缔约方的出口商品适用稳定的税率。③取消进口数量限制。该协定规定，原则上应取消进口数量限制。但国际收支出现困难的，属于例外。④保护和紧急措施。如果有关产品受到重大损害或重大威胁，该进口方可与有关缔约方重新谈判，在给予对方适当补偿后，可修改或撤销其原来的关税减让承诺。

三、关税与贸易总协定的多边谈判

从 1947 年到 1994 年，关贸总协定共主持了 8 轮多边贸易谈判，正式成员由最初的 23 个增加到 1994 年年底的 128 个。经过 8 轮谈判，关税和非关税壁垒有了较大幅度的下降，受惠贸易额不断扩大，促进了关贸总协定缔约方的贸易自由化，对第二次世界大战以后的世界经济的恢复和发展做出了贡献。相关情况如表 14-1 所示。

表 14-1 关贸总协定的多边谈判

谈判回合	谈判时间	谈判地点	参加方（个）	谈判议题	关税减让幅度（%）
第一轮	1947 年 4 月—10 月	瑞士日内瓦	23	关税减让	35
第二轮	1949 年 4 月—10 月	法国安纳西	13	关税减让	35
第三轮	1950 年 9 月—1951 年 4 月	英国托尔基	38	关税减让	26
第四轮	1956 年 1 月—5 月	瑞士日内瓦	26	关税减让	15
第五轮	1960 年 9 月—1961 年 7 月	瑞士日内瓦（"狄龙回合"）	26	关税减让	20
第六轮	1964 年 5 月—1967 年 6 月	瑞士日内瓦（"肯尼迪回合"）	62	关税减让和反倾销措施	35
第七轮	1973 年 9 月—1979 年 4 月	瑞士日内瓦（"东京回合"）	102	关税减让；非关税壁垒；"框架"协议	33
第八轮	1986 年 9 月—1993 年 12 月	乌拉圭埃斯特角（"乌拉圭回合"）	123	关税减让；非关税壁垒；规则；服务；知识产权；争端解决；纺织品；农产品；WTO 创建等	33

资料来源：https：//www.wto.org/index.htm。

第三节 世界贸易组织概述

世界贸易组织（WTO）简称世贸组织，是一个专门协调国家间贸易规则的全球性国际组织。截至 2023 年 12 月，WTO 拥有 164 个成员，成员贸易总额约占全球贸易总额的 98%，有"经济联合国"之称。

一、世界贸易组织与关贸总协定的关联

1995 年 1 月 1 日，WTO 正式开始运作，正式取代 GATT（1947 年 10 月 30 日签订）。而

GATT 则转变成 WTO 的下属机构——货物贸易理事会，两者之间有着内在的历史继承性。虽然 GATT 是 WTO 的前身，但两者之间有着很大的区别，主要表现为以下几个方面：

(1) 法律地位不同。GATT 是一个临时适用的行政性协定，或者说是一个调整缔约方权利义务的多边条约，从正式角度来讲，GATT 只是一个法律文本；WTO 是具有法人地位的正式国际组织，是国际法的一个主体，享有外交权和豁免权。

(2) 约束力不同。GATT 建立在"临时议定书"的基础上；WTO 建立在《马拉喀什建立世界贸易组织协定》的基础上，其成员受到"一揽子承诺"的约束。

(3) 管辖范围不同。GATT 只涉及货物贸易；WTO 不仅继承和完善了 GATT 的货物贸易规则，还要处理服务贸易和与贸易有关的知识产权的规则问题。

(4) 争端解决能力不同。GATT 采用"协商一致"的方式；WTO 的争端解决机制强而有力，采用"反向协商一致"的原则。

二、世界贸易组织的宗旨和目标

在关贸总协定"乌拉圭回合"谈判达成的《马拉喀什建立世界贸易组织协定》中，明确规定了 WTO 的宗旨和目标。

WTO 的宗旨包括：①提高生活水平，保证实际收入和有效需求的大幅稳定增长；②扩大商品和服务的生产与贸易；③坚持走可持续发展之路，各成员应有效地利用世界资源，谋求既保护和维护环境，又符合不同经济发展水平下各成员需要和利益的发展方式，加强采取各种相应的措施；④积极确保发展中国家，尤其是最不发达国家在国际贸易增长中享有与其经济发展水平相适应的份额和利益；⑤建立一体化的多边贸易体制；⑥建立一个经实质性削减关税等措施后的完整的、更具活力的、持久的多边贸易体制；⑦以开放、平等、互惠的原则，逐步调降各成员之间的关税与非关税贸易壁垒，并消除各成员在国际贸易上的歧视待遇；⑧以提高生活水平、保证充分就业、保障实际收入和有效需求的巨大持续增长，扩大世界资源的充分利用以及发展商品生产与交换为目的，在处理该组织成员之间贸易和经济事业的关系中，努力达成互惠互利协议，大幅度削减关税及其他贸易障碍和政治国际贸易中的歧视待遇。

WTO 的目标是建立一个完整的包括货物、服务、与贸易有关的投资及知识产权等更具活力、更持久的多边贸易体系，以巩固原来的关贸总协定为贸易自由化所做的努力，和"乌拉圭回合"多边贸易谈判的所有成果。

三、世界贸易组织的基本原则

非歧视原则、互惠原则、透明度原则、促进公平竞争原则及经济发展原则等基本原则贯穿 WTO 诸多领域的各个协议之中，构成了多边贸易体制的基础。

1. 非歧视性原则

非歧视性原则（rule of non-discrimination）是指 WTO 成员实施某种优惠或限制措施时，不得对其他成员采取差别待遇。它充分体现了平等互惠的精神实质，具体表现为最惠国待遇条款和国民待遇条款。该原则是 WTO 的基石，是各成员之间平等进行贸易的重要保证，也是避免贸易歧视、贸易摩擦的重要基础。

2. 互惠原则

互惠原则（rule of reciprocity）（对等原则）在国际贸易中是指两国（地区）在贸易上给予对方优惠的待遇。其主要体现为以下几种形式：

1）通过多边贸易谈判采取关税或非关税措施，在利益对等和均衡的前提下向其他成员开放本国（地区）市场，以获得本国（地区）产品或服务进入其他成员市场的机会。

2）当一国或地区申请加入 WTO 时，由于新成员可以享有所有老成员已达成的开放市场的优惠待遇，老成员就会一致地要求新成员按照 WTO 现行协定、协议开放商品或服务市场。

3）互惠贸易是贸易自由化过程中多边贸易谈判及一成员与其他成员实现经贸合作的主要工具。

3. 透明度原则

透明度原则（rule of transparency）是指 WTO 成员应公布所制定和实施的贸易措施及其变化情况（如修订、增补或废除等）。WTO 成员所参加的影响国际贸易政策的有关国际协议也在公布和通知之列。

4. 促进公平竞争原则

促进公平竞争原则（rule of fair trade）是指 WTO 主张世界贸易在公平、公正和不受干扰的情况下开展，因而该贸易体系反对倾销、补贴及政府的歧视性采购。

5. 经济发展原则

经济发展原则（rule of economic development）是指对发展中成员的经济发展和改革采取鼓励的原则。例如，允许发展中国家在一定范围内实施进口数量限制或提高关税的"政府对经济发展援助"条款；仅要求发达国家单方面承担义务而发展中国家无偿享有某些特定优惠的"贸易和发展条款"；确立发达国家给予发展中国家和转型国家更长的过渡期待遇和普惠制待遇的合法性等。

四、世界贸易组织的运行机制

WTO 的运行机制主要包括加入和退出机制、决策机制、《贸易政策审议机制》、争端解决机制等。

1. WTO 的加入和退出机制

WTO 对任何申请加入或退出的成员无限期地开放。申请加入方要成为 WTO 成员，必须按照同世界贸易组织成员谈判协定的条件加入。

（1）WTO 的加入机制。第一阶段为提出申请与受理；第二阶段为对外贸易制度的审议和双边市场准入谈判；第三阶段为多边谈判和起草加入文件；第四阶段为表决和生效。WTO 总理事会或部长级会议以 2/3 多数通过加入议定书、工作组报告书和决定草案，申请加入方签署或递交批准文件接受加入议定书。加入议定书在申请加入方签署或递交批准文件30 天后生效。

（2）WTO 的退出及互不适用。任何 WTO 成员都可以退出 WTO，退出必须同时适用于所有多边贸易协定和《马拉喀什建立世界贸易组织协定》本身，在 WTO 总干事收到书面退出通知之日的 6 个月期满后，退出生效。

由于政治或其他原因，一些成员不同意相互之间适用《马拉喀什建立世界贸易组织协定》，即互不适用。尽管世界贸易组织允许这种做法，但并不鼓励。《马拉喀什建立世界贸易组织协定》规定，有关成员应在自己或另一成员成为正式成员时明确表明互不适用的立场，才能互不适用。另外，为了保证 GATT 向 WTO 过渡时"互不适用"条款不被用作采取新的贸易限制的手段，任何 GATT 缔约方不能相互援引"互不适用"条款，此前已经相互援引了该条款的除外。

2. WTO 的决策机制

WTO 的决策机制主要包括协商一致规则、简单多数规则、2/3 多数通过规则、3/4 多数通过规则、反向一致规则和必须接受规则。

（1）协商一致规则。协商一致规则（principle of consultation and consensus）是 GATT 和 WTO 及其法律制度运作的一项基本准则，即如果所有成员都表示支持，或者没有成员提出正式的反对，即可视为协商一致通过。缺席会议或者出席了会议但是保持沉默或者弃权等都不构成反对，均无法对决议的通过构成影响。

（2）简单多数规则。简单多数规则是在协商一致规则无法通过的情况下做出决策的另一种决策方式，但《马拉喀什建立世界贸易组织协定》另有规定的除外。

（3）2/3 多数通过规则。以下事项采用 2/3 多数通过规则：①对《马拉喀什建立世界贸易组织协定》附件 1 中的《1994 年关税与贸易总协定》和《与贸易有关的知识产权协定》的修改意见；②对《服务贸易总协定》第一至第三部分以及附件的修改建议；③对《马拉喀什建立世界贸易组织协定》和《多边贸易协定》中的某些条款修改意见提交成员方接受的决议；④对新成员加入 WTO 的决策；⑤财务和年度预算决议。

（4）3/4 多数通过规则。3/4 多数通过规则是对涉及成员权利、义务或者重大事项做出决策的决策原则。它的内容主要包括：①条款的解释；②各项协定的修改；③豁免义务。

（5）反向一致规则。只要不是有权投票者全体一致对有关事项提出反对，则视为全体一致同意。该规则主要体现在《关于争端解决规则和程序的谅解》第 16 条等条款之中。

（6）必须接受规则。在 WTO 做出某项决定时没有任何成员表示反对，而且所有成员都应该明确表示同意。具体包括以下几个方面：①对《马拉喀什建立世界贸易组织协定》第 9 条规定的关于决策机制的修改；②对《1994 年关税与贸易总协定》第一条最惠国待遇和第二条关税减让的修改；③对《服务贸易总协定》第二条最惠国待遇的修改；④对《与贸易有关的知识产权协定》第四条最惠国待遇的修改。

3. WTO 的《贸易政策审议机制》

《贸易政策审议机制》（trade policy review mechanism, TPRM）是 WTO 管辖的一项多边贸易协议。它由目的、国内政策透明度、审议程序、报告、与《1994 年关税与贸易总协定》和《服务贸易总协定》的国际收支条款的关系、对机制的评审、国际贸易环境发展综述等 7 条组成。《贸易政策审议机制》规定的审议频率为，世界上最大的 4 个经济体（美国、欧盟、日本、加拿大）每两年接受一次审议，在世界贸易中排名第 5~20 位的成员每四年接受一次审议，其他成员每 6 年审议一次，最不发达国家成员可以有更长的审议间隔时间；此外还规定了审议的程序。《贸易政策审议机制》的目的首先是了解成员在多大程度上遵守和实施了多边协议的规则和承诺，通过定期审议确保规则的实施，避免贸易摩擦；其次是提高透明度，增强人们对各国贸易政策的理解程度，并评价各国贸易政策的影响。

WTO 建立了贸易政策审议机构（TPRB），负责《贸易政策审议机制》的运作，对各成员的贸易政策进行定期审议。

4. WTO 的争端解决机制

WTO 的争端解决机制以平等、迅速、有效、双方接受为基本原则，鼓励各方通过外交途径的友好磋商解决争议，在适用司法手段解决争端时，也保证在政治和外交的框架内进行。建立争端解决机构（dispute settlement body，DSB）来负责监督争端解决机制的有效顺利运行，并建立常设上诉机构，这是 WTO 的一个创新，可以说是争端解决机制的基石。在协商、调解和调停均不能解决争端时，成员一方有权向 DSB 提交设立专家组申请。专家组一般由 3 名或 5 名专家组成。在磋商未果时，在申诉方的请求下由争端解决机构成立专家组。而常设上诉机构一般由 7 人组成，任期为 4 年，通常由其中 3 人共同审理上诉案件。上诉机构的主要目的是保证判例的和谐性，负责处理争端各方对专家组报告的上诉，但上诉仅限于专家组报告中有关法律问题和专家组详述的法律解释。上诉机构可以维持、修改或撤销专家组的法律调查结果和结论，并且上诉机构的报告一经 DSB 通过，其建议和裁决即对争端各当事方有约束力，争端各方必须无条件接受。

第四节 世界贸易组织与中国

2001 年 12 月 11 日，中国正式加入世界贸易组织。加入世界贸易组织是中国深度参与经济全球化的里程碑，标志着中国改革开放进入历史新阶段。

一、中国的"复关"与"入世"

中国作为关贸总协定的 23 个创始缔约国之一，当时的中国政府于 1948 年 4 月 21 日签署了《关税与贸易总协定临时适用议定书》；同年 5 月 21 日，中国成为关贸总协定缔约方。1949 年 10 月 1 日中华人民共和国成立，1950 年 3 月 6 日，非法占据中国在联合国合法席位的台湾当局提出退出关贸总协定，并得到允许。对于台湾当局的这种退出方式，中国政府从未承认其合法性。根据国际法的规定，这一决定不应影响中国在关贸总协定的合法地位。但是，受当时国内外政治形势、经济环境等制约，中国被关贸总协定长期排斥在外。

随着对外开放政策的贯彻和对外经济贸易的发展，中国与关贸总协定缔约方建立多边协定的要求更为现实和迫切。从加快改革开放政策的实施及进一步发展国民经济的需要出发，中国在 1986 年正式申请重新加入 GATT，即所谓的"复关"（恢复中国在 GATT 中的缔约方地位）。1986 年 7 月 10 日，中国驻日内瓦代表团大使钱嘉东代表中国政府正式向 GATT 提出恢复中国 GATT 缔约方地位的申请，开始了最初的"复关"谈判。1986 年 9 月，中国派代表团列席了在乌拉圭举行的关贸总协定缔约方部长级会议。1987 年 2 月，中国常驻联合国日内瓦办事处代表向关贸总协定总干事递交《中国对外贸易制度备忘录》，全面阐述了中国的外贸制度。关贸总协定理事会应中国的要求，于同年 3 月成立了中国缔约方地位工作组（简称中国工作组）。中国工作组的职责是负责审议中国对外贸易制度，起草确定相应的权利和义务的议定书，提供进行减让表谈判的场合，讨论有关中国和总协定关系的其他问题。1987 年 10 月 22 日，关贸总协定中国工作组第一次会议在日内瓦举行。1989 年 5 月 24 日—28 日，中美第 5 轮复关问题双边磋商在北京举行。1992 年 10 月 10 日，中美达成《市场准入备忘录》，美国承诺"坚定地支持中国取得关贸总协定缔约方地位"。经过多轮"复关"谈判，1994年4月12日—15日，关贸总协定部长级会议在摩洛哥的马拉喀什举行，"乌拉圭回合"谈判结束，与会各方签署了《乌拉圭回合多边贸易谈判结果最后文件》（简称《最后文件》）和《马拉喀什建立世界贸易组织协定》。中国代表团参会并签署了《最后文件》。1994年11月28日，我国外经贸部部长助理龙永图会见关贸总协定总干事萨瑟兰。与此同时，中国驻美国、欧共体和日本大使分别约见驻在国高级官员，通报中国政府关于"复关"谈判最后时限的决定。但由于一些西方国家反对中国"复关"而成为WTO的创始成员，中国"复关"没有达成协议，直到1994年12月31日关贸总协定结束其历史使命，中国仍未恢复在关贸总协定的合法地位。

1995年1月，世界贸易组织正式生效运行成立。WTO成立后，中国"复关"即转为"入世"谈判。经过不断努力和反复谈判，2001年11月10日，在卡塔尔首都多哈举行的世界贸易组织第四届部长级会议上，审议并通过了中国加入世界贸易组织的决定和《中华人民共和国加入世界贸易组织议定书》。11日晚，中国政府签署了《中华人民共和国加入世界贸易组织议定书》，完成了中国加入世界贸易组织的所有法律程序。按照规则，30日后，即2001年12月11日，中国正式成为第143个世界贸易组织成员。

二、中国加入世界贸易组织的基本承诺

中国在加入世界贸易组织后，在经济政策方面、政策制定和执行的体制方面、影响货物贸易的政策方面、知识产权保护方面、服务贸易方面及其他等六大方面做出了具体承诺。

1. 关于经济政策方面的承诺

关于经济政策方面的承诺主要包括非歧视（包括国民待遇）、外商投资措施、国际收支措施、国有企业和国家投资企业、定价政策等方面。例如，中国将对包括单独关税区的成员在内的所有WTO成员给予非歧视待遇。中国将对包括外资企业在内的中国企业、在中国的外国企业和个人给予相同的待遇。

2. 关于政策制定和执行的体制方面的承诺

关于政策制定和执行的体制方面的承诺主要包括清理、修改和新建贸易政策、中央与地方政府的职权、贸易制度的统一实施、司法审查、贸易政策的透明度等方面。例如，中国将及时修改或废除与《马拉喀什建立世界贸易组织协定》和议定书的有关承诺不一致的行政法规、部门规章及其他措施，以便中国贸易制度与WTO规则和中国"入世"承诺的一致性和新的法律规章体系的形成。

3. 关于影响货物贸易的政策方面的承诺

关于影响货物贸易的政策方面的承诺主要包括贸易权（进出口经营权）、对进出口产品征收的税费、进口关税配额、非关税措施（进口许可、进口配额和进口招标）、进出口许可程序、进口产品装运前检验、对进口产品的反倾销反补贴规则、保障措施、原产地规则、海关估价、出口限制、出口补贴、技术性贸易壁垒、卫生与植物卫生措施（SPS措施）、WTO成员对中国产品的反倾销条款、农业政策、民用航空器贸易、特定产品过渡性保障机制、纺织品和服装、WTO成员对中国保留的歧视性非关税措施等方面。例如，中国承诺至2005年总关税水平降至10%，其中工业品降至9.3%；98%的工业品关税减让则将到2005年结束，但汽车及汽车零部件的关税将到2006年7月1日分别降至25%和10%（平均水平），部分

化工品的关税减让则将到 2008 年结束；农产品降至约 15.5%，农产品的关税减让承诺实施到 2004 年结束。在非关税措施方面，中国承诺至 2005 年 1 月 1 日取消对包括配额、许可证和特定招标等措施在内的现行的 400 多个税号商品所实施的非关税措施，涉及产品包括汽车、机电产品、天然橡胶、彩色感光材料等。

4. 关于知识产权保护方面的承诺

关于知识产权保护方面的承诺包括调整与修改与知识产权保护有关的法律法规、对外国国民适用国民待遇和最惠国待遇、版权保护、商标（包括服务商标保护）、地理标志（包括原产地名称的保护）、专利权、对使用新化学成分的药品和农业化学物质的未披露数据的保护、控制滥用知识产权的措施、打击侵犯知识产权的行为、民事诉讼程序和相关措施、司法部门采取的临时措施、行政处罚措施、知识产权海关保护措施、刑事诉讼等方面。例如，加入世界贸易组织后，中国按照 WTO 的要求全面清理和修订了《商标法》《专利法》《著作权法》《计算机软件保护条例》等与知识产权保护相关的几乎所有法律法规和司法解释，全面实施《与贸易有关的知识产权协议》。

5. 关于服务贸易方面的承诺

关于服务贸易方面的具体承诺包括：专业服务；计算机及其相关服务；房地产服务；其他商业服务；通信服务；建筑及相关工程服务；分销服务；教育服务；环境服务；金融服务；旅游及与旅行相关的服务；运输服务等。例如，中国将公布负责授权、批准或管理包括由中央政府主管机关授权的组织在内的每一服务部门活动的主管机关清单，将在官方刊物上自加入时起公布所有的营业许可程序和条件。中国承诺许可程序和条件不构成市场准入的壁垒，且对贸易的限制作用不超过必要的限度。

6. 其他

在其他方面的承诺包括贸易政策审议和过渡性审议机制、政府采购、特殊贸易安排等方面。根据 WTO《贸易政策审议机制》的有关规定，中国与贸易份额相似的国家一样，自加入 WTO 后每 4 年接受一次贸易政策审议。中央和地方各级所有政府实体，以及专门从事商业活动以外的公共实体，将以透明的方式从事其采购，并按照最惠国待遇原则向所有外国供应商提供参与采购的平等机会。

三、中国切实履行加入世界贸易组织承诺

中国自 2001 年加入世界贸易组织以来，不断完善社会主义市场经济体制，全面加强同多边贸易规则的对接，切实履行货物和服务开放承诺，强化知识产权保护，显著提高了对外开放政策的稳定性、透明度、可预见性，为多边贸易体制有效运转做出了积极贡献。

1. 完善社会主义市场经济体制和法律体系

（1）始终坚持社会主义市场经济改革方向。加快完善社会主义市场经济体制，健全市场体系，理顺政府和市场关系，使市场在资源配置中起决定性作用，更好地发挥政府作用；通过广泛开展 WTO 规则宣传教育，使市场意识、竞争意识、规则意识、法治观念深入人心。

（2）不断健全社会主义市场经济法律体系。坚持依法治国，全面遵守和执行 WTO 规则，构建符合多边贸易规则的法律体系，完善基于规则的市场经济法律法规。加入 WTO 后，在贸易、投资和知识产权保护等各个方面，大规模开展法律法规清理修订工作，中央政

府清理法律法规和部门规章 2300 多件，地方政府清理地方性政策法规 19 万多件。2014 年，制定进一步加强贸易政策合规工作的政策文件，要求各级政府对照《马拉喀什建立世界贸易组织协定》及中国加入承诺进行合规性评估以拟定贸易政策；2016 年，建立规范性文件合法性审查机制，进一步清理规范性文件，增强公共政策制定透明度和公众参与度。

2. 履行货物贸易领域开放承诺

（1）大幅降低进口关税。减少进口成本，促进贸易发展，让世界各国更多地分享中国经济增长、消费繁荣带来的红利。截至 2010 年，中国货物降税承诺全部履行完毕，关税总水平由 2001 年的 15.3%降至 9.8%。其中，工业品平均税率由 14.8%降至 8.9%；农产品平均税率由 23.2%降至 15.2%，约为世界农产品平均关税水平的 1/4，远低于发展中成员 56%和发达成员 39%的平均关税水平。农产品的最高约束关税为 65%，而美国、欧盟、日本分别为 440%、408%、1706%。

（2）显著削减非关税壁垒。减少不必要的贸易限制，促进贸易透明畅通。截至 2005 年 1 月，中国已全部取消了进口配额、进口许可证和特定招标等非关税措施，涉及汽车、机电产品、天然橡胶等 424 个税号产品，履行了加入承诺；对关系国计民生的大宗商品，如小麦、玉米、大米、食糖、棉花、羊毛、毛条和化肥等实行关税配额管理。

（3）全面放开外贸经营权。促进经营主体多元化，激发各类企业开展贸易的积极性。中国对企业的外贸经营权自 2004 年 7 月起由审批制改为备案登记制，极大地释放了民营企业的外贸活力。民营企业进出口发展迅速、份额持续扩大，成为对外贸易的重要经营主体。民营企业和外商投资企业进出口占全国进出口总额的比重由 2001 年的 57.5%上升到 2017 年的 83.7%。2023 年，民营企业出口作为第一大出口经营主体占比达 53.5%。

3. 履行服务贸易领域开放承诺

（1）大力推动服务业各领域快速发展，提高服务业对国民经济的贡献。在 WTO 分类的 12 大类服务部门的 160 个分部门中，中国承诺开放 9 大类的 100 个分部门，接近发达成员平均承诺开放 108 个分部门的水平。截至 2007 年，中国服务贸易领域开放承诺已全部履行完毕。

（2）逐步降低服务领域外资准入门槛，按期取消服务领域的地域和数量限制，不断扩大允许外资从事服务领域的业务范围。其中，允许快递、银行、财产保险等 54 个服务分部门设立外商独资企业，允许计算机、环境等 23 个分部门外资控股，给予包括电信、铁路运输、旅游等 80 个分部门在内的部门外资国民待遇。2010 年，中国服务业吸引外商直接投资额首次超过制造业，2023 年吸引外商直接投资额占比达到 73.1%。

4. 履行知识产权保护承诺

近年来，中国修订《商标法》，增加了惩罚性赔偿制度；修订《反不正当竞争法》，进一步完善了商业秘密的保护，同时明确市场混淆行为，引入标识的概念，拓宽对标识的保护范围。目前，正在加快推进《专利法》《著作权法》等法律修订。持续加强知识产权保护执法力度；强化知识产权保护司法主导作用，显著提高违法成本，充分发挥法律威慑作用；重新组建国家知识产权局，完善执法力量，加大执法力度。从 2001 年起，中国对外支付知识产权费年均增长 17%，2017 年达到 286 亿美元。2017 年，中国发明专利申请量达到 138.2 万件，申请者中近 10%为外国单位和个人，中国发明专利申请量连续 7 年居世界首位；国外来华发明专利申请量较 2001 年 3.3 万件的申请量增长了 3 倍，达到 13.6 万件。世界知识产权组织公布，2017年，中国通过《专利合作条约》途径提交的专利申请受理量达5.1万件，仅次于美国，居全球第二位。

5. 履行透明度义务

中国全面履行WTO通报义务，按照要求定期向WTO通报国内相关法律、法规和具体措施的修订调整和实施情况。截至2024年1月，中国提交的通报已达上千份，涉及中央和地方补贴政策、农业、技术法规、标准、合格评定程序、国有贸易、服务贸易、知识产权法律法规等诸多领域。

 本章思考题

1. 简述国际贸易条约与协定的种类。
2. 简述最惠国待遇原则的例外情形。
3. 简述国民待遇原则所包含的主要内容。
4. 简述WTO与GATT的区别。
5. 简述WTO的宗旨。

第十五章 ▮▮▮

全球贸易治理与中国

加入世界贸易组织之前，中国经济基本处于全球经济体系之外。作为全球经贸规则的旁观者，中国无法有效参与全球贸易治理。"入世"之后，中国积极参与全球贸易治理，在全球贸易治理中的地位日益提高。

第一节 全球贸易治理体系的发展与新趋势

一、全球贸易治理体系的发展

全球贸易治理机制产生于第二次世界大战后为推动世界经济发展而建立的一系列制度及组织，包括多边贸易体系、区域或双边贸易协定及一系列非制度性安排。

（一）多边贸易体系的演进

1947 年诞生的关贸总协定（GATT）以及 1995 年取而代之的世界贸易组织（WTO）被统称为多边贸易体系。这一体系的宗旨是通过开展多边贸易谈判，扩大贸易规模、规范贸易活动及化解贸易纠纷，进而推动国际贸易自由化，促进全球资源合理配置。

关贸总协定于 1948 年 1 月 1 日生效，起初只是一个临时性工具。由于存在很多缺陷，关贸总协定无法成为有效的多边贸易治理机制，而只是多边贸易治理机制一个过渡。1990 年，意大利率先提出构建一个"多边贸易组织"的设想。1993 年 12 月 15 日，依据美国的提议把"多边贸易组织"改名为"世界贸易组织"。1994 年 4 月 15 日，《马拉喀什建立世界贸易组织协定》于马拉喀什部长会议上通过，经 104 个参会政府代表签署，自 1995 年 1 月 1 日正式生效。从关贸总协定到世界贸易组织的变迁，标志着多边贸易体制进入了一个崭新的历史阶段。与关贸总协定比较，世界贸易组织对国际经贸规则进行了重要修改和完善。多边贸易体制的改善极大地推动了全球贸易自由化的发展，促进了国际贸易规模的迅速扩大。

然而，这些成绩无法掩饰多边贸易体制遭受的巨大挫折，即"多哈回合"谈判陷入僵局。虽然所有成员做出了极大努力，但除了 2013 年巴厘岛部长会议上签署了《贸易便利化协定》和 2015 年内罗毕部长会议上签署了关于取消农产品补贴的协议，"多哈回合"谈判没有获得任何实质性突破。"多哈回合"的长期停滞致使各国逐渐对 WTO 失去信心。"多哈回合"陷入僵局的原因是多方面的，但主要是全球经济权力结构的变化及发展理念的差异导致的。

（二）区域贸易协定的演进

多边贸易体系不能够解决全球经济的所有问题，而区域性经济合作可以在一定程度上弥补多边贸易体系在众多成员之间难以协调的不足。为了应对多边贸易体系的困境，各利益集团积极寻求多边贸易体系外的区域经济合作。在此背景下，全球范围不同利益集团区域或双边贸易协定迅速兴起。

区域经济合作的第一阶段出现在 20 世纪 50 年代—60 年代，其标志是 1956 年欧洲经济共同体的产生，并在英国的倡议下于 1960 年建立欧洲自由贸易联盟，在拉美地区也产生了由发展中国家参与的区域贸易协定；区域经济合作的第二阶段出现在 20 世纪 90 年代初期，以欧洲统一市场的产生为主要标志，并相继出现了北美自由贸易区和亚太经合组织；区域经济合作的第三阶段发生在 20 世纪 90 年代后期，这一时期区域或双边贸易协定在全球范围内迅速发展。21 世纪以来，区域经济合作迈入了新的历史阶段，以中国为代表的新兴市场国家积极加强区域或双边贸易协定谈判，区域贸易协定成为加强经贸合作的有效途径。

2008 年金融危机以来，全球的区域经济合作呈现出一种新的态势，即巨型自由贸易协定的产生和发展。以往的自由贸易协定最多只有一个大型经济体参加，而巨型自由贸易协定一般会有两个或更多大型经济体参与，并对全球贸易带来较大的影响。但是，随着美国总统特朗普宣布退出 TPP 谈判以及 TTIP 谈判陷入僵局，巨型自由贸易协定的发展出现了停滞。特别是英国利用公投强行"脱欧"，对一直被誉为区域一体化典范的欧盟造成了重大打击，也对当前区域经济合作的进程产生了逆动力。

（三）非正式制度安排的演进

近年来，全球经济治理体系改革的呼声日益高涨。一方面，以中国、印度、巴西等国为代表的新兴经济体快速崛起，正在加速世界经济格局演变，促进国际经济体系向多极化发展；另一方面，全球金融危机、气候变化、减贫与发展等全球性问题日益涌现，使全球经济治理机制不堪重负，产生严重的治理"赤字"。在此趋势下，非正式制度安排的治理模式越来越受到欢迎，成为当下全球经济治理领域的一大亮点。非正式制度安排有利于推动主要参与者达成一致，为多边倡议提供试验机会，推进多边贸易体制改革，并最终促进全球贸易治理的发展。在全球贸易治理领域，二十国集团（G20）正成为最具活力和影响力的治理机制之一。

1999 年 12 月 15 日，在德国柏林举行的 G20 创始会议对 G20 机制的性质和宗旨做了明确概括："G20 是多边体系框架内一种新的非正式对话机制，目的是要推进国际金融体系改革，为一些实质性问题的磋商提供平台，以加强国际合作，促进全球经济的稳定及持续增长。"

20 世纪末，经济全球化的快速发展及新兴市场国家的崛起，使得世界各国达成了共识，即发达国家必须与新兴市场国家加强合作才会实现有效的全球经济治理。这一共识催生了 G20 财长和央行行长会议机制。2008 年全球金融危机爆发，使世界经济出现严重衰退。特别是这次危机起源于全球最发达的市场经济体，使发达国家和新兴市场国家又一次达成共识，即必须加强深度国际经济合作，让新兴市场国家平等参与全球经济治理，才会有效阻止危机蔓延，推动世界经济走向复苏。在此背景下，G20 实现了从部长级会议机制向领导人峰会机制的转型和升级。G20 峰会一定程度上化解了金融危机以来世界经济的某些局部风险，遏制了贸易保护主义的返潮。尽管 G20 峰会取得了丰硕成果，但由于缺乏常设机构和法律约束力，G20 协议的实施面临诸多困难，一些成果最后只能流于形式。

二、"一带一路"倡议下全球贸易治理体系发展的新趋势

"一带一路"倡议的提出并付诸实施，将会引领全球贸易治理体系变革，促进全球贸易治理向公正导向、发展导向转型，将整合碎片化的全球贸易治理机制，引领新的经济全球化。"一带一路"国际合作高峰论坛为全球贸易治理提供了新的多边合作平台。"丝路新秩序"为全球贸易治理机制变革设定了新范本。

（一）"一带一路"倡议促进全球贸易治理向公正导向转型

"一带一路"倡议旨在推动生产要素在全球范围内有序自由流动，推进资源合理配置及全球市场的深度融合，加强沿线国家发展战略有效对接及政策协调，合力构建公正、合理的全球贸易治理新框架，充分反映了广大发展中国家对全球贸易治理机制改革的呼声和诉求。建立组织机构、战略协调机制、经贸合作机制及各种保障机制等，推动"一带一路"合作模式创新，不仅有利于建立"一带一路"治理新秩序，还有利于构建包容发展的全球区域价值链。

"一带一路"坚持包容发展的主张，坚持彼此尊重、平等合作的原则，在尊重各自核心利益的前提下，求同存异，建立多领域合作体系，搭建多渠道合作框架，开辟一条各国间平等合作、共享发展成果的新道路，为构造利益共同体、命运共同体和责任共同体提供条件。目前，全球贸易治理体系中的不公正和不合理现象仍广泛存在，大多数新兴市场国家和发展中国家在全球经贸合作进程中没有真正获得平等权利，未获得平等机会。对此，"一带一路"倡议的提出并付诸实践，有助于推动沿线国家在经贸领域开展更深层次的合作，有助于各方达成共识，弘扬共商、共建、共享的全球治理观念，全面反映大多数国家的切身利益诉求，从而有助于建立利益共同体和责任共同体，进而为建立命运共同体奠定坚实基础。

（二）"一带一路"倡议促进全球贸易治理向发展导向转型

"一带一路"建设以发展为导向，着力破解"发展缺位"这一全球贸易治理难题。"发展缺位"是现有全球贸易治理体系的一大弊端，突出表现为其没有解决拥有世界80%以上人口的发展中国家的发展问题。相比之下，以发展为导向的"一带一路"建设把解决广大发展中国家的发展问题作为核心目标。"一带一路"参与国家众多且差异性较大，预设一个统一的合作机制是不符合实际的。为此，"一带一路"倡议始终从各国发展的现实需求出发，按照共商、共建和共享的原则建立多元化的合作机制，力争形成以利益共同体和责任共同体为基础的命运共同体。

"一带一路"坚持发展导向、民生导向，通过加强基础设施建设，不仅能够为世界经济增长提供新动力，还能够增强广大民众的参与感和幸福感。"一带一路"是中国为全球经济提供的"公共产品"，有助于开启国际贸易新征程。2008年金融危机前，世界贸易的增速是经济增速的2倍，但危机过后，全球贸易增速始终低于经济增速，这是逆全球化浪潮的一个重要表现。未来10年，"一带一路"将新增2.5万亿美元的贸易量，这为全球化发展提供了强劲动力。此外，中国和沿线国家开展自由贸易协定谈判，加强与沿线国家的发展战略进行有效对接，加快全球投资协定谈判进程，为全球贸易重振开辟新途径。"一带一路"基础设施互联互通将为全球经济复苏提供新动力。传统贸易便利化的关税减让最多只能促进全球经济增长5%，但"一带一路"互联互通将促进全球经济增长10%~15%。按麦肯锡咨询公司的估计，到2050年，"一带一路"将会创造30亿名中产阶级。按林毅夫教授的计算，发

展中国家每新增 1 美元的基础设施投资，将增加 0.7 美元的进口，其中一半的进口来自发达国家[⊖]。为此，"一带一路"不但能推动发展中国家经济发展，而且能够促进发达国家的经济发展，为其经济复苏和结构性调整提供机遇。

（三）"一带一路"倡议将整合碎片化的全球贸易治理机制

"一带一路"倡议有别于历史上其他国际合作机制的显著特点是具有开放性和包容性，这有助于整合碎片化的区域经济合作机制。首先，"一带一路"倡议要与现有国际合作体制进行有机融合。"一带一路"不是"另起炉灶"，而是对现行全球贸易治理机制的补充与完善，以互联互通的具体合作项目促进现有机制的整合与发展。其次，"一带一路"促进现有机制平台的对话与沟通。"一带一路"沿线国家较多，主要包括南亚、西亚、中亚、中东、东非和北非、东欧等地区。虽然这些地区已有一些多边合作机制，但比较分散和单一，与全球发展议程缺乏联系。"一带一路"能够将这些地区发展机制有效对接、整合和提升。通过集体对话机制来加强区域制度的融合和交流，充分发挥有能力的区域制度和大国的作用，尤其是让经济实力较弱的成员通过集体对话获得对等优势。当前，东盟与中国（"10+1"）领导人会议、中国-阿拉伯国家合作论坛、中国和海湾阿拉伯国家合作委员会战略对话等区域间对话机制已经在这方面做出了尝试，并取得了一定成效。此外，"一带一路"倡议强调"议题设置"功能。从区域内各国国情出发，提出各国发展面临的共同议题，以此凝聚区域间合作的向心力，为区域间合作创造条件。

（四）"一带一路"倡议引领新的经济全球化

当前逆全球化浪潮的兴起充分暴露了传统全球化模式的缺陷。而"一带一路"倡议将引领多元化全球化浪潮，推进全球化模式优化升级，使多元化成为新一轮全球化的持续动力。①务实多样。2013 年—2016 年，"一带一路"已与欧盟、俄罗斯、英国、韩国、哈萨克斯坦和越南等国的发展战略对接，扎根于沿线区域的多样化特征和多层次进程，兼顾了发达国家和新兴经济体的利益诉求。②互利共赢。不但中国企业在沿线国家或地区积极开展投资，中国市场也为沿线资本提供了优质标的。按照商务部统计，2019 年，中国企业对沿线国家非金融类的直接投资达到 150.4 亿美元，同比减少了 3.8%，在同期总额占比为 13.6%，主要的投资国包括新加坡、越南、老挝、印度尼西亚、巴基斯坦、泰国、马来西亚、阿联酋、柬埔寨和哈萨克斯坦等。在对外承包工程领域，中国企业对沿线国家新达成的外承包工程项目合同达到 6944 份，新签订的合同金额达到 1548.9 亿美元，在同期中国对外承包工程新达成的合同额中占比 59.5%，同比增加了 23.1%。③包容开放。传统的区域经济合作组织彼此间缺乏协调，难以相互兼容，导致全球经济出现碎片化，阻碍经济全球化发展。"一带一路"始终坚持开放合作的理念，主张向所有国家开放，不建立封闭机制，不设置合作条件和门槛，不抵制任何第三方，欢迎所有国家或国际及地区组织共同参与。截至 2024 年年初，中国已与欧盟、非盟、东盟、中东欧 16 国等组织达成合作协议。

（五）"一带一路"国际合作高峰论坛为全球贸易治理提供新的多边合作平台

目前，全球贸易治理机制不仅包括以世界贸易组织为核心的多边贸易体制，还包括区域性贸易协定安排和以 G20 为代表的非制度性安排。但是，发展中国家基本上都是这些机制的参与者，鲜有全球贸易治理机制的发起者。而"一带一路"国际合作高峰论坛是作为发

⊖ 王义桅."一带一路"开创包容联动共享的新型全球化. 求是，2017（10）：59-61.

展中大国的中国发起的新的多边合作平台。很多国家元首及国际组织领导人参加峰会，表明"一带一路"倡议所主张的合作理念、"一带一路"倡议给全球经济发展带来的影响、"一带一路"倡议所承载的中国责任已经获得了国际社会的高度认可。这是"一带一路"国际合作高峰论坛成为新的多边合作平台而被普遍接受的现实基础，这一结果使得发展中国家在全球发展中的贡献受到广泛关注。作为发展中国家发起的多边合作平台，"一带一路"国际合作高峰论坛将会更加关注发展中国家的发展，从而推动传统国际贸易秩序的变革，提高发展中国家在国际贸易新秩序中的地位。

"一带一路"国际合作高峰论坛取得大量共识，通过了联合公报，倡导经济全球化，取得了270多项成果。在贸易畅通方面，中国与巴基斯坦、越南、蒙古国、塞尔维亚和白俄罗斯等30个国家达成经贸合作协议，合作领域涉及产能、通关、物流、融资等。此外，中国商务部还与60多个国家相关部门及国际组织签署协议，共同推动"一带一路"贸易畅通合作。在一些国家贸易保护主义有所抬头的趋势下，这些成果表明"一带一路"构建了一个全球资源合理配置的平台、开放合作的平台。

多边合作平台面临的最大挑战在于执行力不足。现行的众多多边合作平台都注重成员之间的制度性安排，但实践中制度性安排常常很难达成一致，签署的协议往往也不能得到有效执行。而对于"一带一路"国际合作高峰论坛这个新多边合作平台，中国设立的"丝路基金"、中国发起成立的亚投行等都极大地提高了这个新多边平台的执行能力，使其能够应对发展中国家基础设施建设中遇到的资金约束难题。

（六）"丝路新秩序"为全球贸易治理机制变革设定新范本

现行的全球贸易治理机制存在很多不合理因素，而"一带一路"倡议所构建的"丝路新秩序"弥补了这些缺陷，为全球贸易治理机制的变革提供了新范本。

"丝路新秩序"的总体思路和框架主要包括如下几个方面：①"丝路秩序"以"五通三同"新理念为引领。加强政策沟通、设施联通、贸易畅通、资金融通和民心相通，是"一带一路"倡议的基本内涵；构造利益共同体、责任共同体及命运共同体，是一种新型价值观和治理观。②"丝路秩序"坚持公平、合理的正确义利观，在追求和保护自身权益的同时尊重他国权益。③"丝路秩序"代表着"和平合作、开放包容、互学互鉴和互利共赢"的精神，主张国家无论大小和强弱，都是平等的。④"丝路新秩序"是对现行国际贸易秩序的完善和补充。"丝路新秩序"并不是要颠覆现有国际贸易秩序，而是对其补充和完善。⑤作为"丝路新秩序"的国际机制，已经成立了亚投行、丝路基金等融资机构。亚投行已经获得多个国家的响应，能够为"丝路新秩序"提供机制保障。"丝路新秩序"超越了以发达国家利益为核心的传统贸易治理模式，开创了国际合作新模式，将为全球贸易治理提供新思路。"丝路新秩序"迎合发展、合作、共赢的时代潮流，充分反映各个国家的利益诉求，推进国际贸易秩序向公正合理的方向转型。

第二节　全球贸易治理体系的失衡与原因

传统的全球贸易治理体系由美国等发达国家掌控，受霸权主义、单边行动影响，应对经济全球化问题步履维艰。在自身经济增长乏力、民主制度和发展模式逐步暴露不足的情况下，美国等发达国家参与全球贸易治理的意愿有所下降。目前，全球贸易治理处于比较严重的"治理困境"和"治理赤字"状况，全球性贸易问题日益凸显。

一、全球贸易治理体系的失衡

全球性贸易问题的日益突出，彰显了全球贸易治理的重要性和紧迫性。但目前的全球贸易治理霸权体系并不符合民主的精神和原则，全球贸易治理处于比较严重的"治理赤字"状况。

(一) 发展缺位

在全球贸易治理霸权体系下，国家之间的不平等持续扩大，很多最不发达国家丧失了发展机遇。

美国在全球范围内推进新自由主义，凭借其在多边贸易体系中的主导地位，说服或强迫广大发展中国家取消对商品和服务市场的保护，使得美元资本可以使用发展中国家的廉价劳动资源。由于在资本和技术等方面的优势比较突出，美元资本利用对外直接投资或外包生产等形式，把广大发展中国家卷入以美元资本为核心的国际生产和经营体系中。发展中国家为美国提供廉价的资源和产品，而美国不但能够消费到廉价的商品，还能够通过美元资本回流的方式获取发展中国家工人创造的价值，从而构建了一个以美国为核心的不平等交换体系。

在美元霸权下，一些国家利用贸易顺差等方式收到了许多美元纸币，形成了对美国的债权，但是，美元汇率的波动会对其外汇资产的市场价值产生巨大影响。为了维护所持有美元债务资产的稳定，一些发展中国家不得不固定购买美元债券。对于美元储备极度短缺的国家来说，为了获取充足的储备资产以满足外汇市场和国际贸易的发展需要，一些国家被迫抵押国内资产以取得美元贷款，进而又转变为美国的债务国。这些国家通常不得不以变卖国内资产的方式来偿还本息，又进一步失去了通过出口获利的方式赚取美元的能力，债务规模持续扩大。

在美元霸权体系下，传统贸易格局被彻底打破。全球贸易转变为"美国发行美元纸币，其他国家通过出口产品赚取美元纸币，然后再通过购买美国债务方式将纸币回流到美国"的模式。全球最大的贸易逆差国掌握全球贸易霸权，全球众多的贸易顺差国变成"出口进贡国"。这种不公平的全球贸易模式不利于世界经济的持续、平衡发展。

(二) 民主赤字

长期以来，美国等发达国家一直处于全球贸易治理的主导地位，掌握全球贸易治理规则的制定权；而广大的发展中国家不得不成为国际经贸规则的接受者，在全球贸易治理领域的话语权和影响力非常有限。

近年来，世界经济格局出现了巨大变化，全球经济增长重心发生转移，以中国为代表的新兴经济体的国际影响力日益增强，在全球贸易总额中的占比日益提高，在全球贸易中的地位也不断攀升。在国际投资中，新兴经济体成为外商直接投资流入的热点地区。根据世界银行的数据，近 10 年来，新兴经济体年均经济增长率比世界的平均水平高出大约 2 个百分点。《博鳌亚洲论坛新兴经济体发展 2018 年度报告》指出，2017 年，新兴经济体[⊖]的经济增速明显提升，新兴经济体国家的 GDP 增长率约为 5.1%，比世界经济增速高 1.4 个百分点。其

⊖ 指 G20 中的 11 个新兴经济体，即阿根廷、巴西、中国、印度、印度尼西亚、韩国、墨西哥、俄罗斯、沙特阿拉伯、南非和土耳其。

中中国的经济表现超出预期，达到 6.9% 的中高速增长，为全球经济增长提供的贡献约为 1/3，仍然是全球经济增长的最大贡献者。虽然新兴经济体日益成为全球经济增长的主要力量，但现行的全球贸易治理体系无法反映全球经济格局的新变化。随着新兴经济体在国际经济格局中的地位日益上升，现行全球贸易治理体系所界定的利益分配格局越发不合时宜，新兴经济体在利益分配格局中的弱势地位与其快速提升的经济实力越来越不匹配，这使得现行全球贸易治理体系的合法性受到了广泛质疑。

（三）制度赤字

多边贸易体系被美国等发达国家控制，受到既得利益国家的阻挠，未能进行深入的治理结构调整和变革；而新兴经济体发起的新组织和新机制，在目前的全球贸易治理体系中还不能发挥更重要的作用。

美国等发达国家利用对多边贸易体系的掌控，妨碍发展中国家管理自身经济活动的权利。美国等发达国家说服或强迫发展中国家开放国内商品和服务市场，但又对这些国家实施严格的贸易保护主义措施，进而妨碍它们管理对外贸易活动的权利。例如，在中国如约履行了加入世界贸易组织的承诺以后，美国却仍然对中国实施严格的高新技术产品出口管制。中国进口企业始终无法获得美国的红色出口许可证，也不容易获得黄色出口许可证，甚至连绿色出口许可证都时常被限制⊖。这是美国对中国存在巨额贸易逆差的一个主要原因。但美国不能正视这一现象，片面地以改善贸易逆差为由，强迫中国利用外汇储备资产对美进行投资，并且只能对其虚拟资产投资，而美国的大型跨国公司却进入了中国的重要战略性行业，如装备制造、基础产业等。

此外，美国等发达国家还利用对多边贸易体系的掌控，阻止发展中国家自由利用国际市场的权利。例如，按照《中国加入世界贸易组织议定书》的有关规定，世界贸易组织成员应在中国"入世"15 周年之后停止对华反倾销使用"替代国"的做法。从此以后，世界贸易组织成员在对中国商品进行反倾销调查时，必须按照世界贸易组织通行规则，以中国企业的价格和成本为基础判断倾销幅度。然而，美欧等发达国家却认为，世界贸易组织条款并不表明中国"自动"得到市场经济地位。它们害怕如果中国获得市场经济地位，想要对中国商品征收惩罚性的反倾销税就会变得更加困难，因而继续否认中国市场经济地位。这样美欧等国家就会更加自由地对中国商品征收高额反倾销关税。

（四）责任赤字

在全球贸易治理中，向全球输出公共产品需要大国付出更多的努力，也是负责任的大国应该履行的基本义务。但是，作为全球贸易治理的主导者，美国在经济贸易领域强烈的贸易保护主义倾向和行为已成为全球自由贸易发展的最大阻力。

美国总统特朗普公开否认自由贸易的价值，其政策主张具有强烈的贸易保护主义倾向。特朗普认为，自由而不公平的贸易不利于国家利益，企图以被其政府歪曲了的"公平贸易"名义来推行贸易保护主义措施。

特朗普政府无视国际经贸规则和国际责任，在对外贸易政策的制定上只考虑自身国家利

⊖ 美国对华出口管制商品分为三类，并在文件中标上特定的颜色：红色（军用技术产品）、黄色（军民两用技术产品）和绿色（民用技术产品）。每种颜色代表不同的管制级别，并没有对商品价值数额做出规定。新政策规定，只要是总价值超过 5000 美元就需要出口商提供终端用户证明，明显比以前更加严格。

益。这具体表现在以下几个方面：①将美国国内贸易法规凌驾于世界贸易组织规则之上。强调要坚决贯彻美国国内贸易法规，保持美国贸易政策独立，世界贸易组织争端解决机制做出的裁定，不会造成美国法律或实践的变化。②主张双边贸易谈判，否定多边贸易谈判。因为同多边贸易协定比较，美国在双边贸易谈判中更能利用其强国优势实现谈判目标，获得贸易利益。③将主要顺差国作为制裁对象。作为美国贸易逆差的主要来源国之一，中国受到了多起贸易制裁。据商务部统计，2017 年美国对贸易伙伴发起 58 起 337 调查，涉及中国案件 24 起，占比 41%。④重新谈判已达成的部分贸易协定，并以退出协定来要挟有关国家接受美国不合理要求。特朗普推动美国、加拿大、墨西哥就新的《北美自由贸易协定》达成一致，利用"推特治国"的方式阻止福特、丰田、本田等大型跨国公司在墨西哥投资，并企图向墨西哥强行征收进口关税，用以建造美墨边境墙。这一系列的事件表明，特朗普政府在贸易领域强力推行贸易保护主义的倾向已经显露无遗。

二、全球贸易治理体系失衡的原因

当前的全球贸易治理体系是第二次世界大战后以美国为首发达国家主导建立起来的，体现了这些国家的霸权理念和单边主义思维。受到霸权主义的影响，当今的全球化实质上是发达国家主导的不公平、不平等的全球化——发达国家利用经济技术优势，不断掠夺发展中国家的资源。这种全球化不能够为广大新兴经济体和发展中国家带来持续的经济增长。

（一）美元在全球贸易支付体系中居于核心地位

以美元为核心的现行国际货币体系是在布雷顿森林体系瓦解后逐步形成的。布雷顿森林体系的制度设计赋予了美元和黄金等价的地位。因为各国货币无法直接兑换黄金，一定要以美元为媒介，间接与黄金建立联系，从而使美元变为国际货币体系的核心。此外，在全球贸易结算和跨境投资领域，美元使用的频度越来越高。美元也迅速取代黄金，成为世界各国的主要国际储备资产。这种转化初步奠定了美元在全球货币体系中的霸权地位。

但是，布雷顿森林体系属于金本位制度的范畴，美元的发行规模受到严格的管控。一旦超出规定，美元和黄金的平价就不能保持。然而，这种限制在布雷顿森林体系瓦解后消失了，美元取代黄金变为全球的核心货币，进一步强化了美元的全球霸权地位。布雷顿森林体系瓦解后，黄金受到产量的束缚，无法继续承担国际贸易与资本流动的支付手段职能；而美元在之前的近 30 年里一直是国际支付体系的中心货币，世界各国已经对美元产生了高度依赖，并且其他货币无法动摇美元霸权地位。因此，布雷顿森林体系瓦解后，美元代替黄金成为全球的核心货币。

在国际贸易中，继石油以美元标价和结算之后，其他大宗商品也相继采用美元标价和结算。国际贸易中通过美元支付的比重远超其他货币，美国参与的贸易基本都是通过美元支付，很多不涉及美国的贸易也大量使用美元支付。

（二）美国在多边贸易体系中居于主导地位

（1）美国将其国内法规和双边协定规则强加到多边贸易体系中。美国在构建多边贸易体系的过程中，将其国内法中的立法精神和一些具体法规，包括美国之前与其他国家签订的国际协议中的法规，强加到多边贸易体系中。几乎所有的关贸总协定条款都源自美国国会的立法或美国之前与其他国家签订的贸易协定。以反补贴与反倾销法、保障措施条款为例，美国的反补贴与反倾销条款有着悠久的历史。1897 年美国就有了反补贴法，1916 年美国有了反倾销立法。《关税与贸易总协定》条款第 6 条反倾销和反补贴条款就是以美国国内法中的规定为蓝本制定的，在很大程度上代表了美国的观点和利益。《关税与贸易总协定》条款第 19 条保障措施条款原文来自 1943 年美国与墨西哥达成的互惠贸易协议；另一观点认为，保障条款来自 1935 年美国与比利时达成的互惠贸易协议。这些源自美国国内法或美国与其他国家签订的贸易协定中的法规直接代表了美国的利益诉求，被强加到多边贸易体系中后，强化了美国在多边贸易体系中的主导地位。

（2）美国将其关注的议题纳入多边贸易体系。美国充分利用自身在多边贸易体系中的领导地位和权力，在历届多边贸易谈判中制定谈判议程，将美国关注的议题，包括环境保护、劳工标准、服务贸易及知识产权等引入多边贸易体系中，以此掌控多边贸易体制的走向。这样，美国不但维持了自身的开放性，而且拓展了多边贸易体制管辖的范围；不但获得了实际的经济收益，而且获取了制定规则带来的利益，并且进一步巩固了自身在多边贸易体制中的主导地位。

（三）美国在全球贸易事务中采取单边主义

美国在全球贸易治理中的霸权不仅表现在国际经贸规则的主导权，而且表现在多边贸易规则中的单边主义行为。在应对全球性贸易问题时，美国仅从自己的判断和自身国家利益出发，而不考虑国际社会的需求和意见。

美国在对待多边贸易规则上，表现出了"国内立法至上"的特点，对超越其国内立法的规则和裁定都不予接受。根据美国的宪法规定，任何国际公约或协议都不能约束美国，一旦美国不同意，国会能够通过立法超越任何协议。

在创设世界贸易组织时，为了维护美国的利益，美国国会通过立法规定国会有权每五年举行表决，决定是否退出世界贸易组织。而且，对于世界贸易组织争端解决机制的裁定，即使美国某项国内立法不符合世界贸易组织的原则和义务，只有国会才能够利用法定程序修订立法，而美国时常选择置之不理。

美国还以所谓"公平贸易"的名义，指责其他国家不公平贸易做法，扰乱市场竞争，却规避多边贸易体制的约束，使用被抛弃已久的旧工具——"301 条款"，用来推行贸易保护主义，保护国内产业，以遏制就业岗位的流失。美国利用"301 条款"对贸易伙伴实施贸易制裁措施的做法，明显具有单边主义性质，本身就违背了公平和公正原则，与多边贸易体制下的"公平贸易"背道而驰。

第三节　全球贸易治理体系改革与中国的策略

全球贸易治理霸权体系并不符合民主的精神和原则，导致全球贸易治理出现比较严重的赤字问题。特别是美国政府的单边主义行为，已成为全球自由贸易发展的最大阻力。为此，中国以"一带一路"倡议为依托，积极推动全球贸易治理体系改革。

一、积极推进全球贸易支付体系重构

（一）扩大人民币在"一带一路"沿线国家和地区的使用

中国积极推动国内企业和沿线国家企业在开展贸易时利用人民币跨境支付。"一带一路"倡议的实施，为中国与沿线国家企业提供了投资机会，中国将促进国内企业和沿线国

家企业利用人民币开展投融资。

（1）加快构建人民币跨境支付体系，积极培育沿线国家和地区使用和接受人民币的理念。充分开发沿线国家和地区对人民币的实际需要，提高它们持有人民币的意愿。一些国家愿意持有人民币，主要是因为它们认为人民币具有升值空间，这只是出于交易动机的考虑，还要进一步开发人民币在沿线国家或地区的现实需要。

（2）推动沿线国家和地区利用人民币对大宗货物标价和结算，鼓励跨境金融机构为沿线国家和地区对中国大宗货物交易提供融资扶持和人民币结算便利。沿线国家和地区是原油和黄金等大宗货物的主要提供者和需求方，应积极推进相关商品使用人民币标价和结算，提升中国在大宗货物定价中的话语权。

（3）完善大宗货物的人民币期货市场，积极开发新的金融产品，为进出口企业提供必要的风险管理平台和方式。把国外投资者吸引到该大宗货物期货市场，提升价格发现与避险功能。

（4）鼓励更多沿线国家和地区将人民币纳入外汇储备。人民币加入特别提款权货币篮子后，国际影响力日益提高，可以考虑逐步开放国内的金融市场，促进更多沿线国家和地区将人民币纳入外汇储备，并将这些储备投入中国金融市场。

（二）使人民币成为沿线基础设施融资的关键货币

"一带一路"沿线地区绝大多数是发展中国家，很多地区基础设施落后问题十分突出，基础设施建设面临着巨大的融资缺口。中国具备高水平的基础设施建设能力和较高的储蓄率，有资本、有实力在沿线国家和地区的基础设施建设及投融资领域发挥引领作用。在参与沿线国家和地区基础设施建设的过程中，要将人民币作为沿线基础设施融资的关键货币。

（1）在政府援助、政策性贷款、混合贷款和基础设施债券发行中广泛使用人民币，充分利用亚洲基础设施投资银行（亚投行）、金砖国家开发银行和丝路基金等政策性金融体系的作用，促进更多的社会资本参与"一带一路"建设。

（2）推动货币互换的使用，调动有关金融市场运用人民币的主动性，促进互换人民币加入当地授信系统，为沿线国家基础设施建设供应资金。

（三）借助亚投行平台提升人民币国际地位

通过亚投行不断优化全球货币体系，逐渐改变美元霸权格局。亚投行是中国发起的区域性金融机构，它的创立有助于提升人民币的国际影响力。一方面，沿线国家和地区基础设施的有关商品和服务贸易将会有大规模的人民币结算需求⊖，而亚投行将有效服务于这一需求，这将进一步加大人民币在周边国家或地区的辐射作用；另一方面，亚投行的设立将会推进美国主导的国际货币基金组织、世界银行等金融机构的改革进程，特别是在国际货币基金组织中，人民币的比重将会增加，这将极大地提高人民币在全球货币体系中的地位。

⊖ 目前亚投行仍使用美元作为主要结算货币。亚投行覆盖了几十个成员国，各个国家使用程度和接受程度都很高的货币仍是美元，所以使用美元阻力最小。人民币从使用率和其他国家接受程度来看还不具备优势。但是，美元目前只是"主要的结算货币"，其他货币也可以发挥作用。应借款国的要求，亚投行可以提供美元之外币种的融资。亚投行并不排除部分参建项目采用人民币结算，比如中国投资的项目或者项目国从中国进口物资。

二、积极引领经济全球化包容发展

积极构建基于人类共同利益的公正合理的全球贸易治理新机制，改革美欧等国家主导的基于发达国家利益的全球贸易治理机制，推进经济全球化包容发展。

（一）推动现行全球贸易治理机制朝着公正合理方向变革

目前，美欧等发达国家凭借对全球贸易治理机制的掌控，完全按照它们的利益诉求来设置全球贸易治理议题，这不能切实反映国际经济格局的新变化。近年来，美欧等发达国家对全球经济增长的贡献率已远落后于新兴经济体国家。但是，它们仍然利用其在多边贸易体系中的主导地位来维护自身经济利益。此外，美欧等发达国家将本国的行业及技术标准强制推广为国际通用标准，从而导致规则庇护下的保护主义，这不符合绝大多数国家的利益诉求。因此，要加大发展中国家在现有全球贸易治理体系中的代表性和话语权，推进全球贸易治理的民主化、法治化，保证各国在全球贸易治理中获得平等的机会和平等的规则，切实维护发展中国家在全球贸易治理中的平等权，促进国际经贸规则朝着更加公正合理的方向转型，使全球贸易治理体系更加均衡地反映各国人民的利益诉求，切实做到权利、机会和规则平等。

（二）建立合作共赢的全球贸易治理新机制

坚决抵制各种形式的霸权行为，主张"共商、共建、共享"的观念，基于全人类的共同利益，坚持互利共赢原则，构建合作共赢的全球贸易治理新机制。

"共商"即各国共同协商，树立互信，以相互协调的方式处理全球贸易治理中的矛盾与分歧。与美欧等发达国倡导的霸权理念不同，"共商"观念主张的是国际政治、经济民主，强调各国在国际政治、经济往来中遵循权利、机会和规则的平等。"共建"即各国共同参与，共同推进全球贸易治理体系的改革和创新。面对经济全球化的困境，各国只有加强合作，共同应对挑战，方能摆脱困境。"共享"即各国平等发展、共同分享，使全球贸易治理的参与方获得平等发展机会，共同分享全球贸易治理的成果与收益。全球经贸新规则应由各国人民共同制定，应积极探索国际经贸合作中的最大利益公约数和经济合作契合点，使各国人民平等地参与到全球贸易治理进程中。

三、推进和引领"一带一路"机制建设

（一）构建"一带一路"长效合作和发展机制

"一带一路"建设是一项复杂的系统工程，仅仅凭借当前的双边和多边合作机制，无法确保其有效的推进实施。因此，有必要在沿线国家和地区间构建"一带一路"长效合作和发展机制，为"一带一路"建设提供制度保障。要充分利用现有的多边合作机制，创新多边合作方式；完善双边合作机制，有效地进行重大规划和项目对接；建立"一带一路"沿线国家大通关机制，推动贸易投资便利化；强化政府间合作交流机制，提高各国参与"一带一路"建设的积极性。

（二）提高"一带一路"国际合作峰会建设水平

为了推动全球经济发展和改善全球贸易治理水平，实现构建"人类命运共同体"的目标，要在"一带一路"建设中不断贡献中国理念和方案，从而获取其他国家的广泛支持；同时，应加强"一带一路"国际合作峰会的机制化建设，并强化峰会机制与全球国际经济组

织之间的协调，使"人类命运共同体"的理念得到国际社会的广泛认可，以此推动构建公正合理的区域经济合作治理体系，确保沿线国家和地区在区域经济合作中获得平等发展机会，推进区域经济合作朝着更为普惠、包容的方向发展。

（三）构建"一带一路"框架下的国际经贸新规则

目前，在沿线国家和地区中已成立了中国-东盟自由贸易区、欧亚经济联盟等多个自贸区，但有关机制标准具有较大差异。短期内，由于沿线国家和地区在众多关键议题上无法达成共识，建立涵盖"一带一路"沿线多数国家和地区的高水平自由贸易区难度较大。因此，应依托现有自由贸易区，逐渐构建涵盖沿线国家和地区的高水平自贸区。这不仅涉及商品贸易、投资等议题，还包括知识产权保护、产能合作等议题，但具体议题的实施要考虑沿线国家和地区的实际情况。中长期内，可以先建立以中国和东盟等为主体的亚太自由贸易区，并对域外国家保持开放，利用渐进方式构建"一带一路"框架下的全球贸易治理新规则。

四、参与完善全球公共产品供给体系

中国作为推动全球贸易治理体系重构的重要力量，为了取得全球多数国家的信任和支持，向全球提供更多的公共产品是提升国际影响力和话语权的重要途径。目前，全球贸易治理处于比较严重的赤字状态，全球公共产品长期供应不足，国际社会迫切需要全球公共产品的供给者。作为经济总量位居全球第二、货物贸易规模全球第一的新兴大国，中国应努力在全球公共产品提供中承担更多责任，提供更多的全球公共产品，在全球贸易治理中不断提升国际影响力和制度性话语权。

（一）积极探索全球公共产品供给的新机制

中国作为负责任的大国，为全球贸易治理提供新理念是更为高级的公共产品。目前，全球贸易治理各个层面的机制和规则都需要改革与完善。在积极构建新型大国关系的前提下，要在战略和机制供给等方面加强与美欧等发达国家的协调，不断提升制度与规则性公共产品的供给能力，通过改革与创新加快推动全球贸易治理体系的重构。

（二）积极构建全球公共产品供给新模式

应深入研究各国公共产品的需求，挖掘各国在公共产品供给上的比较优势，利用更加有效的方式提供公共产品，制定公共产品供给方案；通过与"一带一路"沿线国家和地区加强构建包容性的全球价值链、基础设施融资制度和贸易投资便利化等方面的公共产品，在全球范围内提供可复制的公共产品供给新模式。

（三）建立"一带一路"多层次融资体系

（1）加强境外资本合作。加强与"一带一路"沿线国家政府和金融机构的合作，积极利用多边和双边金融合作机制，促进沿线国家政府参与项目融资；同时，继续以开发性金融为先导，鼓励中国政策性银行和丝路基金与沿线国家的开发性金融机构拓展合作；此外，加强与国际金融机构的合作，进一步寻求与国际大型商业金融机构的合作，增加"一带一路"沿线项目的资金供给。

（2）拓展公私合营机制。在大型国有金融机构主导的融资体系中，为民营企业参与跨境公私合营项目设立专项贷款或基金额度，以促进更多民营资本和社会资本参与"一带一路"建设，为基础设施建设提供配套资金；同时，也要加强民营金融机构在"一带一路"

金融支持体系中的作用；另外，民营金融机构应积极拓展与国有金融机构的资本合作。

（3）完善金融服务体系。打造开放共享的项目融资信息平台，在平台上设立配套的项目风险评估和报告机制，充分披露项目面临的国别风险和行业风险；构建专业的金融咨询服务平台，推动富有项目融资经验的金融机构提供咨询服务。

 本章思考题

1. 请阐述"一带一路"倡议下全球贸易治理体系发展的新趋势。
2. 全球贸易治理体系失衡的原因是什么？
3. 中国如何积极推进全球贸易支付体系重构？
4. 中国如何积极引领经济全球化包容发展？

参 考 文 献

[1] 克鲁格曼，奥伯斯法尔德，梅里兹. 国际贸易：第十一版 ［M］. 丁凯，黄剑，李楠，等译. 北京：中国人民大学出版社，2021.

[2] 阿普尔亚德，菲尔德，科布. 国际贸易：第七版 ［M］. 北京：中国人民大学出版社，2012.

[3] 凯伯. 国际贸易：英文版　第 17 版 ［M］. 北京：中国人民大学出版社，2022.

[4] 普格尔. 国际贸易：第 17 版 ［M］. 沈艳枝，译. 北京：中国人民大学出版社，2020.

[5] 希尔，雷特. 国际商务：第 11 版 ［M］. 郭羽诞，等译. 北京：中国人民大学出版社，2019.

[6] 刘似臣，卜伟，李雪梅，等. 国际贸易 ［M］. 4 版. 北京：北京交通大学出版社，2021.

[7] 陈宪，韦金鸾，应诚敏. 国际贸易理论与实务 ［M］. 3 版. 北京：高等教育出版社，2012.

[8] 陈宪，张鸿. 国际贸易：理论·政策·案例 ［M］. 3 版. 上海：上海财经大学出版社，2012.

[9] 崔日明，李丹，张欣. 世界经济概论 ［M］. 3 版. 北京：北京大学出版社，2020.

[10] 范爱军. 国际贸易学 ［M］. 4 版. 北京：科学出版社，2021.

[11] 冯德连. 国际经济学 ［M］. 4 版. 北京：中国人民大学出版社，2019.

[12] 黄卫平，彭刚. 国际经济学教程 ［M］. 4 版. 北京：中国人民大学出版社，2022.

[13] 郭羽诞. 国际贸易学 ［M］. 上海：上海财经大学出版社，2014.

[14] 海闻，林德特，王新奎. 国际贸易 ［M］. 上海：格致出版社，2012.

[15] 韩玉军. 国际贸易学 ［M］. 北京：中国人民大学出版社，2017.

[16] 贾金思，彭丽华，姚东旭. 国际贸易：理论·政策·案例 ［M］. 2 版. 北京：对外经济贸易大学出版社，2010.

[17] 姜文学. 国际贸易 ［M］. 4 版. 大连：东北财经大学出版社，2021.

[18] 金泽虎. 国际贸易学 ［M］. 3 版. 北京：中国人民大学出版社，2019.

[19] 李丹，崔日明. 国际贸易 ［M］. 3 版. 北京：中国人民大学出版社，2022.

[20] 卢进勇，杜奇华，杨立强. 国际投资学 ［M］. 2 版. 北京：中国人民大学出版社，2023.

[21] 綦建红. 国际投资学教程 ［M］. 5 版. 北京：清华大学出版社，2021.

[22] 佟家栋，高乐咏. 国际经济学 ［M］. 4 版. 北京：高等教育出版社，2021.

[23] 王新哲，廖万红，林莉芳. 国际贸易实务 ［M］. 北京：电子工业出版社，2021.

[24] 薛荣久. 国际贸易 ［M］. 7 版. 北京：对外经济贸易大学出版社，2020.

[25] 张鸿，文娟. 国际贸易 ［M］. 2 版. 上海：华东师范大学出版社，2015.

[26] 赵春明，陈昊，李宏兵. 国际贸易 ［M］. 4 版. 北京：高等教育出版社，2021.